LE ROYAUME D'ANNAM

ET

LES ANNAMITES

JOURNAL DE VOYAGE

DE

J. L. DUTREUIL DE RHINS

OUVRAGE ACCOMPAGNÉ DE CARTES ET DE GRAVURES
D'APRÈS LES CROQUIS DE L'AUTEUR

Deuxième Édition

PARIS

LIBRAIRIE PLON

E. PLON, NOURRIT ET Cⁱᵉ, IMPRIMEURS-ÉDITEURS

RUE GARANCIÈRE, 10

1889

Tous droits réservés

LE ROYAUME D'ANNAM

ET

LES ANNAMITES

PARIS. — TYP. DE E. PLON, NOURRIT ET Cⁱᵉ, RUE GARANCIÈRE, 8.

LE
ROYAUME D'ANNAM
ET
LES ANNAMITES

JOURNAL DE VOYAGE

DE

J. L. DUTREUIL DE RHINS

OUVRAGE ACCOMPAGNÉ DE CARTES ET DE GRAVURES
D'APRÈS LES CROQUIS DE L'AUTEUR

Deuxième Édition

PARIS

LIBRAIRIE PLON

E. PLON, NOURRIT ET Cᵉ, IMPRIMEURS-ÉDITEURS
RUE GARANCIÈRE, 10

1880

Tous droits réservés

LE
ROYAUME D'ANNAM

ET LES ANNAMITES

CHAPITRE PREMIER

Origine de ce voyage. — La Basse-Cochinchine. — Historique. — Aspect du pays. — Saïgon. — Climat. — Les Annamites. — Cholon, les Chinois. — Une cérémonie religieuse. — Visite au consul d'Annam. — Départ pour Tourane. — Générâlités sur l'histoire d'Annam. — Les provinces méridionales. — *Quin-hone*. — Dîner avec mon mandarin. — Arrivée à Tourane.

Au commencement de l'année 1876, j'appris que le roi d'Annam désirait avoir cinq capitaines pour diriger les bâtiments de guerre dont la France lui faisait cadeau. Je demandai un de ces commandements, et j'eus le bonheur d'être compris dans le choix du ministre de la marine.

Le traitement convenu devait suffire à mes besoins et même, en deux ans (durée du contrat garanti par le gouvernement français), me permettre de réaliser quelques économies. Ce n'était là qu'un petit côté de la question. A cette époque, je me figurais que l'Annam voulait, sous l'impulsion de la France, sortir de son

I

isolement systématique, et je voyais déjà bien, accueillis les Français qu'il désirait prendre à son service. Dans ces conditions, nous devions être admirablement placés pour étudier ce pays presque inconnu, ses productions, ses besoins, et après deux ans d'études intéressantes et de services rendus à son gouvernement, chacun de nous pouvait espérer obtenir de lui l'aide nécessaire à toute entreprise industrielle, commerciale ou agricole dont il aurait compris la possibilité et vers laquelle l'auraient porté ses goûts et ses aptitudes. Ainsi pensais-je à bord du *Tarn*, qui, le 20 mai 1876, appareillait de Toulon pour la Cochinchine. Ce voyage de trois mille lieues, que font en trente jours les paquebots des Messageries, est aujourd'hui assez connu pour que nous en fassions grâce aux lecteurs; disons seulement que le temps de ma traversée, presque entièrement consacré à l'étude de la langue annamite, me parut fort court.

Le matin du trente-huitième jour après notre départ, de petites collines se montrent d'abord à notre droite, et devant nous un ruban vert semble nous barrer le chemin. Nous avançons; le ruban grossit, s'étend et se déroule à perte de vue comme une immense plaine basse formée par les alluvions du Donnaï et du Meïkong, le grand fleuve illustré par le naufrage et les chants du Camoëns dans le milieu du seizième siècle. Une terre aujourd'hui française, — la Basse-Cochinchine, est devant nous!

Ce fut en 1650 environ que les Annamites envahirent le delta du Meïkong ou Cambodge et s'y établirent à a faveur des troubles qui agitaient le pays. En 1680 et 1700, les Annamites de Hué se débarrassent de nombreuses familles chinoises, fuyant les Tartares Mandchous, en les envoyant coloniser la Basse-Cochinchine, et profitent de leurs différends avec les Cambodgiens pour intervenir et s'avancer encore vers le nord et l'ouest. Les conquêtes des Annamites se ressemblent toutes : aussi violents et cruels avec les faibles que lâches et soumis avec les forts, les Annamites ne laissent sur leur passage que des ruines, sur lesquelles ils élèvent non pas un État florissant par le commerce et l'industrie, mais leur domination, c'est-à-dire une exploitation agricole restreinte des pays conquis au profit de la cour et des mandarins. En cinquante ans, les Cambodgiens ont presque disparu et fait place non pas à une colonie, mais à un état annamite, peuplé d'Annamites courbés sous les mêmes institutions politiques et administratives que le reste du royaume. A quoi bon regretter que, doué de telles facultés expansives, ce peuple soit dépourvu de toutes les qualités qui seules peuvent aujourd'hui faire excuser les invasions! Chaque nation semble avoir inconsciemment un rôle à jouer dans le développement général du progrès, et celui de l'Annam aura au moins eu pour résultat de préparer la voie aux nouveaux conquérants qui répandront sur un sol mieux unifié les bienfaits de la civilisation moderne. Telle est la tâche que nous nous sommes imposée en nous emparant d'une partie de la Cochinchine (1859), et en nous y fortifiant jusqu'en 1867, où l'annexion de trois autres provinces a porté l'étendue de notre établissement à environ cinquante-cinq mille kilomètres carrés [1], soit le dixième de la superficie de la France.

C'est le cinquième de l'étendue du royaume d'Annam actuel.

Vu de l'embouchure du Donnaï, le paysage, d'une uniformité désespérante, rappelle assez le delta du Danube; mais entrons dans le fleuve. Çà et là, au-dessus de la plaine, de grandes voiles de paille, des mâts, des cheminées de navires à vapeur nous indiquent à l'avance les capricieux contours que nous allons faire, sans ralentir notre vitesse, car le fleuve coule large et profond entre des rives tantôt boisées qu'animent les cris du perroquet et les gambades du singe, tantôt nues, dégagées et n'offrant aux regards que des marécages et des rizières sans fin. Quelques cases à moitié cachées sous les bois, des buffles, des porcs et des échassiers se montrent de loin en loin, impuissants à égayer cet horizon toujours monotone, soit que les grains de la saison des pluies le couvrent de leur voile grisâtre, soit que les rayons du soleil en éclairent la verdure trop sombre pour se diaprer de mille nuances qui charmeraient la vue. Nous défilons rapidement à côté des jonques chinoises et des barques annamites, facilement reconnaissables aux deux yeux peints à la prouc; ainsi s'est transmis le souvenir des monstres marins et des ravages qu'ils causaient parmi les populations primitives de la côte[1]. Ce fut en 2800 avant J. C. que le roi Huong-Vuong ordonna à ses sujets de se tatouer et de peindre leurs barques pour tromper leurs cruels ennemis; à par.ir de 1300 après J. C., les rois cessèrent de se tatouer, et le peuple renonça bientôt aussi à cet antique usage dont la marine conserve encore quelque chose. Cinq à six heures suffisent

---

[1] La côte de l'Annam, qui, à l'époque citée, ne dépassait pas vers le sud le golfe du Tonquin.

pour remonter jusqu'à Saïgon. La flèche de la Sainte-Enfance, les toits des édifices sont en vue; encore un coude, et voici des navires de commerce allemands, anglais, alignés le long du fleuve; plus loin, un pavillon français flotte à la corne d'un paquebot des Messageries; à droite, sur la rive vaseuse, des pilotis supportent des cases de bambou d'où sortent pour nous voir passer des femmes à peine vêtues et des enfants dont le corps semble lavé avec de la vase. La rive droite offre un coup d'œil plus satisfaisant : l'agence des Messageries, belle construction européenne, avec une élégante toiture de pagode chinoise, s'élève au confluent de la rivière de Saïgon (affluent du Donnaï) et de l'arroyo [1] chinois, à la limite du port de commerce. La ville de Saïgon s'étend principalement dans l'angle droit formé par ces deux cours d'eau. A l'extrémité de cet angle est un débarcadère d'où partent deux quais : l'un suit l'arroyo chinois jusqu'à la ville de Cholon, et l'autre, planté de tamariniers comme toutes les principales places et rues de Saïgon, se prolonge jusqu'à l'arsenal, limite du port de guerre. L'aspect général ne frappe pas et n'a pas la grandeur des ports bâtis en amphithéâtre; les maisons se perdent dans le feuillage, et du palais du gouvernement, construit sur un terrain relativement élevé, on n'aperçoit que la toiture; cependant, comparé aux localités environnantes, Saïgon ne laisse pas que de produire une agréable impression.

[1] Arroyo, petit cours d'eau. Le « Viam ben ghê » est généralement appelé « l'Arroyo chinois » par les Européens habitant Saïgon.

La partie du fleuve désignée sous le nom de port de guerre est aussi plus animée; la ligne des avisos, des transports, des canonnières se continue jusqu'au magnifique dock flottant mouillé devant l'arsenal; et de l'un à l'autre vont des embarcations et de nombreux *sampans* [1] que le paresseux Annamite laisse volontiers conduire par sa femme et ses enfants. Parmi les navires, nous apercevons les cinq bâtiments donnés à l'Annam : le transport *la Mayenne* et l'aviso *le d'Estaing* sont seuls armés; le *d'Entrecasteaux,* le *Scorpion* et le *Bien-hoa,* en costume d'hivernage, ne présentent à la vue que des coques couvertes d'un toit de paille traversé par les bas mâts et les cheminées.

Le voyageur qui ne doit faire qu'un court séjour à Saïgon peut compter sur une dépense d'environ quatre cents francs par mois; à ce prix, il trouvera une chambre vaste, bien aérée, que les meubles, réduits au strict nécessaire : un lit à moustiquaire, une table, un lavabo, n'encombreront pas, et la table d'hôte lui paraîtra suffisante, car dès les premiers jours un certain malaise lui enlèvera l'appétit.

La végétation très-active donne sans doute naissance à des germes malsains qui, d'abord absorbés par les eaux que le sol essentiellement argileux laisse séjourner à la surface, se dégagent par l'évaporation des couches mises à découvert après la saison des pluies. Ces miasmes, qui frappent du reste l'odorat dès qu'on entre dans le fleuve, occasionnent chez presque tous les nouveaux arrivants une période plus ou moins longue de fièvre

---

[1] Nom des petites barques du pays.

ou de diarrhée, suivant les dispositions particulières de chacun ; certains tempéraments paraissent cependant exemptés du pénible tribut de l'acclimatement.

La Basse-Cochinchine, pays marécageux où règne une chaleur humide (de 21° à 35°), est assez malsaine ; mais dès que le colon peut jouir d'un certain confortable et surtout suivre les principes de l'hygiène, il s'y porte aussi bien que dans les autres colonies intertropicales. Le peuplement et le bien-être contribuent d'ailleurs chaque jour à améliorer les conditions de l'existence. Sans doute, l'Européen ne doit pas songer à s'y livrer aux rudes labeurs de la vie des champs, mais il peut fort bien diriger toute entreprise, même agricole, et cela suffit parfaitement pour que la Basse-Cochinchine puisse devenir une véritable colonie. Il serait donc regrettable que l'Européen ne cherchât qu'à être ici l'intermédiaire entre les producteurs (Annamites et Chinois) et les consommateurs, — place que les Chinois accaparent comme les autres ; — car nous risquerions fort de ne jamais prendre pied sérieusement dans ce pays.

Devant attendre encore plus d'un mois le moment d'entrer en fonction, je pensai mettre ce temps à profit en prenant un professeur d'annamite, et, dans ce but, j'allai, le lendemain de mon arrivée, rendre visite à M. P... K..., professeur au collége des stagiaires, d'où sortent, après un an d'études, les administrateurs de la Cochinchine. Je pris donc un « malabare » — les cochers étant généralement des « Malabares », on a fini par donner ce nom aux voitures — et je sortis de la ville par le quai de l'arroyo chinois. La route est belle, mais de ce terrain ferro-argileux s'élèvent des nuages de poussière rouge au passage des voitures dont n'usent guère que les Européens et les Chinois. Sous un costume qui de loin rappelle celui de nos prêtres catholiques, passent des individus dont nous ne reconnaissons le sexe que de fort près. Les hommes ont cependant la robe ou tunique, et le pantalon plus courts que les femmes. Sur le turban qui ceint le haut de leur tête et retient leurs longs cheveux ramassés en chignon, ils placent un grand chapeau conique de bambou tressé, tandis que les femmes portent plutôt des chapeaux ronds et plats semblables à des pains de gruyère.

Tous lancent en avant la poitrine et le ventre et marchent pieds nus, sans plier la jambe, relevant à peine les pieds, d'où résultent un balancement général du corps et un mouvement des hanches qui donnent à la démarche du beau sexe quelque chose de lascif, et à celle de l'homme un air embarrassé ou prétentieux. Les Annamites, petits de taille, à la figure en forme de losange, d'une couleur jaune sale, avec leurs traits anguleux, leurs joues larges, leurs pommettes saillantes et leur nez court, leur grande bouche sanguinolente et leurs dents noircies par l'usage de la chique composée de bétel, d'arec, de chaux et de tabac, font une assez triste mine et ne brillent pas plus par la propreté du corps que par celle des vêtements. Les femmes portent à cheval sur les hanches leurs petits enfants, dont la tête reste rasée jusqu'à l'époque de l'adolescence ; les jeunes gens et les hommes ont une apparence chétive, et la barbe, — peu fournie, — ne leur vient que fort tard, vers trente ans, âge auquel les Annamites commencent à trouver qu'on n'est plus un enfant.

Après une demi-heure de course rapide, mon malabare s'arrêta devant l'habitation de M. P... K..., qui voulut bien me donner pour professeur un de ses jeunes parents, et depuis lors l'élève a souvent regretté, en Annam, d'être privé de ses leçons et de ses avis. Je me rendis ensuite à Cholon, grande ville annamite chinoise aux portes mêmes de Saïgon. Il y a là une population un peu supérieure à celle de la capitale; sur ses 80,000 habitants, en majorité Annamites, on compte 46 Européens, 15,000 Chinois; le reste est le produit du mélange des Chinois et des femmes annamites.

Les Chinois ne semblent pas encore chercher, par l'émigration, à se créer des établissements politiques et définitifs à l'étranger; ils s'y succèdent les uns après les autres, faisant le vide d'une part et le plein d'une autre : c'est un drainage continu d'argent; mais en retournant chez eux, s'ils emportent la richesse, ils se gardent bien d'emmener leurs familles de passage. Parmi eux, les voleurs ne manquent pas; cependant le négociant chinois passe pour le plus honnête des négociants. Travailleur assidu, très-fin, aussi économe que laborieux, — tant qu'il n'est pas arrivé à la fortune, — il se contente d'un petit bénéfice en vendant bien meilleur marché d'aussi bonnes et de meilleures marchandises, même européennes, que ses concurrents étrangers, et il sait aujourd'hui, aussi bien, aussi facilement qu'eux, se les procurer directement chez nous ou dans les autres lieux de production. Aussi voyons-nous à Saïgon les négociants européens abandonnés pour les Chinois, et nous ne pouvons malheureusement nous appuyer que sur quelques honorables exceptions ou sur des considérations d'un ordre

1.

différent, pour déplorer un état de choses si défavorable à nos nationaux et certainement dangereux pour l'avenir de notre colonie. Indépendamment des 10,000 Français environ qui représentent ici, dans le centre Annam et au Tonquin, les forces de terre et de mer et les fonctionnaires de quelques administrations, sur 1,600,000 habitants, notre colonie renferme 1,250,000 Annamites, 180,000 Cambodgiens, 120,000 Malais, Malabares, sauvages, etc., et déjà 40,000 Chinois pour 1,150 Européens dont 970 habitent la ville de Saïgon ; de sorte que dans chacune des dix-neuf inspections qui composent la Basse-Cochinchine, on trouve un, deux ou trois Français perdus au milieu d'une population en majorité annamite, mais où l'élément chinois est représenté par un nombre d'individus qui varie entre 500 et 3,000 !

Cholon est une des quatre inspections (arrondissements) de la circonscription de Mytho. Les inspections de la colonie, réparties entre les quatre circonscriptions de Saïgon, Mytho, Vigne-long et Bassac, ont conservé leur ancienne organisation municipale sous la direction des administrateurs et inspecteurs des affaires indigènes, qui, jusqu'en 1874, étaient pris uniquement parmi les officiers des différents corps de la marine. Sous l'autorité du directeur de l'intérieur, les administrateurs sont dans leur inspection les chefs de tous les services civils et militaires.

Après avoir visité Cholon, à qui ses belles pagodes chinoises, ses canaux couverts de barques, ses quais encombrés de marchandises, ses rues bordées de boutiques étroites, profondes, décorées de grosses lanternes de couleur, et une foule animée et bruyante, donnent l'aspect d'une ville chinoise propre, je revins à Saïgon, qu'embellissent aujourd'hui de charmantes promenades, de nombreux et magnifiques édifices, et je m'arrêtai, à la tombée de la nuit, devant une pagode annamite brillamment illuminée.

Cette pagode, fort simple, se composait d'une seule pièce qu'une boiserie sculptée à jour, mais laissant un passage ouvert dans le milieu, divisait en deux parties. Dans celle du fond s'élevait l'autel de Bouddha; à droite et à gauche deux niches, occupées par des bonzes, formaient comme le chœur de cette chapelle. Les murs de la première salle étaient ornés de dessins dont les sujets offraient la plus grande ressemblance avec nos tableaux du Jugement dernier. On y voyait les justes admis dans une sorte de paradis où trônait un majestueux Bouddha ayant à ses côtés d'autres divinités; mais l'imagination de l'artiste s'était surtout donné libre carrière pour représenter les supplices réservés aux méchants : de grands diables à queue et à griffes formidables les poussaient avec des piques dentelées et à crocs dans divers compartiments où ils étaient empalés, pendus, noyés, rôtis, écartelés, etc..... Au milieu de la salle, on voyait une grande table dont une partie était couverte de fleurs, de fruits et de porte-cierges que le public ne cessait de garnir de petites bougies, et dont l'autre bout était encombré de livres chinois. Tout autour étaient assis des religieux et des chantres présidés par un vieux bonze d'une effrayante maigreur, lisant à haute voix et scandant ses phrases de telle façon qu'en fermant les yeux il me semblait entendre la voix d'un prêtre disant la messe. Avec un air tantôt grave et recueilli, tantôt inspiré, il étendait ses mains sur l'assistance ou faisait avec ses doigts des mouvements d'une rapidité prodigieuse qui me parurent la seule chose grotesque de cette cérémonie, car l'austère physionomie du vieillard exprima constamment des sentiments au moins dignes de respect. Le bruit des conversations ne le troublait nullement, et quand parfois il s'arrêtait, les autres officiants entonnaient des psaumes avec accompagnement de flûtes et d'une espèce de violon, puis le vieillard agitait une sonnette, les chants cessaient, et il reprenait sa lecture. J'allais me retirer, quand je vis ses doigts se remuer, s'entrelacer fiévreusement, et ses regards, d'abord levés vers le ciel, s'abaisser sur la foule; il se prosterna, saisit sa sonnette et fit un épouvantable carillon. Chacun baissa la tête comme à l'élévation, et, la cérémonie reprenant son cours, je me frayai avec peine un passage au milieu des fidèles qui causaient, riaient, fumaient, priaient et psalmodiaient tout à la fois.

Un mois après notre arrivée en Cochinchine, pays dont nous reparlerons plus tard, la convention relative aux Français mis à la disposition des Annamites fut ratifiée par le gouvernement de Hué, et il fut décidé que les deux premiers navires qui partiraient de Saïgon seraient le *d'Estaing,* commandé par M. Dufourcq [1], et le *Scorpion,* qui m'était échu en partage. Cette petite canonnière à vapeur, de quarante-trois mètres de longueur, offrait l'avantage de pouvoir aller un peu par-

---

[1] Je peux sans indiscrétion citer le nom de mon collègue et ami, qui se présentera lui-même au lecteur dans le cours de ce récit.

tout, à condition de ne pas se laisser surprendre au large par des mauvais temps auxquels elle était peu capable de résister; mais avec de l'entretien et des réparations convenables, elle pouvait faire encore long-temps un petit service de surveillance sur les côtes.

Le 31 juillet, je me rendis au consulat d'Annam; deux interprètes, dont l'un paraissait connaître assez bien le français, m'introduisirent dans une petite salle pleine de domestiques, d'écrivains, etc..... Le second consul, un *tham-bien* et un *bien-ly* (inspecteur et secrétaire de ministère), commissaires du gouvernement annamite, envoyés à Saïgon pour la réception des navires, étaient assis devant une table et m'invitèrent fort cérémonieusement à prendre place à côté d'eux. Pendant qu'on apportait des cigarettes, du thé et des confiseries, j'examinai la physionomie de tous ces fonctionnaires, car plusieurs autres mandarins d'un rang inférieur venaient d'entrer dans la salle, et parmi eux se trouvait un mandarin lettré désigné pour partir avec moi sur le *Scorpion*.

Ce personnage n'avait rien de l'Apollon du Belvédère, et à la laideur de ses compatriotes s'ajoutait une infirmité qui lui avait valu de la part de quelques officiers le surnom de Coclès.

Aux renseignements que je demandai sur la composition des équipages annamites, les commissaires me répondirent que l'Annam avait eu déjà des navires à vapeur et à voiles, qu'à Tourane on nous donnerait de bons matelots et de bons chauffeurs, et qu'enfin nous trouverions dans les magasins de cette ville et de Hué toutes les choses nécessaires à l'entretien des bâtiments;

puis je fus, à mon tour, assailli des questions les plus diverses. Je pris patience une demi-heure, et me sauvai presque satisfait de leurs réponses, mais encore plus fatigué de leur singulière curiosité.

Quelques jours après avait lieu, en présence des délégués des gouvernements de Saïgon et de Hué, la remise des navires aux Annamites, qui se mirent aussitôt à les mesurer dans tous les sens.

Des équipages français nous furent alors donnés pour aller à Tourane; seuls nos mécaniciens, jeunes seconds maîtres de la marine, devaient rester quelque temps avec nous au service des Annamites.

Le 7 août, jour fixé pour le départ du *d'Estaing* et du *Scorpion*, était arrivé. Dès le matin, les deux navires, à la poupe desquels pend un morceau de coton jaune, indice de leur nouvelle nationalité, sont entourés de nombreux sampans; le consul, les délégués annamites échangent les derniers adieux avec nos deux mandarins, puis les amarres sont filées, et nous descendons rapidement le fleuve. Le temps était beau; cependant nous n'étions pas encore au cap Saint-Jacques que déjà une petite houle nous faisait danser désagréablement. Mon mandarin n'avait pas attendu ce moment pour aller dans sa cabine — compter ses chemises, — expression employée par nos matelots pour traduire les effets du mal de mer. Mauvais début pour lui et pour nous! Pendant que le *d'Estaing*, prenant la route du large, s'éloigne et disparaît dans le sud-est, nous remontons péniblement le long de la côte : pris en travers par la houle, le *Scorpion* roule affreusement; le pont, la machine sont inondés, les mâts fouettent, menacent de se briser, et il nous faut passer l'après-midi à tenir provisoirement notre mâture. A neuf heures du soir seulement, nous arrivions à la frontière du royaume d'Annam [1].

Tandis que la nuit nous cache la plus méridionale de ses provinces, nous allons compléter les renseignements fournis par la carte jointe à ce volume et ajouter quelques mots sur l'histoire d'un pays où nous devons vivre pendant neuf mois.

D'une superficie d'environ 300,000 kilomètres carrés (plus de la moitié de la France), le royaume d'Annam est divisé en deux grandes parties : au nord, les quinze provinces du Tonquin; au sud, les dix autres provinces de la Moyenne-Cochinchine, étroit ruban qui se déroule en forme d'S à la partie orientale de l'Indo-Chine. Sa population est probablement de 12 à 13 millions d'habitants, dont 10 millions pour le Tonquin.

Les fleuves de la Moyenne et de la Haute-Cochinchine ont en général un faible parcours; mais très-nombreux, et reliés entre eux par des canaux artificiels ou naturels, ils constituent de remarquables voies de communication. Parmi les principaux, citons seulement le chong [2] Ngoua, qui prend sa source dans la tribu des Banars; le Giagne, le Ca, le Cai et le Maa, auxquels les provinces de Nghê-ane et de Thagne-hoa doivent en partie leur prospérité commerciale et agricole; enfin au Tonquin nous trouvons surtout le fleuve Rouge (chong Ca),

[1] L'orthographe des missionnaires induisant en erreur les personnes qui n'ont pas étudié les règles de la prononciation, nous écrirons autant que possible les mots annamites comme ils se prononcent.

[2] Chong, fleuve.

magnifique voie de communication avec la Chine, dont nous parlerons plus tard.

L'Annam est séparé du bassin du Meïkong par une longue chaîne de montagnes dont l'orientation par rapport aux vents réguliers (moussons de nord-est et de sud-ouest qui arrivent de la mer chargées d'humidité) influe très-naturellement sur les conditions météorologiques du pays : ainsi, lorsque la mousson de sud-ouest (d'avril à octobre) amène en Basse-Cochinchine la saison des pluies, l'Annam est en pleine saison sèche; et quand la mousson de nord-est passe sur l'Annam, elle arrive, de l'autre côté de la chaîne, dépouillée de son humidité, et la saison sèche s'établit sur le bassin du Meïkong. La disposition particulière des côtes du golfe du Tonquin apporte cependant quelques modifications à ce système. Le climat de l'Annam diffère aussi de celui de notre colonie; la température s'y élève jusqu'à 40° en été, mais elle descend, selon la latitude, à 12° et 8° pendant l'autre saison, qui devient ainsi une sorte d'hiver favorable à la santé. Les très-légères nuances qui distinguent le caractère physique et moral des populations du nord et du sud de l'Annam sont le résultat de ces différences climatologiques et d'autres causes dont leur histoire va nous instruire.

Des frontières de la Chine, berceau de la race ou plutôt de la nation annamite, les Giao-ki[1] (ancien nom des Annamites) envahirent les plateaux et les plaines du Tonquin dont les populations primitives

____

[1] Leur premier souverain (2800 avant J. C.) descendait de la famille impériale de Chine.

furent refoulées à l'ouest, dans un pays montagneux et
encore aujourd'hui inexploré. En l'an 111 avant J. C.,
la Chine s'empara de l'Annam et le gouverna, avec des
fortunes diverses, pendant dix siècles, au bout desquels les Annamites, profitant des troubles politiques qui
précédèrent en Chine un changement de dynastie, réussirent à chasser l'étranger. Alors s'ouvrit pour l'Annam
une longue période de cinq siècles de luttes sanglantes,
tantôt contre les États limitrophes de l'ouest et du sud
(Ailao et Ciampa), tantôt contre les Tartares Mongols dont
les trois invasions furent repoussées. Épuisé d'hommes
et d'argent, l'Annam eût probablement disparu devant la
quatrième que préparait Koubilaï-Khan [1], lorsque mourut ce terrible conquérant, dont la domination s'étendait
de la mer de Chine à la mer Noire. Court répit! Quelques années plus tard, les Minh, qui avaient succédé aux
Tartares Mongols, envahissent de nouveau l'Annam, qui
reste encore dix ans sous la domination chinoise avant
de pouvoir définitivement conquérir son indépendance.
A partir de cette époque, les Annamites vécurent en
paix avec la Chine, à laquelle ils avaient cédé quelques
provinces du nord (de ce côté, les frontières sont aujour-
d'hui les mêmes); mais ils avaient conquis la moitié de
la Moyenne-Cochinchine sur les Ciampois. Par suite de
ces changements territoriaux, nous trouverons dans le

[1] Les chroniqueurs d'Annam, vantards de leur nature, exagèrent
sans doute quand ils évaluent à 400,000 et 500,000 hommes la force
de chaque armée tartare, car le célèbre voyageur vénitien Marco
Polo, qui vivait à la cour de Koubilaï-Khan, cite l'Annam dans ses
mémoires et ne parle pas de telles invasions, alors qu'il rend compte
de l'expédition dirigée à la même époque contre le Japon.

nord une population plus fortement imprégnée de la civilisation chinoise, race intelligente, assez commerçante,
mais peu guerrière; dans le sud, au contraire, l'Annamite conquérant remplacera tout à fait les races vain-
cues, et gardera mieux son caractère physique et moral.
C'est là que se conservera, en devenant plus vif, le sentiment national, que se préparera et s'organisera toujours
la résistance. Que plus tard les Ciampois et les Cambodgiens disparaissent en abandonnant plus ou moins
leurs femmes aux envahisseurs, et les différences entre
les populations du nord et du sud s'accentueront davantage, par suite de ces mélanges et d'autres causes auxquelles va s'ajouter une longue séparation politique.

En 1600, les descendants de la famille royale *Lé*
purent, grâce aux mandarins *Ngouyên* et *Trigne*, remonter sur le trône de leurs ancêtres, dont la famille usurpa-
trice *Mac* les avait tenus écartés pendant un siècle; mais
la souveraineté des *Lé* ne devait plus être que nominale
et ne s'étendre que sur le Tonquin, gouverné de fait par
des maires du palais ou seigneurs (*kieua*) de la famille
Trigne. Les provinces du sud, avec Hué pour capitale, formèrent un État séparé, gouverné par les *kieua*
Ngouyên [1], qui refusèrent dès 1614 de payer tribut au
Voua-Lé et prirent eux-mêmes ce titre de *voua* (roi).

Cette séparation dura deux cents ans, pendant lesquels
les deux pays furent souvent en guerre. Dans l'intervalle,
les Annamites du sud chassaient les Ciampois, enle-
vaient la Basse-Cochinchine au royaume Kmer ou de

---

[1] Telle est l'origine de la famille qui a régné et règne encore
aujourd'hui à Hué, et dont Tu-duc est le dernier descendant.

Cambodge, et, de concert avec les Siamois, étendaient sur ce dernier État une sorte de protectorat qu'ils eussent bientôt transformé en souveraineté absolue si, à peu près à la même époque où la monarchie allait disparaître en France, n'eût éclaté dans la province de Bigne-Digne une terrible révolution.

Le mécontentement contre un pouvoir despotique et cruel, s'appuyant sur la classe des mandarins dont les exactions étaient devenues intolérables, aida puissamment les trois frères *Tay-cheune*, chefs du mouvement révolutionnaire devant lequel disparurent momentanément les familles royales des Lê et des Ngouyène.

Le roi Ngouyène Hué-vuong, qui fut probablement tué en s'échappant de Hué, laissait deux neveux, dont l'un, Ngouyène-anh[1], put se sauver dans le sud avec l'ex-reine, sa famille et ses derniers partisans.

Le lecteur nous pardonnera sans doute de le retenir plus longtemps sur les aventures de ce souverain dépossédé qui, en quinze ans, reconquiert son royaume et le laisse plus grand qu'il ne fut jamais, car plusieurs de nos compatriotes ont partagé ses luttes et sa gloire, et l'on peut assurer que sans eux, jamais *Gia-Long* n'eût réussi dans une telle entreprise.

Fugitif, errant en Basse-Cochinchine, sans gîte pour se reposer et se dérober aux recherches de ses ennemis, Gia-Long y reçut une première fois l'hospitalité d'un Français, Mgr Pigneaux de Behaine, évêque d'Adran, qu'il rencontra de nouveau quelque temps après dans une île du golfe de Siam. Battu, non découragé, Gia-

---

[1] Plus connu sous le nom de « Gia Long », titre qu'il prit en 1802.

Long rêvait alors d'appeler à son aide les Hollandais ou les Espagnols; Mgr d'Adran le décida à lui confier son jeune fils, et partit avec lui pour la France. L'année suivante, Louis XVI signait un traité d'alliance offensive et défensive avec Gia-Long; mais ce traité, fort avantageux pour nous, ne fut pas ratifié, et l'expédition qui devait être envoyée au secours de notre allié ne partit pas. Mgr d'Adran put cependant réunir quelques volontaires et arriva en Cochinchine avec deux navires de commerce chargés de munitions. Parmi les officiers qui le suivirent, l'histoire a conservé les noms du colonel Olivier et de quelques officiers de la Compagnie des Indes : Dayot, qui fut chef de la flotte annamite et laissa de remarquables travaux hydrographiques sur la Cochinchine; de Forsanz, Barisy, Vannier, Le Brun et Chaigneau, ancien officier de la marine royale, qui n'arriva en Annam qu'un an plus tard. L'armée et la marine cochinchinoises furent organisées à l'européenne, et douze ans après (1802), Gia-Long, maître de la péninsule, des frontières de la Chine à la pointe du Cambodge, était proclamé *Hoang-dé* ou empereur d'Annam.

La mort de Mgr d'Adran, l'ami, le conseiller de Gia-Long, la mort de ce prince et l'avénement de Minh-Mang laissèrent les Français sans défense contre la jalousie, les intrigues et les mauvais procédés des mandarins. De tous nos compatriotes il ne resta bientôt plus à Hué que M. Chaigneau, devenu consul de France, et M. Vannier, dont la situation devint tellement difficile qu'ils durent abandonner l'Annam en 1824. Alors le roi Minh-Mang, qui sous l'influence de son entourage s'était reconnu vassal de la Chine, donna libre cours à sa haine contre les étrangers : les relations avec les Européens furent rompues, et les persécutions commencèrent contre les chrétiens [1]. Sous Thieou-Tri qui lui succéda, les commandants Lapierre et Rigault de Genouilly ayant brûlé une escadre annamite dans le port de Tourane, un édit de mort fut publié contre les Français, et l'on prétend que le roi fit détruire tous les objets français contenus dans ses palais.

A sa mort, les intrigues des mandarins firent placer la couronne sur la tête de Tu-Duc (1847), au détriment de son frère aîné, et, sous leur influence, le jeune souverain continua dans les mêmes errements que ses prédécesseurs. On sait que les persécutions contre les chrétiens motivèrent l'occupation de Tourane (1858-1860), mais que notre entreprise sur Hué échoua par suite de l'ignorance de la géographie du pays. Cet échec fut compensé, comme nous l'avons dit, par la conquête de la Basse-Cochinchine. Les Annamites n'avaient pas encore reconnu notre souveraineté sur ces provinces, lorsque l'exploration du fleuve Rouge par M. Dupuis, et son entreprise de le remonter en 1873 avec un convoi d'armes et de marchandises destinées au vice-roi du Yun-Nan, amenèrent notre intervention au Tonquin. Sans sortir du cadre que nous nous sommes imposé, payons ici un juste tribut d'admiration et de regret au chef de la petite expédition et à ses vaillants auxiliaires. Si F. Garnier avait eu pour successeur un homme de son mérite et connaissant aussi bien les Annamites, peut-

[1] Depuis 1627, il y avait des missionnaires en Cochinchine. Sous Minh-Mang, le nombre des chrétiens s'élevait à environ 400,000.

être aurions-nous encore évacué le Tonquin — si tel était l'ordre, — mais certainement cette évacuation se serait faite dans d'autres conditions et aurait eu pour résultat un traité bien différent de celui du 15 mars 1874, que les Annamites se soucient peu d'exécuter.

Ces derniers événements nous étaient à peine connus lorsque, le lendemain de notre départ de Saïgon, les côtes sud de l'Annam offrirent à nos regards leurs collines, leurs montagnes boisées, leurs ports nombreux excellents, mais presque déserts. Au Bigne-touane, réputé pour ses bois précieux : trac, bois d'ébène, bois d'aloès (agalloche et bois d'aigle), succède le Khagne-hoa, riche en soieries, et le Fou-yênc, qui produit surtout du riz, du maïs, des pois, du sucre, etc., et dont les mines sont aussi vantées que la fertilité de son sol. Partout, d'ailleurs, dans la Moyenne-Cochinchine, on trouve des minerais de fer, de zinc, de plomb, de cuivre, d'or et d'argent. La deuxième nuit vint trop tôt nous surprendre, et cependant depuis trente-huit heures mon mécanicien et moi n'avions pu goûter un instant de repos. Jeune, actif, intelligent et plein de bonne volonté, M. B... réunissait toutes les conditions nécessaires à l'existence que nous allions mener. Confiants l'un dans l'autre, nous nous sentions assez riches de patience et de courage — quelle force ne donnent pas la jeunesse et l'espérance ! — pour surmonter bien d'autres diffi-cultés. Le *Scorpion* filait six milles à l'heure sur une nappe d'eau argentée qui faisait paraître le ciel d'un bleu plus foncé et plus noires les montagnes ; tantôt nous entrions dans l'ombre capricieuse des hautes falaises, qui fuyaient alors devant l'œil moins ébloui par les flots redevenus sombres autour de nous; tantôt une coupure dans les montagnes, un ravin, une baie nous ramenaient dans une zone de lumière, et la côte semblait se rapprocher de nous. C'était une de ces belles nuits des tropiques pendant lesquelles tout semble plutôt rêver que reposer dans la nature, et dont l'effet magique est d'émouvoir et d'élever la pensée. Ce charme indéfinissable auquel je me livrais volontiers pour combattre le terrible besoin du sommeil devenait lui-même impuissant; les heures s'allongeaient mortellement, j'avais le corps brisé, les yeux en feu, et, par moments, ma vue se troublait, lorsque enfin le jour parut, et la vive lumière du soleil m'aida à tromper la fatigue. C'était bon pour la journée, mais il ne fallait pas songer à passer ainsi une troisième nuit, et je résolus d'aller relâcher à Quin-hone, principal port du Bigne-digne.

Je n'ai pas besoin de dire avec quelle joie mon mandarin apprit ma détermination. Aussi, en approchant du port, le vîmes-nous pour la première fois, se cramponnant à son domestique et à tout ce qu'il trouvait sous la main, apparaître sur la dunette au bord de laquelle il s'accroupit les yeux ardemment fixés sur le rivage, terme provisoire de ses souffrances et de sa terreur.

Le port de Quin-hone, que les Annamites ont ouvert au commerce étranger [1], figure un vaste rectangle très-bien fermé, dont la partie sud offre seule un bon mouillage. La presqu'île montagneuse qui le protége vers l'est et le sud se termine par une falaise abrupte couronnée par un petit fortin; derrière cette pointe, qu'il faut

---

[1] Nous en reparlerons au dernier chapitre (*Avenir commercial*).

contourner pour entrer, et recouverte par elle, se trouve l'extrémité d'une plage de sable qui s'étend à l'ouest et au nord, en une plaine mamelonnée, jusqu'aux montagnes dont toute la lagune est entourée. En passant sous le fort de la falaise, je fus abasourdi par les cris des factionnaires, qui, malgré notre pavillon annamite, nous hélaient dans d'immenses porte-voix; on eût dit des hurlements de bêtes fauves auxquels se joignirent bientôt les cris des bateliers que nous rencontrâmes dans la passe. Je crus comprendre qu'il ne fallait pas aller plus loin, et, à mon grand déplaisir, je fis jeter l'ancre dans une petite anse où notre canonnière avait à peine la place nécessaire pour éviter ou tourner. Elle fut aussitôt envahie par les bateliers. Chacun, en arrivant, se prosternait deux ou trois fois devant le mandarin en joignant les mains, et c'était à qui prendrait la plus humble, la plus servile posture. Le chapitre des *lay* (salutation) terminé, le mandarin parla de son émouvante traversée; la tête lui en tournait encore, et il était impossible de voir une mine plus grotesque que celle de ce cher Coclès qui, les yeux égarés, les bras en croix et les jambes écartées, comme s'il craignait encore de tomber au roulis, se balançait lourdement sur le pont pour mieux dépeindre e régime auquel Sa Majesté condamnait Sa Seigneurie. Ce fut alors autour de lui un étourdissant concert de « *Bam ong qouan leun* » (Ah! monsieur le grand mandarin), et Coclès, flatté du qualificatif, se rengorge, parle haut, vite, ferme. Est-ce un discours? demande-t-il des nouvelles? Mes faibles connaissances en annamite ne me permettant plus de le suivre, je vais me rendre compte de l'état du navire.

Dans la cambuse, seul réduit qui pût nous servir de cale, nous avions quelques caisses à l'adresse du roi et des barils de farine, notre provision pour quelques mois. Quoique placés à une certaine hauteur, l'eau les avait atteints au roulis. C'était un malheur pour nous; quant aux colis du roi, dont l'odeur décelait du poisson sec, il n'y avait aucune avarie à craindre, tant les caisses étaient bien closes. Je rentrais donc chez moi, quand tout à coup j'entends des cris de désespoir; je me retourne. Coclès à mes genoux s'arrachait le chignon de la main gauche, et de l'autre paraissait vouloir se couper le cou, puis il montrait les caisses mouillées. L'assurance que je lui donnai, qu'aussitôt sèches il n'y paraîtrait plus, finit par le calmer, car il tremblait réellement que le roi ne lui fît couper la tête.

A l'heure du dîner, ayant invité mon frère Coclès (il m'appelait toujours ainsi), nous allâmes, M. B... et moi, le chercher dans sa chambre et le trouvâmes prêt. Son chignon et le haut de son front étaient enveloppés d'un beau turban en crépon noir du Tonquin; ses pieds nus étaient chaussés de grosses sandales rouges à épaisse semelle, et par-dessus son costume habituel il avait passé une belle tunique de soie bleue brochée. Quoique les manchettes et le col de sa chemise dénotassent un long service, et que ses ongles recourbés et longs de deux pouces ne fussent rien moins que roses, nous devions lui savoir gré de son effort de propreté; je le complimentai sur sa bonne mine, et après nombre de façons cérémonieuses auxquelles nous nous prêtâmes de bonne grâce, il finit par prendre place à table, où, n'ayant pas encore mangé à l'européenne, il attendait et observait tous nos mouvements pour les imiter. Malgré l'aide de mon *boy* [1], et la précaution que j'avais prise de placer des dictionnaires à ma portée, je trouvai bientôt la corvée plus pénible que je ne me l'étais imaginé. Coclès paraissait mieux saisir mes réponses que mes questions, accueillies tantôt par un gros rire stupide, tantôt par des regards hébétés; ses réponses étaient vagues, détournées et longues, ce qui me donnait un mal infini pour les comprendre, et je renonçai à obtenir de lui beaucoup de renseignements sur la quantité et la valeur des produits du Bigne-digne, d'ailleurs à peu près les mêmes que ceux des provinces voisines. Coclès avait du reste bien autre chose en tête; sa grande affaire à lui, c'était le *Scorpion*, et, avec une obstination sans pareille, il me présentait la même question sous toutes les formes : « Le gouverneur de la Cochinchine voudrait-il changer ce navire contre un autre? » — Quelque temps après, à Tourane, je vis bien que mes réponses ne lui avaient pas enlevé cette consolante illusion. — La fin du dîner arriva, me laissant dans le doute sur le caractère de cet homme à figure de Tartare, figure continuellement grimaçante sur laquelle se peignaient tour à tour l'inquiétude et l'indifférence, la douceur et la dureté, le mécontentement et la gaieté. Devais-je attribuer ses réponses si évasives à la défiance ou à l'ignorance? Je ne le savais encore, mais j'étais fixé

---

[1] J'avais pris à Saïgon un cuisinier et un boy chinois qui parlaient un peu annamite, mais ne savaient encore que quelques mots français. Ils firent rapidement, — surtout le boy, — des progrès dans les deux langues.

sur son goût, goût partagé par les Annamites, pour nos vins et nos liqueurs. Cette fois, Coclès s'arrêta à propos, et nous nous séparâmes en protestant de notre mutuelle amitié. Le lendemain matin, après une excellente nuit dont nous avions tous si grand besoin, l'ancre fut levée; mon mandarin resta couché ainsi que son domestique, et nous continuâmes notre route le long des terres, tantôt élevées, tantôt basses maintenant, des provinces de Kouang-ngai et de Kouang-name, qui fournissent de bons tributs à Sa Majesté Tu-Duc, principalement en riz, cannelle, sucre, etc. Une baie ou rade ouverte et quelques embouchures de rivière sont les seuls abris qu'offre cette côte; voici Kouang-name [1] (probablement l'ancien Faifo), à l'embouchure de la rivière de ce nom, et les « rochers de marbre », isolés sur l'isthme de sable qui la sépare de Tourane, où nous arrivâmes le 11 août un milieu d'un orage, sinistre augure pour mon superstitieux mandarin. Nous y trouvâmes le *d'Estaing* et l'aviso *l'Antilope*, qui prit le même soir nos équipages français pour les ramener à Saïgon.

Seuls désormais avec les Annamites, nous allions voir une nouvelle existence commencer pour nous.

[1] C'est à tort que nos cartes marines désignent ce port sous le nom de Kouang-name; son nom est Hoi-Ane, autrefois Hoai-fou, dont on fit Faifo. La capitale de la province, située dans l'intérieur, s'appelle Fou-Kiame ou Kouang-name. Les indigènes à qui l'on demande le nom des ports : répondent généralement. « C'est le port de telle province. » Ainsi s'explique l'erreur qu'on a commise sur le nom de celui-ci et de plusieurs autres.

CHAPITRE II

Aspect de la baie de Tourane. — Aventure d'un négociant annamite. — Physionomie de mandarin. — Nos équipages. — Habitudes, malpropreté, paresse des indigènes. — Réception à Tourane par les autorités. — Le village de Tourane. — Habitation d'un notable. — Coup d'œil général sur Tourane, son avenir. — Sacrifice à Bouddha. — Départ pour Touane-ane (port de Hué).

La magnifique baie de Tourane (Keua-han) a la forme d'un chiffre 6 de treize kilomètres de hauteur sur onze de largeur ; qui l'a vue une fois ne saurait l'oublier.

Quand une faible brise chasse la brume par le travers des gorges et ride à peine la surface de l'eau, lorsque les rayons du soleil commencent à dépouiller les premiers plans de l'horizon de leur costume matinal, et laissent voir agrandies ou renversées par le mirage les jonques à grandes voiles de paille et les petites criques boisées qui découpent en festons les contours de la baie, c'est un tableau gracieux, coquet ; mais ce n'est pas Tourane. Voyons de l'entrée cette immense baie où ne se distingue nulle habitation et souvent pas une barque ; on se croirait dans un pays inconnu, désert, et le panorama ajoute encore à cette impression. Soit que des phénomènes lumineux, aussi variés de forme qu'éblouissants, sillonnent et tourmentent les sombres nuages qui se traînent sur les flancs accidentés des montagnes dont les sommets se perdent dans le ciel ; soit qu'une atmosphère pure et sereine découvre, dans toute sa majesté, cet énorme massif montagneux couvert de forêts où les fauves vivent à l'abri des attaques de l'homme, on est saisi, rempli d'admiration devant l'œuvre pittoresque et grandiose de la nature ; et lorsque, en approchant de la presqu'île de l'observatoire, on aperçoit quelques cases éparses sur le rivage, on reste frappé du singulier contraste que présente cet écrasant tableau à côté de l'œuvre chétive de l'homme.

Du mouillage, on distingue difficilement le petit village de Tourane, à environ quatre kilomètres dans le sud. Un rivage bas, uniforme comme une plage de sable, borne la baie dans cette direction, et l'éloignement ne permet pas d'apercevoir la route ou plutôt le sentier de Hué, qui, après avoir contourné la baie, s'enfonce au nord-est dans les montagnes.

Le *d'Estaing* et le *Scorpion*, mouillés à quelques centaines de mètres l'un de l'autre, semblaient perdus dans cette solitude ; notre mandarin et son domestique étaient allés à terre, et quand le soir nous trouva seuls, mon mécanicien et moi, pour garder notre navire, ce brusque abandon nous aurait fait plus d'impression si nous eussions été moins préparés à l'imprévu.

Le lendemain, aussitôt levés, nous étions sur le pont. Les grains avaient cessé pendant la nuit, le ciel était pur et les eaux aussi calmes que celles d'un lac ; mais rien ne se montrait encore du côté de Tourane, si ce n'est un vieux navire à vapeur mouillé à l'embouchure de la rivière de Han, navire à moitié démoli dont le propriétaire, ancien interprète du gouvernement français, est maintenant ruiné, emprisonné; peut-être, depuis lors, lui a-t-on coupé la tête. Cet Annamite avait un beau jour quitté le service de notre administration pour retourner à Hué. Envoyé avec plusieurs mandarins à Hong-kong pour acheter des navires au compte de Sa Majesté Tu-Duc, le personnel de l'ambassade était revenu avec d'affreuses gabares, mais les poches bien garnies. Cette première opération aidant, l'ex-interprète demanda et obtint une concession de mines au Tonquin, acheta un petit vapeur et se livra à des opérations plus ou moins honnêtes, à coup sûr lucratives. Devenu riche, fort riche, mais ne voulant ou ne pouvant pas partager convenablement avec les mandarins, il fut dénoncé par eux et condamné à mort. Toutefois, comme on le soupçonne d'avoir caché une partie de ses biens, on suspend son exécution, et on le tient enfermé dans la prison de Fou-kiame (capitale du Kouang-name), où sa famille paye au poids de l'or les moindres services qu'on lui rend. Cette histoire, qui me fut racontée plus tard par un des interprètes de Tourane, eût-elle été pour eux, à l'occasion, une leçon salutaire? Hélas! j'en doute fort; Sa Majesté paye si peu ses fonctionnaires !...

Vers trois heures, nous aperçûmes enfin plusieurs barques sortant de la rivière. L'une d'elles, surmontée de grands parapluies dressés à l'avant et à l'arrière d'un compartiment couvert, portait des mandarins d'un rang élevé, à en juger par le nombre de leurs insignes. Il est vrai qu'en province, prenant du parapluie, on n'en saurait trop prendre; — la vanité y est aussi moins gênée qu'à Hué par les règlements qui ont dû consacrer en partie ce qu'ils étaient impuissants à combattre, car tout mandarin envoyé en mission peut ajouter un *riflard* à ceux que son rang lui permet d'avoir dans la capitale [1]. La petite flottille s'avançait lentement, et mit plus d'une heure à atteindre le *d'Estaing;* deux ou trois sampans s'en détachèrent pour venir de notre côté, et je m'empressai d'en prendre un pour aller assister à la cérémonie.

Quand j'arrivai, le pont était envahi par une masse de gens portant avec aisance toute leur fortune dans de petits paquets ou des corbeilles de bambou; des petits mandarins, à peine mieux vêtus, donnaient des ordres pour faire ranger tout ce monde et obtenir un peu de silence, tandis que des domestiques et des secrétaires, avec leur encrier et leurs plumes en sautoir, étalaient des nattes sur lesquelles ils rangeaient des papiers, des boîtes à chiques, des services à thé., etc. Plusieurs grands mandarins accompagnaient les deux commissaires spéciaux de la cour de Hué, et avaient pris place sur des chaises et des tabourets. Comme les tentes les abritaient des rayons du soleil, ils avaient déposé sur le pont leurs grands chapeaux coniques; des turbans en crépon du Tonquin entouraient leurs cheveux ramassés en chignon; de longues et belles tuniques et de larges pantalons en soie brochée, de couleur bleue, tombaient jusqu'à leurs pieds chaussés de sandales. Des domestiques tenaient à deux mains de grands éventails en plumes de paon et, d'un mouvement lent et régulier, chassaient l'air vers Leurs Excellences; d'autres leur

[1] Ainsi Coclès, qui en transportait deux avec lui, n'en déployait plus qu'un, tout petit, de trois mètres de diamètre, quand nous fûmes à Hué.

apportaient avec les marques du plus grand respect tantôt la boîte à chiques, tantôt la pipe à eau, du thé, de l'eau-de-vie ou des cigarettes qu'ils avaient préalablement allumées et dont le bout était encore teint de cette salivation sanguinolente que produit la chique de bétel. Quelques-unes de ces boîtes à chiques sont fort jolies et très-élégamment travaillées ; il y en a de laquées, d'autres sont en métal ou en bois de trac ou d'ébène avec des incrustations de nacre. Leur intérieur est divisé en de nombreux compartiments qui renferment la boîte à chaux, le tabac, le bétel, la noix d'arec et tous les ustensiles nécessaires au fumeur et au chiqueur. Il fallait voir avec quelle gravité les mandarins étendaient la chaux sur la feuille de bétel, la roulaient avec le tabac, pelaient et découpaient la noix d'arec en petits quartiers, et dégustaient le tout! S'ils font volontiers allumer leurs cigarettes, ils ne laissent à personne le soin de faire leur chique. Il y avait parmi eux deux ou trois vieillards d'un aspect vénérable, mais que gâtaient un regard louche et l'expression que prenait parfois leur physionomie. C'était vraiment dommage de voir par moments leurs traits se couvrir pour ainsi dire d'un vilain masque sur lequel on ne pouvait deviner qui l'emportait de la crainte ou de la moquerie, de la politesse ou de la bassesse. Les deux commissaires, l'un du rang de *Tham-bien*, l'autre de *Bien-ly*, comptaient moins d'années sans m'inspirer plus de confiance.

Je les revis quelquefois depuis cette époque et leur trouvai toujours la même manie, probablement calculée. L'un jouait au bon garçon, se donnait des airs dégagés, faisait l'aimable, avait des élans d'amitié à vous serrer dans ses bras, changeait la conversation, quand on parlait affaires, pour vous demander de la poudre de chasse, des munitions ou toute autre chose qu'il vous voyait, et parlait beaucoup pour ne rien dire. L'autre, au contraire, ne sortait d'un mutisme exagéré que pour rire stupidement, et jouait le rôle de celui qui n'a pas compris.

Les présentations, les compliments étant achevés, et les secrétaires ayant enfin disposé leurs paperasses, la revue de l'équipage commença.

C'étaient presque tous de jeunes garçons imberbes, passablement sales et d'un extérieur timide, embarrassé. Leur costume se composait d'un tout petit chapeau conique, d'une sorte de blouse et d'un pantalon court en coton; ce dernier, très-large et tombant à peine aux genoux, ressemblait plutôt à un caleçon de bain qu'à un pantalon; les jambes et les pieds restaient nus. Enfin, deux morceaux d'étoffe de coton, servant l'un de turban et l'autre de ceinture, celle-ci roulée de façon à former une poche, complétaient leur costume. J'oubliais la pièce la plus curieuse de cet accoutrement : un éventail qu'ils portaient soit à la ceinture, soit à moitié enfoncé dans le haut de la blouse derrière le cou [1].

A mesure qu'on les appelait, on leur répartissait leur poste : « Toi, disait le mandarin, tu seras matelot ou chauffeur. — *Kong-biet* (je ne sais pas), *Nia-goué* (je suis paysan) », répondait l'homme, et ainsi du reste! C'était en vérité un bien singulier équipage et une scène

____

[1] Ils s'en servent même en travaillant!

à mourir de rire pour quiconque n'aurait pas été exposé à en subir les conséquences.

Nous ne pouvions que protester auprès des commissaires annamites contre de pareils choix, si différents de ce qu'on nous avait promis à Saïgon. Étaient-ce là les hommes qui avaient précédemment servi sur les navires annamites? On nous en montrait deux, pour chaque navire, chargés du service du gouvernail, qui savaient leur affaire. Qu'importaient les autres! ils seraient toujours assez bons pour tirer sur les cordages. D'ailleurs, les commissaires transmettraient nos réclamations à Hué, où, suivant eux, on était très-favorablement disposé pour nous, et tout s'arrangerait. En ce moment, il fallait bien faire comme nos matelots et nos chauffeurs improvisés : se résigner et attendre. L'appel se termina par les canonniers, qui au moins avaient déjà servi à terre, et par les cuisiniers, dont la proportion était considérable, ce qui ne devait pas empêcher chaque homme de faire sa petite cuisine de fantaisie.

La même cérémonie s'accomplit à bord du *Scorpion*, dont l'équipage se montait à soixante hommes, en comptant deux mandarins lettrés ex-employés de ministère, deux mandarins militaires, des *doi* et des *cai* (sous-officiers) et des secrétaires, qui tous prenaient sur l'équipage tant de domestiques qu'il ne restait plus pour faire le service du navire que le capitaine et le mécanicien français.

Sur les autres bâtiments, mes collègues prirent la chambre du commandant; mais sur le *Scorpion* j'occupais avec le mécanicien le carré des officiers, divisé en deux chambres. Une même échelle conduisait à la porte de ma chambre et à celle des mandarins qu'un mètre à peine séparait : très-mauvaise installation, car je n'étais pas chez moi. Toute la journée c'était une procession continuelle de secrétaires et de domestiques renversant çà et là des plats et des tasses de thé, ou laissant tomber des tisons. Le lavage n'était pas terminé que tout était dégoûtant chez eux. La lampe modérateur, qui leur parut d'un usage trop embarrassant, avait été bien vite remplacée par de petites lampes fumeuses [1]; des coffres, des corbeilles, des nattes encombraient cette chambre, où les mandarins gardaient avec eux nuit et jour leurs secrétaires et leurs domestiques, et parfois j'y voyais couchés une dizaine d'individus qui passaient leur temps à jouer, boire, chiquer et cracher cette salive rougeâtre qui tachait le parquet, ou à fumer l'opium, dont l'odeur m'était insupportable et me donnait mal à la tête. Leur maudite porte était toujours ouverte, et cette vue, cette odeur et les bruits inconvenants par lesquels ils témoignent de leur bonne digestion, rendaient un tel voisinage infiniment désagréable. Ils couchaient tout habillés sur des nattes et ne changeaient jamais de linge; les mandarins mêmes se contentaient de mettre une tunique plus propre par-dessus leur costume habituel, dans les grandes circonstances. La propreté du corps était aussi négligée : c'est à peine s'ils se passaient un peu d'eau sur la figure, et sans savon, car il n'y en a pas dans le pays. Ils peignaient cependant leurs cheveux, que plusieurs avaient très-longs et fort beaux, et se faisaient mutuellement la chasse aux parasites.

[1] Une nuit, attiré par l'odeur, je pénétrai dans leur chambre où une de ces lampes avait mis le feu à une table à toilette.

Par la chambre des mandarins, on peut juger de ce que devait être le poste des sous-officiers et de l'équipage.

Personne ne songeait à travailler, mais certes personne n'oubliait de manger, et je ne crois pas qu'il existe nulle part des bâtiments où l'on s'en préoccupe à ce point. Les cuisines du navire et celles des nombreux sampans qui se tenaient constamment amarrés le long du navire ne leur suffisant pas; ils s'en faisaient partout sur le pont avec des briques, et allaient jusqu'à employer à cet usage les fourneaux de la machine, la forge, etc... Quand les uns avaient fini, d'autres commençaient, et, du matin au soir, on ne voyait que des gens faisant cuire un peu de riz, du poisson, ou mangeant des herbages en salade. Tous les débris gisaient sur le pont, de sorte que je me croyais bien moins sur un navire qu'au milieu d'un marché, et d'un marché dégoûtant.

Une telle existence paraissait si naturelle à ces gens-là, que lorsque j'envisageais toutes les difficultés à vaincre pour leur faire prendre de meilleures habitudes, j'hésitais réellement. Qui m'aiderait? les mandarins? Quelle gêne ne serait-ce pas leur imposer, et dans un but qu'ils étaient incapables de comprendre! N'étions-nous pas obligés de les rappeler eux-mêmes aux bienséances, dont ils faisaient fi au point de transformer le pont en water-closet!

Nous ne savions encore ce que serait la navigation avec de tels équipages, que déjà nos habitudes si différentes mettaient entre eux et nous une barrière difficile à renverser. Une séparation complète sur un aussi petit navire était impossible; il ne nous restait qu'à nous en aller, ou à essayer de leur apprendre à vivre comme à naviguer !

Après soixante jours d'étude, je connaissais heureusement plus de mots annamites que mon pauvre diable d'interprète n'en savait de français, car il mettait cinq minutes pour me dire : « Bonjour, monsieur, ayez pitié, je ne sais rien », et je ne pouvais en tirer davantage. Si mon bagage n'était pas lourd, j'avais des dictionnaires, du papier, des crayons ; et au besoin, je dessinais ou je faisais moi-même ce que je n'avais pas réussi à leur faire comprendre.

Pendant le premier mois de mon séjour en Annam j'allais peu à terre, et je partageais mon temps entre l'étude de l'annamite et l'instruction du personnel. Le chef mécanicien mettait toute la bonne volonté possible à me seconder. Pour ne pas rester dans la saleté, nous dûmes même leur apprendre à laver le pont ! Je tâchai de leur enseigner la manœuvre des voiles et des embarcations, et de leur faire comprendre ce qu'était l'entretien d'un navire. Sans ordre, sans discipline, il n'eût pas fallu songer à obtenir quoi que ce soit. Aussi, avant tout, avais-je fait un règlement dont la rédaction ne fut pas facile, étant donné l'insuffisance de mon interprète et des secrétaires, l'ignorance et la mauvaise volonté des mandarins, et les ménagements que comportait un changement si radical dans les habitudes de tous.

Tout d'abord cela prit mieux que je ne l'espérais ; le mécanicien et moi en étions même étonnés. Ces pauvres gens étaient doux, soumis, au moins en apparence, et montraient de la bonne volonté, à condition qu'on les eût toujours sous les yeux comme des écoliers; car, dès qu'on s'éloignait d'eux, un rien les détournait du travail, et à plus forte raison les sampans, que nous ne pûmes jamais empêcher de rester le long du bord, et qui offraient à nos Annamites la perpétuelle tentation des plaisirs de l'amour et de la table. Leur paresse naturelle, cette paresse dont rien ne peut donner une idée, leur amour du jeu et des amusements, leur légèreté, ne leur permettaient pas d'apprendre sérieusement; ils se figuraient connaître une chose dès qu'ils l'avaient vu faire, s'en dégoûtaient avant de la savoir, et toute leur bonne volonté première, qui n'était qu'un effet de leur curiosité, disparaissant, ils retombaient sous l'empire de leur incorrigible paresse. Quant aux mandarins, ils virent bientôt de mauvais œil l'ascendant, l'influence que la supériorité de l'homme civilisé nous donnait sur l'équipage et qu'ils sentaient eux-mêmes malgré tous nos ménagements. Cette considération, ajoutée à d'autres causes dont j'aurai occasion de parler, l'emporta dans leur esprit sur celle du bien qui devait résulter de nos efforts pour améliorer une situation si dangereuse à la mer, et nous eûmes bientôt en eux non des appuis, mais des adversaires d'autant plus forts qu'ils savaient admirablement se déguiser et mettre, sans en avoir l'air, tous les bâtons dans les roues de notre pauvre machine.

Le 14 août, les mandarins de Tourane, entre autres le mandarin lettré, le général et le capitaine de port, vinrent visiter le *Scorpion*, dont ils parurent moins satisfaits que de mes liqueurs. Ils m'informèrent que je devais aller à Hué très-prochainement, et en partant me prièrent d'aller les voir. Deux jours après, comme

on embarquait du charbon, je n'attendis pas davantage
pour leur rendre visite.

Par une température de 36° à 38° et avec un calme
plat, cette course en embarcation n'était pas des plus
agréables; mais quelle distraction s'obtient sans peine?
Au bout d'une heure, nous arrivâmes entre deux rives
basses et sablonneuses. Les deux petits forts bom-
bardés en 1859, situés à quelques centaines de mètres
de chaque côté de l'entrée, sont aujourd'hui à moitié
abandonnés; aucune réparation ne leur a été faite, et
les briques des murailles emplissent les fossés Le village
de Tourane s'étend principalement sur la rive gauche
de la rivière de Han, que longe un petit sentier bordé
de haies derrière lesquelles on aperçoit d'assez jolies
cases couvertes de tuiles, entourées de jardins potagers
et de bosquets de bambous et de palmiers. Au bord
même de la rivière, on voit quelques autres cases, mais de
pauvre apparence, ressemblant plus à des étables qu'à
des habitations : bêtes et gens partagent le même bouge;
les enfants s'y vautrent dans la poussière avec des chiens
et de vilains porcs tout noirs dont le ventre traîne sur
le sol. Voici un mât de pavillon et une grande case à
extérieur de pagode : c'est la principale case de Tourane,
où toutes les autorités attendent notre visite. Un mur
l'entoure, et devant la porte, de style chinois, qui nous
fait face, se tiennent plusieurs gardes et employés. En
nous voyant accoster, ils se hâtent de rentrer; l'un
semble vouloir fermer la porte, un autre met en place
des chevaux de frise. Je ne peux m'empêcher de sourire
à la vue de ces dispositions défensives que mon interprète
m'explique en me disant qu'on va prévenir le grand

mandarin lettré et préparer la réception. Du reste, mon attente ne fut pas de longue durée, car j'avais à peine franchi la berge, que les barrières disparaissaient et qu'on m'invitait à entrer. A deux ou trois mètres derrière la porte, un petit mur en briques, en forme de paravent, masquait la cour, de sorte qu'en passant devant elle on ne pouvait rien voir à l'intérieur. De chaque côté de ce petit mur partait un chemin pavé; mes introducteurs me firent prendre celui de gauche, qui, disaient-ils, était le chemin d'honneur, et m'accompagnèrent en m'abritant sous un grand *riflard* jusqu'à un second paravent placé à l'entrée même de la salle de réception, d'un aspect tout à fait original. Était-ce un camp, un tribunal, une chapelle, un théâtre? Le tableau que j'avais sous les yeux tenait de tout cela.

La toiture de la salle disparaissait derrière un système compliqué de poutres supportées par plusieurs rangées de colonnes en beau bois de *shên;* au fond, s'élevait l'autel de Bouddha, dont la statue dorée était cachée par des tentures de soie; tout autour, les murs étaient tapissés d'armes : sabres, fusils, lances d'un dessin bizarre, flèches et autres objets ressemblant plus ou moins à certaines de nos armes du moyen âge et à des instruments de torture. On y voyait quantité de parapluies et de palanquins richement décorés avec des rideaux de soie de couleur voyante : les bâtons étaient en bois peint et sculpté, et les traverses en ivoire d'un seul morceau. Je ne cite que les choses les plus frappantes, car on en trouvait de tout genre; des tambours, de grosses lanternes rouges ou blanches, etc.

Entre les deux rangées de colonnes du milieu seulement, s'étendait un plancher élevé de vingt à trente centimètres au-dessus du sol ; une longue table y était posée entre l'autel et le devant de la case; des bancs de chaque côté complétaient l'ameublement, auquel il ne manquait que des bahuts, des lits et la batterie de cuisine pour donner une idée du mobilier annamite.

A l'exception du général, qui était malade, un des commissaires et tous les autres grands mandarins étaient là gravement assis sur les bancs, les jambes croisées à la turque, entourés de mandarins d'un rang inférieur, parmi lesquels ceux qui devaient embarquer sur les nouveaux navires de Sa Majesté; enfin, comme tout se fait en public dans ce pays de la défiance, une quarantaine d'employés et de soldats faisaient cercle autour de nous. Le costume simple des premiers (longue tunique noire et large pantalon blanc) contrastait avec les oripeaux bariolés et dégoûtants des seconds. Leurs petits chapeaux coniques peints en rouge et en jaune, leurs blouses avec des ornements et des bordures de couleur, et la pose qu'ils prenaient avec leur lance d'une main et leur indispensable éventail de l'autre, les faisaient assez ressembler à des saltimbanques qui auraient endossé les défroques d'un théâtre de sixième ordre.

Les mandarins me firent une place au bout du banc, et la conversation s'engagea assez facilement, grâce à un interprète plus sérieux que ses collègues. On ne pouvait reprocher à celui-ci que de vouloir montrer trop de science, car de temps en temps il empruntait au langage familier et à l'argot des expressions qui rendaient d'une façon comique le langage grave et mesuré des mandarins. Je saisissais d'ailleurs les mots principaux et ne craignais pas de faire répéter quand je croyais leurs paroles mal traduites; de mon côté, j'avais soin de couper mes phrases, de sorte que la traduction ne m'échappant pas, je pouvais assez bien la-répéter ensuite en annamite. Cela ne laissait pas d'étonner les mandarins, qui m'assuraient qu'en un an je parlerais comme eux.

« Vous êtes heureux, me dirent-ils, de partir pour Hué; vous y trouverez plus de provisions qu'ici et à meilleur marché Le premier commissaire y est allé hier; il transmettra vos demandes, et satisfaction vous sera donnée. Ici nous n'avons que du charbon et un peu d'huile; là-bas, il y a de grands magasins (où il y a de tout comme en France), dit l'interprète. Vous n'aurez aucun souci, et vous pourrez vous promener (*di kieui,* faire la noce, suivant la traduction libre de l'interprète).

— Messieurs les mandarins, leur répondis-je, si je devais rester perpétuellement au mouillage, je me soucierais fort peu de vous demander des hommes plus capables et les choses nécessaires à l'entretien des navires; mais, loin d'en être ainsi, on veut déjà nous faire prendre la mer avec des paysans qui ne l'ont jamais vue. C'est là un jeu dangereux auquel mon contrat avec votre gouvernement ne saurait m'obliger. Hué n'est qu'à sept heures ¹ d'ici, il est vrai; mais dans cet intervalle le mauvais temps peut nous surprendre le long de la côte dépourvue d'abris; alors nous sommes perdus, et peut-être corps et biens. Je proteste donc, en vous laissant toute la responsabilité de ce qui peut arriver, et si j'accepte cette fois une telle corvée où mon méca-

---

¹ A 45 milles par mer, à 97 kilomètres par terre.

nicien et moi ne risquons rien moins que notre vie, c'est d'abord parce que la saison est bonne, ensuite pour vous bien prouver notre extrême bonne volonté, notre sincère désir d'entretenir avec vous les meilleures relations, avec l'espoir que vous nous aiderez à obtenir des améliorations aussi justes que raisonnables. — Oui, certainement, nous ferons tout ce que nous pourrons, et nous vous remercions des bons sentiments que vous venez d'exprimer. » A ce moment, un mandarin de petite taille, à l'œil vif, à l'air intelligent, qui devait embarquer sur le *Bien-hoa* et était parent du roi (il avait, je crois, épousé une de ses filles), prit la parole : « Désormais, dit-il, les deux pays sont amis; nous ne ferons plus la guerre, n'est-ce pas? » (Car il avait prononcé ces derniers mots sur un ton interrogatif). Puis il m'adressa des compliments, et jura que nous serions « *agne em* » (frères).

Une certaine cordialité semblait régner entre nous; tous les assistants s'étaient rapprochés le plus possible, et suivaient l'entretien avec autant d'attention qu'ils en mettaient à épier mes moindres gestes. On apporta des gâteaux, des fruits, du thé de Chine; on m'offrit des chiques, que je ne pus me décider à accepter, et de l'eau-de-vie de riz, qui me parut un peu forte, mais sans saveur. Nous échangeâmes des cigarettes; ils trouvèrent notre tabac trop fort, et celui du pays me sembla parfumé. Cette odeur n'est pas désagréable; je crois que ce tabac, soigneusement travaillé, serait goûté en France par les fumeurs de cigarettes [1].

Ce que je pris avec le plus de plaisir, ce fut

---

[1] Pendant un mois, je fumai celui du pays, et m'y serais très-bien habitué.

des *letchis*. Avec l'ananas et la banane, c'est un des meilleurs fruits des pays chauds; mais, comme je n'ai pas vu en Annam l'arbre qui produit ces fruits, je pense qu'ils sont exportés des provinces méridionales de la Chine [1]. Le *letchi* est rond et de la grosseur d'une petite figue; entre le noyau, assez volumineux, et l'écorce, mince, sèche, ridée et cassante comme une feuille de alc, on trouve une pulpe assez tendre, d'un brun rougeâtre, et d'une saveur chaude et délicieusement parfumée.

Tout en dégustant ces fruits et d'excellent thé, les mandarins s'informaient si les autres navires pourraient franchir la barre de Hué. Ils parurent désolés d'apprendre que leur fort tirant d'eau s'y opposait. Mais, disaient-ils, le *ong ngougêne choai* (gouverneur de la Cochinchine française) voudrait bien faire plaisir au roi et les changerait, surtout le *Scorpion*, qu'ils trouvaient trop petit, trop rouleur, d'après les terribles récits qu'en avait faits Coclès. — En somme, ces nouveaux bâtiments ne leur plaisaient pas, et, malgré tout le bien que je leur en dis, ne pouvant ni les convaincre ni leur donner des espérances que je ne partageais pas, je me levai en annonçant mon intention d'aller voir le général.

Après nombre de salutations et de souhaits de bon voyage, dont je sus depuis ce qu'il fallait penser, on me fit accompagner avec les mêmes cérémonies jusqu'à la case du général, qui me reçut d'une façon affable et plus intime. Sa maison ressemblait à la précédente,

---

[1] On en trouve, paraît-il, dans les provinces du nord du royaume d'Annam (Tonquin).

sauf qu'elle était moins encombrée d'objets, et qu'il n'y avait ni table ni bancs. On ne voyait dans le milieu qu'un double plancher, celui de dessus, couvert de nattes, sur lesquelles nous prîmes place l'un à côté de l'autre. Mon interprète et son secrétaire restèrent accroupis sur le plancher inférieur; — pas d'employés, pas de soldats dans la salle, mais par moments les tentures se soulevaient, et quelques curieux minois de femmes et d'enfants se montraient pour se retirer aussitôt. Le général était un vieillard, petit, maigre, à la barbe rare et blanche, et d'une physionomie agréable — pour un Annamite. — Il est singulier que les enfants et les vieillards n'aient pas cette vilaine mine de l'homme fait : il semble qu'en grandissant, les traits de l'enfant se déforment et revêtent le masque des vices et des passions qui commencent à se développer en lui, et que la vieillesse, l'approche de la mort les en dépouillent et leur rendent plus de sérénité. Le général fit appeler son fils, jeune homme d'environ dix-sept à dix-huit ans, qui apprenait à lire et à écrire, et devait aller prochainement à Hué passer ses examens de mandarin, pour entrer dans un ministère. Cette séparation affligeait le vieillard et sa famille, qui auraient bien voulu changer de résidence. « Vous pourrez sans doute vous absenter quelquefois, lui dis-je; je ne vois pas ici beaucoup de soldats (je n'y ai vu que la garde des mandarins lettrés), et l'on ne fait pas constamment des exercices. — Nous avons environ 15,000 hommes, et nous faisons des exercices pendant deux mois chaque année; mais il faut surveiller le service, et je ne puis quitter la province sans demander des autorisations à Kouang-

3.

name et au ministère. » (D'après les interprètes, c'est à peine s'il y avait 2,000 soldats dans toute la province. Je crois leur évaluation bien au-dessus de la vérité; mais sur le papier le chiffre donné par le mandarin pouvait être exact.)

Ces conversations étaient si fatigantes que, malgré l'excellente qualité du thé et des letchis du général, je me retrouvai dehors avec un plaisir qu'égalait seul celui de mon interprète. J'en avais fini avec les visites et n'avais plus qu'à parcourir le village avant de partir; mais la promenade ne souriait pas plus à mon interprète que les visites, et à son insistance à me parler du beau sexe de la localité, je jugeai préférable de lui rendre la liberté.

Je m'avançai donc seul dans la principale rue, étroit sentier qui borde la rivière. A ma vue, les enfants se sauvaient à toutes jambes en poussant des cris, les chiens aboyaient, les femmes disparaissaient, les hommes me regardaient curieusement, puis se mettaient à rire quand j'étais déjà loin; les buffles reniflaient bruyamment en fixant sur moi leurs gros yeux étonnés, mais paraissaient plus disposés à fuir quand je me rapprochais d'eux qu'à me courir dessus, et, quoi qu'on ait dit de leur méchanceté, je ne leur ai jamais vu manifester d'autres dispositions.

En quelques minutes j'arrivai sur la place du marché, où une centaine d'hommes et de femmes étaient accroupis à côté de grandes corbeilles contenant des provisions dont nous aurons occasion de parler plus tard. Lorsque je m'arrêtais devant un étalage, quelques ciceroni s'empressaient de m'entourer et de me dire les prix, ce qui amenait d'orageuses disputes entre eux et les marchands ; aussi me hâtai-je de récompenser leur honnêteté intéressée et de m'éloigner. Quant aux marchandes, jeunes, elles se sauvaient ; plus âgées, elles se cachaient le visage en regardant à la dérobée, et les vieilles se souciaient moins de me répondre que d'invectiver mes ciceroni.

Près du marché, on voit une assez jolie pagode ombragée par de beaux arbres, et quelques cases convenables. Ces dernières sont faites sur le modèle des petites pagodes. La toiture est une charpente en bois couverte de tuiles, dont l'ensemble a la figure d'un prisme triangulaire couché sur un tronc de pyramide quadrangulaire (c'est la forme qu'ont presque toutes les habitations annamites, grandes ou petites) ; les arêtes, relevées aux extrémités en forme de bateau, sont plus ou moins ornementées, et le tout est soutenu par des rangées de colonnes en bois. Entre celles de l'extérieur est un remplissage de bambous et de paille, ou de briques et de plâtre, selon la richesse du propriétaire. Ces murs sont quelquefois incrustés de morceaux de faïence de diverses couleurs, qui de loin font un assez joli effet et représentent des êtres fabuleux, génies, dragons ailés, etc., ou des paysages. Je m'approchai d'une de ces cases, et son propriétaire, riche négociant et notable de l'endroit, voulut bien me la faire visiter.

La case principale, dont l'intérieur était divisé en plusieurs compartiments que je parcourus, à l'exception de celui des femmes, n'offrait rien de particulier. La salle de réception était semblable à celles que j'avais vues précédemment ; les autres, couvertes de nattes, renfermaient quelques meubles en bois sculpté, des coffres incrustés de nacre, des bibelots en bronze, en ivoire, etc.

La deuxième case était fermée, mais à travers son grillage de bois on pouvait en voir l'intérieur, complétement nu, sauf un autel [1] placé dans le fond : c'était comme la chapelle de ce château; le mandarin la nommait « la case des ancêtres ». Enfin d'autres petites cases, rangées autour de la cour, servaient de cuisine, de dépôt des ustensiles de travail, et de magasins. Je remerciai le complaisant et craintif notable, qui fut peut-être aussi fier de ma visite et de mes compliments qu'enchanté de mon départ, et pour éviter la foule des curieux m'attendant à la porte, je sortis par le jardin potager qui entourait cette riche demeure, un des palais de Tourane.

Quelques minutes de marche suffisent pour sortir du village, dont je fis le tour, guetté de loin par les Annamites, qui ne comprennent pas qu'on se promène uniquement pour se promener. J'estime que la population de Tourane est d'environ 3,000 à 4,000 âmes. En s'écartant de la rivière, le terrain s'élève en pente très-douce et devient sablonneux; de petites troupes de taureaux et de vaches de petite taille paissent parmi les broussailles une herbe rare et dure; plus loin s'étend, dans la direction sud-est, une belle plaine bien cultivée; enfin, sur la rivière, on voit peu de barques et encore moins de grandes jonques; car actuellement le commerce de Tourane est presque insignifiant. L'importance que ce

---

[1] Toutes les cases annamites renferment un petit autel élevé en l'honneur des Dieux lares — Tiane fou, — ou génies protecteurs de la famille.

vaste port acquerra certainement dans l'avenir exige que nous nous arrêtions ici un moment.

Sa position centrale sur les côtes d'Annam, dans une riche province et à la limite sud du golfe de Tonquin, dépourvu de ports dignes de ce nom, a de tout temps attiré l'attention des voyageurs, et lui a valu une réputation méritée ; mais il faut bien reconnaître qu'entre les mains des Annamites, ce port n'a presque pas de valeur. Tant que cet état de choses subsistera, tant que le commerce extérieur se fera au moyen de petits bateaux ou de jonques, Tourane sera avec raison délaissé pour le port de Kiame (ou de Kouang-name), point plus central, et principal marché de la province. L'avenir commercial de Tourane dépend non-seulement de son sort politique, mais encore de celui des provinces voisines ; il ne suffira pas pour le relever que des navires de construction européenne y viennent charger, mais il faudra que les Européens s'établissent en grand nombre dans le pays, qu'ils entreprennent les travaux nécessaires pour que Tourane devienne un débouché d'un accès facile pour tous les produits, non de la seule province de Kouang-name, mais du Kouang-ngai, etc., et qu'ils débarrassent son port des bancs qui l'envahissent chaque jour davantage. Ces travaux n'ont rien d'effrayant : déjà les nombreux cours d'eau constituent comme autant de routes qu'on peut relier par des canaux ; un chemin de fer longeant à peu près les côtes est d'une exécution facile (nous verrons plus loin que le percement du massif des Aai-vane coûterait moins d'efforts qu'on ne se le figure à première vue) ; quant aux bancs formés par la rivière de Han, rien ne serait plus facile que de les draguer et d'en supprimer une fois pour toutes la cause, en faisant dériver le cours de la rivière à l'Océan, à travers le petit isthme de sable de Thien-tcha. De retour à bord, je trouvai mon mécanicien très-ennuyé, Coclès ayant voulu, après l'embarquement de l'huile et du charbon, lui faire signer des reçus fantaisistes.

Jusqu'alors nous passions nos soirées, M. Dufourcq et moi, tantôt chez l'un, tantôt chez l'autre. Ce soir-là, j'eus le plaisir de réunir à dîner mes trois compatriotes; ce fut une petite fête que notre mandarin vint *honorer* de sa présence au dessert. Le champagne exerçait sur lui plus d'attraction que notre société, et son goût fût devenu ruineux; aussi en avions-nous fabriqué une bouteille avec un peu de curaçao, de chartreuse et une bonne dose de bicarbonate de soude et d'acide tartrique. Ce doux mélange lui parut exquis, et, si nous l'avions laissé faire, il eût aussi bien vidé la pharmacie que la cave.

Pendant la nuit, les Annamites firent un sacrifice à Bouddha. On avait tué la veille un gros porc dont on offrit aux bonzes un bon morceau avec du riz blanc, et dès que nous fûmes levés, l'équipage vint nous présenter notre part, ce qui lui valut le don de quelques bouteilles de vin : cadeau doublement précieux, à en juger par l'acharnement qu'ils mirent à se partager les bouteilles vides.

Les augures ayant été on ne peut plus favorables, les Annamites envisageaient gaiement le départ. Pauvres gens! la force physique leur fait défaut comme bien d'autres qualités.

Malgré le renfort de quelques hommes du *d'Estaing,*

il nous fallut une heure et demie pour rentrer moins d'un maillon de chaîne et lever l'ancre, et cela dans les meilleures conditions! Heureusement, notre petite machine était en assez bon état, et ses mouvements, placés à la main, en rendaient la manœuvre plus facile; le chef mécanicien, se multipliant, faisait à lui seul toute la besogne de son personnel. Nous faisons quelques tours; ça tourne tant bien que mal, mais enfin ça tourne. Adieu Tourane! Adieu nos chers compatriotes! Puissions-nous vous revoir heureux de votre sort et surtout en bonne santé!

CHAPITRE III

Dans la bonne saison et par une belle journée, le voyage de Tourane à Touane-ane (port de Hué) est presque une promenade; mais encore faut-il, pour l'envisager ainsi, ne pas avoir tous les soucis que j'avais en partant.

Malgré le règlement et les dispositions prises avant le départ, nous n'avions pas encore traversé la rade de Tourane qu'il ne restait plus sur le pont que les deux hommes du gouvernail, et c'est à peine si, sur seize hommes, le chef mécanicien pouvait en retenir trois ou quatre dans sa machine! Pour remédier à cet état de choses, le concours des mandarins lettrés m'était nécessaire; mais comme ils s'obstinaient à rester dans leur chambre, peut-être autant par mauvaise volonté que pour cause d'indisposition, je dus me contenter de l'aide du *doi* (petit mandarin militaire, capitaine des matelots), sorte de sous-officier qui montrait au moins quelque bonne volonté à défaut de capacité, car il fit établir les voiles tout de travers, et Dieu sait ce que ce bel ouvrage coûta de temps et de coups de rotin administrés par le *doi :* coups de rotin dans le poste de l'équipage, coups de rotin sur le pont et jusque dans les haubans, où les hommes se cramponnaient en tremblant sans vouloir monter. Aussitôt la manœuvre finie, tous avaient de nouveau disparu, et le *doi* allait en faire autant, quand je l'appelai sur la passerelle. Grand fut son étonnement quand je lui dis d'y rester pour surveiller le temps, veiller à la route, à la voilure, etc...

« Les matelots chargés du gouvernail sont à leur poste, me dit-il ; c'est leur affaire, et c'est à eux de nous conduire. Sur les corvettes à voiles annamites, il y a des hommes un peu plus habitués à la mer et à la manœuvre des voilures européennes ; mais les choses se font de la même façon.

« A l'exception des hommes chargés du gouvernail, il n'y a pas de marins à proprement parler, et quant aux mandarins, leur affaire est l'administration et la discipline. Tout le monde a une peur atroce de la mer. Lorsque arrive l'ordre de partir, les mandarins obéissent, de crainte que le roi ne leur fasse couper le cou, et l'équipage, pour n'être pas accablé de coups de rotin ! »

Avec un semblable personnel, on conçoit que, malgré le beau temps, la navigation n'était pas sans difficulté dans des parages où existent de si forts courants et sur une côte si peu connue.

A cette époque, en effet, nous n'avions sur cette partie des côtes d'Annam que des cartes erronées, datant d'une quarantaine d'années, et un croquis assez récent, mais

levé à vue, du port de Hué, l'état des relations politiques entre la France et l'Annam et l'esprit de défiance
des Annamites n'ayant pas permis d'entreprendre un travail un peu sérieux sur la côte et encore moins sur l'intérieur du pays.

De la baie de Tourane, une seule route, passant à
environ deux kilomètres du cap Choumay, nous con-
duira à l'embouchure de la rivière de Hué; mais sur ce
trajet, la côte varie beaucoup d'aspect. Nous voyons
d'abord le massif montagneux et boisé de Tourane, qui,
sortant brusquement de la mer, paraît encore plus élevé
qu'il n'est.

Cette chaine, que nous longeons pendant près de
quatre miles, s'écarte ensuite de la côte et se dirige
vers l'ouest, en envoyant à la mer deux petits contre-
forts. Avant d'atteindre le premier, qui forme le cap
est de Choumay, on perd le rivage de vue ; il semblerait
qu'on a à sa gauche une grande baie; cependant une
langue de sable assez large et couverte de broussailles
s'étend jusqu'au cap, qui se détache du premier contre-
fort et en est séparé par un petit isthme de sable.

Nous découvrons ensuite la baie de Choumay, bornée
à l'ouest par le deuxième contre-fort au pied duquel
vient déboucher la lagune de *Cao-hai*, qui s'étend jusqu'à Touane-ane, derrière les plages et les dunes de
sable assez basses de la côte. La partie sud de ces dunes
est marquée par deux petites collines; on dirait des îlots
couverts de bois, et qui, vus de la mer, ont un aspect
tout à fait pittoresque.

Plus de dix-neuf milles nous restent à faire pour aller à
Touane-ane, mais on n'aperçoit plus ou presque plus a

côte. Ici change le décor, ici est la limite des côtes accidentées de l'Annam. On peut désormais côtoyer le golfe du Tonquin jusqu'aux frontières de la Chine, on ne trouvera plus qu'à de rares intervalles quelques points remarquables sur un rivage bas et uniforme [1]. Le contraste est aussi frappant que celui d'un beau ciel rapidement envahi par les nuages ; à la sécurité succèdent l'incertain, l'inconnu, le redouté : aussi les Annamites nomment-ils cette côte la « côte de fer ».

A une distance de deux à trois milles de l'embouchure de la rivière de Hué ou *Truong-thien,* la crête de la dune de sable présente une bordure droite et sombre ; quelques points noirs avant cette ligne, et d'autres plus nombreux derrière, qui se montrent quand on approche, tel est l'aspect assez peu reconnaissable de cette embouchure et des forts qui la défendent. En arrivant par son travers, il semble, comme au théâtre, que la toile se lève. Les dunes déchirées laissent voir les lagunes qui s'étendent tout le long derrière elles, et les plaines verdoyantes découpées en immenses champs de riz sillonnés de rideaux boisés.

Voilà les dunes est et ouest de Thouan-ane, sablonneuses, désertes du côté de la mer, et de l'autre côté couvertes de cocotiers dont les têtes se balancent par-dessus les deux arêtes de sable.

Il est temps de franchir la barre : amoncellement de sable charrié par le fleuve, repoussé par la mer à

[1] Jusqu'au Tonquin proprement dit, on aperçoit encore des chaînes de montagnes dans l'intérieur ; mais leurs positions étant complétement inconnues, elles ne peuvent servir de points de reconnaissance.

environ 1,300 mètres de l'embouchure ; masse perpétuellement déplacée, démolie et reconstruite, dont les courants de marée prennent les matériaux soulevés par les gracieuses volutes, pour en étendre les dunes et former ces bancs sur lesquels la mer brise toute l'année.

Sur cette barre on ne trouve jamais plus de 3 mètres 50 c. d'eau : elle devient impraticable dès qu'il y a un peu de vent et de mer, et se confond alors dans la ligne continue des brisants.

Des bambous, qu'on enfonce à la limite des bancs quand un navire doit entrer ou sortir, indiquent le passage vers lequel nous nous dirigeons.

Les bambous sont en vue ! et mes introuvables Annamites, guéris de leur peur et du mal de mer, apparaissent et se précipitent tout fiers, gais et bruyants, aux bastingages. Sur les bancs se balancent quelques petites embarcations de pêcheurs, et des sampans remplis de curieux, de visiteurs et d'amis empressés. Notre arrivée, favorisée par le beau temps, est une petite fête, et la vue de ce paysage tout nouveau, joyeusement éclairé, ajoute encore au plaisir de l'arrivée. Tout à coup, à moins de quatre cents mètres des bambous, la canonnière vient en grand sur tribord ; je me retourne, et je vois le mandarin faisant ainsi gouverner pour se rapprocher d'un sampan où se trouvait un de ses amis ! Stopper la machine ou marcher en arrière, je n'en avais pas le temps ; j'allais perdre mon navire sur le banc du Nord ! Je ressentis un coup terrible, et sautai plutôt que je ne descendis de la passerelle. En un clin d'œil j'étais sur la dunette, et jetant d'un côté le mandarin, de l'autre les deux hommes de la barre du gouvernail, je la changeai toute moi-même. Effrayés, ces hommes comprirent qu'ils ne devaient obéir qu'à mes ordres et s'y conformèrent dès lors. Au moment où je remontais, bien inquiet, je l'avoue, sur la passerelle, nous étions entre les deux bambous. De là au mouillage il n'y avait plus lieu de s'inquiéter. Nous passons entre les deux forts de l'embouchure, et nous défilons devant le village de Touane-ane. Les équipages d'une dizaine de jonques chinoises et d'une corvette annamite nous regardent passer d'un air étonné; devant nous et sous les collines arides de Boung-quioua, sont embossés un vieux vapeur, le *Thuan-thiep*, et d'autres corvettes à voiles annamites; mais je n'irai pas jusque-là. Coclès arrive désolé sur la passerelle; il se prosterne et me prie de faire jeter l'ancre, car, dit-il, on lui coupera le cou si nous avançons encore sans permission. Que ne me prévenait-il plus tôt, le malheureux! Je reviens donc un peu en arrière, et je mouille à la limite ouest du village.

Nous sommes aussitôt envahis par une foule de gens : mandarins, secrétaires, domestiques, bateliers, qui ne se gênent pas pour fureter partout et jusque dans nos chambres. Coclès, consolé de sa mésaventure ou dissimulant son mécontentement, vient me présenter le mandarin du port et ses collègues les mandarins de l'escadre. C'est un brouhaha à ne plus s'entendre, pendant lequel les verres de liquéur disparaissent comme par enchantement. Il faudrait y mettre bon ordre, et, pour commencer, mettre à la porte de chez moi tout ce qui n'a pas rang de mandarin : est-ce possible? Les secrétaires, les soi-disant interprètes et même les domestiques ne sont-ils pas autant d'espions rivés à leurs maîtres? Après avoir fermé ma chambre à clef, je monte avec eux sur la dunette, où j'écoute pendant une heure tous les mensonges qu'il leur plait de me débiter, heureux encore d'en être quitte à si bon marché.

Je ne me rappelle pas sans un certain plaisir mon premier séjour à Touane-ane; car, malgré le souci que me causait le triste personnel de mon navire et le peu d'agrément de mes relations avec les mandarins du voisinage, j'avais encore l'espoir que notre situation s'améliorerait. D'autre part, j'avais tant de choses à observer, à apprendre, que les jours me paraissaient trop courts et les nuits toujours trop longues.

Avant de pouvoir mettre pied à terre, je dus rendre visite, avec mon frère Coclès, aux mandarins des corvettes annamites. Ces bateaux, que l'on eût dit fossiles, étalaient au soleil leurs carcasses disjointes, couvertes de rouille au contact des ferrailles presque rongées; les mâtures tenaient par la grâce de Dieu, car les cordages destinés à les étayer, blanchis par l'intempérie des saisons, tombaient tristement à leur côté et pour la forme; aux vergues, inclinées de côté et d'autre, pendaient des loques de voiles! Nous allâmes d'abord sur le vieux vapeur *Thóuan-thip*, ancien bâtiment anglais acheté à Hong-kong, dont la machine était fort mal entretenue par quelques hommes cependant plus au courant de leur affaire que les miens. Leur chef, qui était resté quelque temps à Saïgon, parlait un peu français, et comme il connaissait la rivière de Hué [1], je lui fixai un rendez-vous pour faire avec lui ma première course à la capitale.

_____

[1] Mes paysans de Kouang-Nam n'étaient jamais venus ici; mon *doi* seul aurait pu me servir de pilote.

Heureux de cette trouvaille, j'accompagnai Coclès sur tous les autres bâtiments, le traitant avec les plus grands égards, ce qui flatta si singulièrement l'amour-propre de mon vieux renard, qu'il essaya deux ou trois fois de me serrer dans les bras crasseux de sa tunique, en présence de ses collègues.

La plupart de ces mandarins étaient âgés et ne paraissaient guère mieux aimer leur métier que leur collègue du *Scorpion*. Partout, nous les trouvâmes accroupis sur des nattes, fumant, chiquant et buvant du thé, sans souci de la saleté et du désordre au milieu desquels ils vivaient. L'état des ponts et des batteries répondait bien à l'extérieur de ces navires : tout y traînait pêle-mêle, tout paraissait vieux, usé; on eût dit l'intérieur d'une boutique de bric-à-brac. Chaque homme s'était approprié une partie du bateau et y avait installé ses nippes, ses paniers, ses cruches à eau, ses corbeilles de provisions et sa cuisine.

Il fallait aller chercher là-dessous l'artillerie composée d'une assez grande quantité de pièces d'un calibre variant du 8 au 12; fort peu dépassaient le 16. Les unes en bronze, les autres en fonte paraissaient de provenance chinoise et ne pouvaient avoir de mérite qu'aux yeux d'un antiquaire. A l'une manquait un tourillon, à celle-ci un morceau de la culasse; les lumières étaient détériorées, etc... Les affûts n'étaient pas en meilleur état; quant aux palans, il y avait sans doute bien longtemps que les poulies avaient été brisées ou vendues, et les cordes de quelques-uns servaient à tenir le long des flancs des navires de nombreux échafaudages, sortes de *water-closet*, marque distinctive de toute barque annamite.

J'adressai quelques questions aux mandarins, et certains de leurs renseignements, vérifiés plus tard, m'ont paru assez exacts.

La flotte annamite, qui a été autrefois considérable, se compose de sept corvettes à voiles avec un équipage de 120 à 200 hommes suivant leur grandeur, portant chacune environ vingt-huit pièces; plus trois cents jonques, petites et grandes, armées de deux à six pièces, avec quarante hommes d'équipage.

En ajoutant deux vapeurs, le *Thuan-thiep* et le *Dan-goui* [1], et les navires cédés par la France en 1876, on arrive à un total d'environ trois cent quatorze bateaux, qui, armés, représenteraient 16,000 hommes et 1,400 pièces, mais quels hommes et quelles pièces!

De septembre à mars, ces bâtiments ne naviguent pas : les corvettes restent dans les ports, et les jonques sont halées à terre sur des cales.

Dans la bonne saison, elles ne sont pas toutes armées, et chacune fait rarement plus d'un voyage.

Leurs états-majors se composent d'un ou deux mandarins lettrés, commandants (*kouane-tao*), avec toute la suite qu'on connaît : secrétaires, commissaires (*tri-bo*), etc., et de plusieurs mandarins militaires attachés aux divers services : marine (*kouane-tiou*), artillerie (*kouane-keu*) et infanterie (*kouane-bigne*), etc., que l'interprète qu'on me donna plus tard appelait les colonels, car les Annamites ont cherché à assimiler à la nôtre toute leur hiérarchie civile et militaire.

[1] Ce vapeur se perdit, quelques jours après mon arrivée, sur la côte du Tonquin.

Après les *kouane* viennent le *doi* et les *cai* (caporaux), etc... Généralement le *doi* est le seul homme qui ait à peu près une idée du métier, et c'est lui qui, au point de vue nautique, dirige le bâtiment avec les deux hommes chargés du gouvernail (*ke-do*). A l'exception de ces trois individus, les équipages sont plutôt composés de canonniers et de soldats (*hô-vié* et *kigne-tat*) dont toute l'instruction se borne à ramer pendant quelques jours dans de grandes pirogues et à gréer leur bateau -- Dieu sait comment! -- une fois chaque année après l'hivernage.

Pendant le séjour au port, chacun ayant dépouillé le navire de ce qu'il pouvait, pour le vendre ou pour son usage particulier, et les choses qui font absolument besoin étant remplacées par des vieilleries qu'on trouve dans les magasins, le gréement se simplifie de plus en plus et prend un aspect fantastique.

La solde de ce personnel, comme celle de tous les autres fonctionnaires du royaume, se paye en espèces et en nature. Dans la marine, il y a la solde de mer et la solde de terre; la première est plus forte que la seconde, mais l'augmentation ne porte que sur la solde en espèces. Les renseignements suivants pourront donner une idée de ce que dépenserait S. M. Tu-Duc pour l'entretien du personnel de sa flotte complétement armée :

Les premiers mandarins reçoivent 30 ligatures par mois (la ligature vaut 1 franc), plus deux vêtements par an (un de soie, l'autre en coton) et trois piculs de riz (180 kil.) par mois. Les premiers mécaniciens devraient recevoir 3 ligatures et les matelots 2 ligatures, plus un demi-picul de riz par mois, et chaque année un costume en coton composé de deux chemises, un pantalon et une ceinture ; mais ils reçoivent en réalité beaucoup plus de coups de rotin que de sapèques.

Laissons Coclès avec ses amis, si toutefois l'amitié peut régner entre collègues aussi jaloux les uns des autres que les mandarins, et allons visiter Touane-ane.

Nous débarquons au pied des collines arides et sablonneuses de Boung-quioua, devant une petite pagode à côté de laquelle est dressée sur un piédestal une belle tablette de marbre couverte de caractères chinois. Quel ennui de ne pas connaître ces hiéroglyphes ! peut-être apprendrions-nous les hauts faits d'un mandarin ou quelque intéressante histoire. Nous suivons le rivage à l'ombre des plantations de cocotiers qui appartiennent, dit-on, au roi. Ici les cases étagées sur le versant de la dune ont chacune leur pauvre petit jardin entouré de haies de bambous. Des poules, des porcs, des chiens, aussi effarouchés de notre présence que les femmes et les enfants, se hâtent de rentrer dans leurs taudis. Près de la maison commune, — lieu où le conseil municipal s'assemble, — nous voyons arriver une véritable procession, en tête de laquelle marchent deux soldats chargés de faire écarter le public ; puis s'avance un mandarin d'un rang assez élevé, un *bien-ly*, avec qui j'ai déjà fait connaissance à Tourane, accompagné des principaux mandarins de Touane-ane. De nombreux domestiques les suivent avec leurs grands riflards ; d'autres portent la boîte à chiques et le palanquin rouge du grand mandarin, qui, en m'apercevant, ne sait trop quelle contenance garder. Ces échanges de saluts devant tant d'espions et sous les yeux d'un public si disposé à la moquerie

Bourgeoise et femmes du peuple.

paraissent le gêner beaucoup. L'homme que j'ai vu si empressé, si plein de cajoleries, est devenu aussi gauche que possible, et les autres mandarins, partagés entre la curiosité et la timidité, ne sont pas moins embarrassés. Que de fois, depuis lors, ai-je remarqué l'ennui que causaient aux mandarins ces rencontres dans des endroits populeux !

La démarche des Annamites, surtout des mandarins, est ordinairement très-dégagée; ils se donnent les airs les plus importants en traversant les groupes, qui s'écartent sur leur passage avec une apparence de respect; car, dès qu'ils sont à distance, c'est à qui ridiculisera le plus Leurs Excellences. Qu'un mandarin en rencontre un autre plus élevé en dignité, et il se fera à son tour aussi humble, aussi bas devant lui que le sont à son égard ses inférieurs, aussi moqueur quand il sera éloigné, et ses gens ne manqueront pas d'imiter et de surpasser leur maître. Les valets sont les mêmes partout.

En notre présence, toute leur assurance disparaissait, mais ils se vengeaient largement derrière nous de leur contrainte. Dans les premiers temps, je n'avais pas remarqué que je n'étais pas seul en butte à ces singeries, et que la règle était commune à tous : si je me retournais en prenant un air mécontent, je voyais mandarins et public, oubliant toute dignité, décamper au plus vite.

Mais continuons notre route, route fatigante, car à chaque pas nous enfonçons dans le sable que la marée viendra tout à l'heure recouvrir. La dune, plus basse, laisse aussi plus de place entre elle et le rivage, près duquel s'étend une pêcherie formée, comme toutes celles qui couvrent la lagune, avec des bambous de cinq à six mètres, enfoncés dans le lit du fleuve, juxtaposés et solidement reliés entre eux pour résister aux plus forts courants de marée. Quand le poisson a pénétré dans l'espèce de fer de lance que dessine la pêcherie, il lui est presque impossible d'en sortir, et on le prend soit avec des filets, soit en retirant les nombreux casiers qui la garnissent. Sur quelques-unes de ces pêcheries, une sorte de hutte en paille et en bambous sert d'abri à un gardien dont l'utilité ne peut être contestée dans un pays où tant d'individus veulent vivre sans se donner la peine de travailler.

La pêche est la plus grande ressource des habitants de ces dunes, car leurs petits jardins leur fournissent à peine leur provision de patates et quelques herbages

Nous passons ensuite entre deux rangées de boutiques de pauvre apparence, et parmi les étalages en plein vent et les corbeilles des marchandes. *Nuoc-mame*[1], riz, poisson frais et séché, tabac, légumes et fruits, piments, etc., sont étalés à côté des poteries, des étoffes, etc. Ce marché est mal approvisionné; tout y est plus cher qu'aux environs de Hué! Malgré cela, on peut dire que la vie est à bon marché, surtout pour les indigènes et les Chinois, qui ne sont pas exploités comme nous et payent tout cinq ou six fois moins cher.

Certainement le mandarin annamite[2], qui vit très-bien pour 1 franc par jour, ne paye pas plus un cochon de lait 5 francs qu'une douzaine d'œufs 60 centimes.

[1] Saumure de poisson.
[2] Les gens du peuple vivent avec 20 ou 30 centimes.

Dans les boutiques, on trouve des marchandises anglaises et chinoises exportées de Hong-kong, et surtout une quantité de drogues et de plantes médicinales.

Au bout du marché, nous laissons à notre gauche un fort rectangulaire dont la présence est dissimulée sous un épais feuillage, et à notre droite la masse des jonques marchandes annamites et chinoises, celles-ci bondées de marchandises jusque sur le pont et pourvues d'une artillerie plus sérieuse que celle des corvettes annamites. Voici une place derrière laquelle on exerce les soldats au tir à la cible : mandarins et secrétaires sont installés dans une petite baraque; tout le monde fume, chique, boit du thé, cause et joue tout en travaillant et surtout en s'éventant. Personne n'a l'air de prendre l'exercice au sérieux; aussi la cible, placée à environ quarante mètres, n'est-elle pas souvent touchée.

Nous sommes ici à l'extrémité du village de Touane-ane, qui n'offre, comme on le voit, que bien peu de ressources à l'étranger. Un fort rond, en pierre, entouré d'un rempart en terre et d'un petit fossé, nous sépare encore de l'embouchure du fleuve, large de 350 mètres. De l'autre côté, un autre fort, entouré de petits ouvrages de sable, nous présente son front de verdure, et l'arête sablonneuse de la dune de l'est se montre par-dessus les bois de cocotiers et de bambous qui en décorent aussi le versant sud. Un troisième fort sur l'île plate, un autre encore sur cette jolie petite île bien nommée « île des Cocotiers », gracieux berceau de verdure flottant au milieu de la lagune, complètent le système de défense de Touane-ane. En d'autres mains que celles des Annamites, ces forts pourraient faire réfléchir; aujourd'hui,

4.

une poignée d'aventuriers, gens pratiques qui ne perdent pas de temps à faire des siéges inutiles ou ne les font pas durer, chasseraient, la canne à la main, leurs tristes défenseurs. Je ne pense pas qu'il y ait jamais plus de deux cents hommes dans ces quatre forts en temps ordinaire. Quant à la population du village, elle est peut-être de quatorze cents individus.

Si nous prions un passant de nous indiquer une case pour nous reposer et nous rafraîchir, son premier mouvement est de fuir, et, à distance, de se moquer de nous. Nous insistons ; il se ravise, s'approche, daigne nous écouter, et se montre aussi fier de nous servir de cicerone qu'il était tout à l'heure craintif et moqueur. Cela va le poser et lui donner de l'importance aux yeux de ses connaissances. Offrons-lui quelques sapèques[1], et il nous guidera en nous faisant de grands discours et nous traitant de grandissimes mandarins.

Ainsi accompagnés, la crainte s'envole, et la foule des curieux et des fainéants, c'est-à-dire tout le monde, se met à nos trousses. On rit, on crie, on s'informe, et chacun veut nous conduire d'un côté différent. Ce n'est pas l'heure de s'arrêter, de se retourner, car une panique générale s'ensuivrait, et dans la bagarre ; plus d'un moutard roulerait dans la poussière. Ces gens-là ont vu des Européens depuis longtemps, ils en voient encore de temps à autre, mais leur curiosité n'est jamais satisfaite. Pour être tranquille, il vaut mieux se promener seul, les indi-

---

[1] Jetons de cuivre et de zinc. Il en faut 60 en cuivre ou 600 en zinc pour faire une ligature. Ces jetons, percés d'un trou, sont enfilés par deux brins de paille réunis à leur extrémité, et forment ainsi un chapelet.

gènes vous guettent à distance et osent moins s'approcher.

Enfin nous nous arrêtons devant une case dont le propriétaire veut bien nous faire les honneurs. M. le maire (*ong-sa*) nous fait servir du thé pendant que nous distribuons quelques sapèques par-ci par-là; aussi la case est-elle bientôt remplie de gens qui viennent palper nos vêtements, approuvant ceci, critiquant cela, et estimant la valeur de tout ce qu'ils voient sur nous.

Autant vaut les laisser faire une bonne fois, peut-être en serons-nous ensuite mieux débarrassés. D'ailleurs, ce brave *ong-sa*, comprenant que cela devient fatigant, fait mettre à la porte le plus grand nombre, et nous pouvons, non sans peine, échanger les compliments habituels.

On sait qu'en Annam la population se divise en deux grandes classes : les mandarins et le peuple. Le peuple comprend les inscrits et les non-inscrits, composés des plus pauvres qui ne peuvent payer aucun impôt, des gens sans feu ni lieu, etc... Les inscrits nomment à l'élection les membres des conseils municipaux ou conseils des notables. Outre que les attributions de ces conseils sont moins étendues que celles des nôtres, plusieurs de leurs membres ont, en ce qui concerne les délibérations, une autorité égale et même supérieure à celle du maire, obligé de compter avec eux, de même que les résolutions prises par ces derniers ne peuvent être mises à exécution sans l'assentiment de l'*ong-sa*. Dans chaque village, celui-ci est un personnage; mais l'importance politique et militaire de Touane-ane fait qu'il est ici bien effacé par les mandarins, fonctionnaires de l'État, à la tête desquels nous trouvons d'abord le mandarin lettré, puis le *kouane-bô* (percepteur qui touche les impôts et tributs), le *kouane-ane* (chef de la justice) et les commandants des troupes et du port, gens fort ignorants, quoique mandarins lettrés et non militaires, fort soupçonneux et tout aussi malpropres sous leurs tuniques de cérémonie que les gens qui nous entourent. Comme ces derniers, M. le maire se gratte furieusement de temps en temps, et ses ongles, plus longs que ceux du vulgaire, lui font de plus grandes plaies. Les maladies de peau sont générales, mais il est rare que les Annamites, quoique grands amateurs de drogues, emploient les excellents remèdes, paraît-il, que leur fournissent certaines plantes. Ces remèdes, d'ailleurs, n'empêchent pas que, la cause du mal subsistant, ils ne retombent malades. Plaines marécageuses, nourriture échauffante, mauvaise eau, vêtements insuffisants en hiver, habitations malpropres où l'homme se trouve presque toujours en contact avec les animaux, et peu de soins de propreté, tout concourt au développement de ces plaies, qui donnent à la population un aspect peu ragoûtant. Le savon n'est pas inconnu à Touane-ane comme dans l'intérieur, mais personne n'en fait usage. Au mois d'août, par une température moyenne de + 28° à l'ombre, les habitants de ce village ne prennent pas de bains de mer de peur des requins, et rarement se baignent dans le fleuve, ce qui, disent-ils, est malsain. Ils se lavent donc approximativement, mais ils passent une bonne partie de leur temps à se faire mutuellement la chasse aux parasites, qui pullulent dans leurs belles chevelures. Mes hôtes me prirent volontiers pour médecin et m'entretinrent de leurs souffrances. M. le maire aurait bien voulu du sulfate de quinine pour sa fièvre; un autre se plaignait de maux d'yeux, que la réverbération du soleil sur ces dunes doit rendre assez communs; la plupart avaient des maux de ventre (*dao-bung*). On me mena voir un malade en proie à une sorte de fièvre, qui se manifeste par une chaleur intense et continue sans période de froid, et par une épaisse couche de matière blanche recouvrant entièrement la langue. Le médecin annamite l'avait traité en lui brûlant certaines parties du visage et du corps, en lui faisant une sorte de saignée au bas des reins. En somme, Touane-ane est assez malsain, mais il faut bien reconnaître que le genre de vie des Annamites est pour beaucoup dans ces affections. La visite médicale terminée, je ne pus refuser une nouvelle tasse de thé. Quelques jeunes personnes aux dents noires, aux grosses lèvres rougies par le bétel, se montrent sur le seuil, et peu à peu se rapprochent de notre natte. Les assistants, de plus en plus familiers, me les montrent en riant bruyamment et avec des clignements d'yeux trop significatifs. En vérité, M. le maire est un singulier brave homme; mais quand je songe aux offres que nous firent si souvent les mandarins, à mes collègues et à moi, je dois reconnaître qu'il avait encore plus de délicatesse que ces hauts personnages.

Après lui avoir promis de lui donner ce qu'il désirait et l'avoir invité à venir me voir, je rentrai à bord pour en repartir presque aussitôt, car c'était l'heure du flot. A cette époque de l'année (mois d'août), les eaux sont basses, et la marée se faisant sentir jusqu'au sud de la citadelle, il est bon d'en profiter pour se rendre plus vite à Hué.

CHAPITRE IV

Enfin! nous allons donc voir la mystérieuse capitale. Mais ne cherchons pas à l'avance à soulever le voile qui nous la cache, et ne souffrons point que notre imagination nous présente des tableaux mensongers.

Ma baleinière est armée, mon *boy* chinois embarque avec des chapelets de sapèques, et mes baleiniers prennent à cette vue une mine joyeuse, car ils savent bien qu'ils en auront leur part. En passant près du *Thuan-thiep*, nous prenons Than le mécanicien pilote, Than heureux d'aller flâner, et qui, pour la circonstance, a revêtu une belle tunique noire; il ne lui manque plus que la petite plaquette d'ivoire suspendue au cou pour avoir l'air d'un petit mandarin. Than se met à la barre du gouvernail, et ses commandements, accompagnés de *tiouc, tiouc* analogues aux *souque* de nos patrons d'embarcation, pressent nos cinq rameurs. Avec le courant pour nous, et en admettant que notre vitesse se soutienne, notre pilote nous assure qu'en deux heures et demie, — à la française, — car les heures annamites sont deux fois plus longues que les nôtres, nous serons devant les murs de Hué. Nous verrons bien ; du reste, le temps ne me dure pas. Nous causons moitié annamite, moitié français ; j'écris les mots nouveaux, cela pour apprendre plus vite la langue, dis-je à Than plus étonné que mes matelots déjà faits à mes habitudes. Depuis que j'ai l'occasion d'employer constamment la langue annamite avec les gens qui m'entourent, je ne me sers plus de mes livres que le soir, quand je repasse ce que j'ai appris pendant la journée, de sorte que cette étude se fait pour ainsi dire d'elle-même et sans perte de temps. J'y trouve de plus l'avantage d'habituer les Annamites à me voir toujours papier et crayon à la main, ce qui me permet à l'occasion de noter des renseignements ou de dessiner sans trop exciter leur défiance.

« Avec un sampan, nous pourrions, me dit Than, éviter ces détours et aller directement au premier barrage.

— Il doit être assez loin d'ici, car je ne vois absolument que la lagune à notre gauche, et devant nous maintenant des pêcheries et des rizières.

— Le barrage n'est pas loin, mais il est très-bas. Nous l'apercevrons dès que nous aurons contourné cette pointe basse. Par-dessus ces bouquets de bois, vous voyez les mâts de pavillon et les miradors des deux forts qui commandent les passes du fleuve. »

Encore un coude, et nous arrivons au barrage. Deux rectangles, présentant une double ligne de cinq rangées de forts pilotis, s'avancent en formant un angle de 60 degrés, et ne laissent entre eux qu'un passage d'une vingtaine de mètres. Le paysage est assez monotone :

on ne voit de tous côtés que des rizières et quelques lignes boisées dominées à droite par les dunes de la côte.

A uu kilomètre de ce barrage, nous en trouvons un second sur lequel deux fortins, dont nous apercerons les mâts de pavillon à environ cinq cents mètres, croisent leurs feux.

Un peu plus loin, nous passons encore entre deux forts, — heureusement ce ne sont là que des forts annamites! — puis, abandonnant la route des bateaux, nous nous engageons entre une île boisée et la rive droite du fleuve, qu'ombragent de beaux arbres. Ce canal est rempli de sampans et de barques de différents genres : barques de passage, de transport et de pêche comme nous en avons déjà vu à Touane-ane. Notre pilote voudrait bien s'arrêter.

« Voulez-vous voir le marché? c'est très-joli.

— Non, allons d'abord à Hué.

— Je voudrais acheter du tabac.

— Et probablement dire aussi quelques mots à ces *congai* (jeunes filles) avec qui vous riez. Tenez, voilà du tabac; vous trouverez d'autres connaissances à Hué. »

« *Tiouc, tiouc!* » crie Than aux baleiniers qui nagent un moment avec vigueur pour reprendre bientôt une allure plus modérée. Than jette plus d'un coup d'œil en arrière; aussi à la pointe sud de l'île, que nous n'avons pas rangée d'assez près, nous échouons-nous sur un banc. Mes Annamites font la grimace d'être obligés de se mouiller le bas des jambes pour remettre à flot la baleinière; mais l'occasion de se moquer de Than leur fait vite oublier ce désagrément, et mon pilote furieux les accablerait d'injures, si je n'imposais silence à tous.

Nous laissons sur la rive gauche un de ces nombreux miradors ou postes de veille d'où l'on signale les nouvelles, le jour, avec des pavillons, la nuit, avec des feux, et nous passons au milieu du fleuve entre des îlots et un banc. Quelques bouquets d'arbres, avec de petits édifices en forme de pagode, ne parviennent pas à rompre la monotonie de ces plaines marécageuses.

En ce moment, Than, qui n'a pas oublié les railleries de ses compatriotes, se penche à mon oreille : « Moi, dit-il, j'ai vécu avec les Français à Saïgon ; aussi les autres et les mandarins me détestent. Je sais travailler, et eux ne savent rien ; ils sont paresseux, voleurs, etc. Je voudrais bien embarquer sur le *Scorpion*.

— Si je consens à demander votre embarquement, c'est à condition que vous ne serez point paresseux vous-même, et que vous ferez bien travailler les autres.

— Le chef sera content de moi. Je ne serai plus battu sans justice, ni toujours volé.

— Mais on ne vole pas toujours impunément?

— Oh ! les mandarins s'entendent trop bien entre eux pour qu'on puisse obtenir justice.

— Ce ne sont donc pas les autres hommes qui vous volent?

— Quelquefois, mais cela n'est rien , tandis que les mandarins gardent notre solde et souvent aussi notre riz.

— Alors comment vivent les équipages?

— C'est bien simple. Les mandarins leur donnent la permission d'aller se promener et marauder, — couper du bois, suivant leur expression, — et ils mangent ou vendent ce qu'ils ont pris. »

Je ne m'étonnai plus d'avoir trouvé si peu de monde à bord des corvettes [1]. Grâce à cet ingénieux procédé, le dommage retombe principalement sur l'État et sur le peuple. Il ne reste quelquefois pas un homme sur dix à bord des navires; marins et soldats vivent aux dépens des villages voisins, et leurs habitants renoncent souvent à porter des plaintes dont le seul résultat est un partage de bénéfices entre les mandarins et les autorités locales.

Than s'arrêta un instant pour me montrer, derrière un petit tertre de la rive gauche, quelques cases servant de magasins plutôt que de chantiers de construction, et des bassins. N'attachons pas à ce mot l'idée d'une œuvre d'art. Le sol a été creusé suivant les dimensions nécessaires pour recevoir les bâtiments, et voilà tout. J'en compte quatre. Un seul est à peu près en état; les autres, plus ou moins envasés, sont utilisés comme rizières, mais il ne faudrait pas longtemps pour les déblayer, vu le peu de consistance du terrain.

Autant le paysage était triste et monotone, autant il prend un air gai et animé à partir du village de *Tagne-*

---

[1] Than ne disait que trop vrai. Le vol est une des plaies de ce pays, où gens du peuple et mandarins pillent à l'envi. Constamment, mes collègues et moi, nous avons eu à déplorer l'abandon de nos navires par des équipages ignorants, qui, au lieu de s'exercer, allaient en permission piller les environs! Combien de ces gaillards moins malhonnêtes ou moins adroits que leurs camarades sont venus depuis se plaindre à nous d'être ainsi dépouillés par les mandarins et la valetaille qui les entoure!

Pheuoc. Désormais les rives seront couvertes d'un rideau plus ou moins épais de verdure et de bois. Des espèces de sycomores (*Cây-Chong*), des roseaux, des bambous, des palmiers d'eau, des banians, des *Cây Shên* et des *Cây-Keua* surtout baignent leurs pieds et même leurs branches dans les eaux du fleuve. Un assez mauvais chemin en suit alors les deux bords, sur lesquels viennent déboucher çà et là de petits sentiers touffus et ravissants, véritables voûtes de feuillage. A leurs extrémités, on découvre de nouveau les rizières, jusqu'aux lignes boisées plus éloignées qui dénoncent de nouveaux cours d'eau.

Nous arrivons au confluent de la rivière de *Ba-truc*, défendu par le fort du village de *Thoui-teu*.

Than ne peut résister au désir d'aller à terre. Cette fois, ce sont des feuilles de bétel qu'il lui faut pour sa chique, et je lui promets de nous arrêter dès que nous apercevrons Hué.

« Mais nous voyons la ville d'ici ! Ce point noir sur un mur, — à quatre kilomètres de là... il faut avoir de bons yeux ! — c'est un mirador de tagne Hué, et de près vous n'en verrez guère plus.

— Soit, allons au village suivant; en attendant, Mai va vous donner ce qu'il vous faut. » Mai était un pauvre garçon fort ignorant, aussi paresseux, aussi joueur que les autres Annamites que j'avais choisis pour balciniers. J'en avais fait un patron, car il m'avait paru le plus intelligent, et sa figure sympathique m'avait fait espérer que je pourrais me l'attacher. Mai laissa son aviron et de sa ceinture sortit le bétel demandé, en profitant de l'occasion pour s'adjuger une chique, exemple aussitôt suivi par chacun; puis la nage reprit avec entrain.

Au loin, à notre droite et devant nous, les montagnes encadrent d'un voile bleuâtre les gracieux tableaux qui se déroulent à nos côtés à mesure que nous avançons. De grands buffles traversent le fleuve à la nage; un enfant en costume tout à fait primitif dirige la bande capricieuse, va de l'un à l'autre ou se hisse sur leurs croupes noires et luisantes. Les barques et les sampans se croisent plus nombreux : voici le sampan découvert chargé de légumes qui se rend à la ville; une demi-douzaine de femmes manient vigoureusement leurs avirons en répétant en chœur le refrain de la chanson que crie à pleine voix l'homme plus paresseux qui se contente de gouverner. L'Annam est, comme la Chine, le pays des chemins qui marchent. Presque tous les transports se font par eau, les rivières communiquant entre elles par des cours d'eau et des canaux naturels ou artificiels. Il faut être bien peu fortuné pour n'avoir pas son sampan; Than m'assure que tout le monde en a, et qu'on peut louer les plus beaux pour 2 francs par jour. Il faut encore donner un pourboire aux rameurs, ajoute-t-il. Dans quel pays du monde le pourboire est il inconnu! (La location d'un sampan avec deux rameurs ne m'est jamais revenue pour la journée à moins de 5 francs.)

Ces embarcations sont bien appropriées au pays, et sous leurs capotes demi-cylindriques de bambou tressé, dont les ouvertures peuvent se fermer, on est tout à fait à l'abri du soleil ou de la pluie. Il est cependant ennuyeux d'être obligé de s'y tenir toujours accroupi ou couché sur des nattes, car les capotes des plus grands sampans sont trop basses pour qu'on puisse rester debout. Ces derniers, au lieu d'un seul compartiment, en ont plusieurs, qui servent l'un de cuisine et les autres d'habitation au propriétaire et à sa famille. Nous en rencontrons où il y a bien une dizaine de personnes, hommes, femmes, enfants, sans compter les rameurs. Les miens commencent à se fatiguer; aussi, laissant à notre gauche l'île Daido et son fort, qui nous présente trente embrasures bien dégarnies de pièces, nous entrons dans un canal formé sur la rive gauche par un îlot bas et verdoyant, et nous nous arrêtons devant une jolie pagode. Le voyageur qui se contenterait de regarder de son sampan ne connaîtrait pas le pays et se priverait d'un véritable plaisir. Ces lieux si bien ombragés, où l'on jouit d'une fraîcheur relative, cachent de nombreux jardins et de jolies cases. Le seul désagrément, c'est que les sentiers sont étroits, et qu'il faut de temps en temps se ranger contre les haies pour laisser passer les buffles, tout dégouttants d'eau et de vase, qui défoncent le sol et creusent sur leur passage de profondes ornières que l'Annamite insouciant se garde bien de combler.

Derrière ces haies où s'enchevêtrent toutes sortes de plantes grimpantes, des ronces, des palmiers d'eau; derrière ces touffes de bambous au-dessus desquelles se balancent les panaches des élégants aréquiers, les cases montrent leurs toits relevés et leurs dessins bizarres. Chacune a son jardin, où Mai me désigne les arbres les plus communs : le manguier, le jacquier, l'arbre à pain, le tamarinier, l'oranger, le citronnier, le bananier, le carambolier, le gnian, dont le fruit paraît ici assez goûté, etc. Mais rien n'est plus poétique, rien ne prête plus à la rêverie que cet enclos au milieu duquel s'élève la pagode. Quels ornements pourraient remplacer ces beaux arbres : le *cay-ban*, arbre parasol à larges feuilles rondes [1], le *cay-ye* (chêne), le *cay-shen*, les sycomores et les figuiers, parmi lesquels on remarque surtout le *bo-dé !* Les branches de cet arbre dirigent vers le sol de nombreux rameaux formant autour du tronc principal autant de nouveaux troncs, dont les branches vont à leur tour s'implanter dans la terre, dessinant toujours de nouvelles arcades, qui se développent ainsi sur une étendue considérable. Les rayons du soleil viennent jouer et se perdre à travers ce dôme de feuillage, d'où pendent en longues franges des milliers de lianes; les unes enlacent capricieusement les branches elles-mêmes entrelacées, plusieurs se rejoignent pour former de gracieuses guirlandes, d'autres retombent sur les murs de la pagode ou effleurent le sol sur lequel les racines se croisent en inextricables réseaux. Quelques riches familles du voisinage ont élevé dans cet asile solitaire et sacré, à l'abri de ces troncs séculaires, de petits édicules en l'honneur de leurs ancêtres. Ce sont généralement des diminutifs de pagode : sous le toit qui s'avance un peu en avant est disposée une petite table couverte de cierges, de chandelles, de papiers dorés et argentés et de petits objets en carton peint comme nos jouets d'enfants. On y voit ainsi représentés le mandarin lui-même avec son cheval ou son

---

[1] Elles servent à teindre en noir.

bateau et ses parapluies, dont la vanité de la famille s'est plu à augmenter le nombre. Les pauvres gens se contentent de placer au pied de ces beaux arbres de petits autels de bois ou seulement de petites tables avec leurs jouets, ou même simplement de suspendre aux lianes toutes sortes d'amulettes, les unes en souvenir des ancêtres, les autres destinées à préserver leurs descendants superstitieux des maux de ce monde.

Au milieu des réflexions que font naître en moi ces images de la mort à côté d'une nature pleine de vie et déployant à profusion ses richesses, Than arrive et me dit en riant :

« Ça, boutiques à Bouddha, capitaine. » « Boutiques » me paraît fort; on voit bien que Than a vécu à Saïgon. La civilisation, le progrès se résument pour lui dans une administration qui ne fait pas donner la *cadouille* (coups de rotin) à ses administrés et les paye quand par hasard ils travaillent.

Après avoir doublé la pointe du sud de l'îlot, nous entrons dans la partie la plus étroite du fleuve, qui dessine une courbe peu accentuée jusqu'à l'angle nord de la citadelle, dont les murs se distinguent un peu mieux. A notre droite s'étend le village de *Mang-ca* (bouche de poisson) qu'un petit ruisseau coupe à peu près en deux parties. Derrière le pont est le marché, que désertent les curieux pour venir nous voir passer. Les cases alignées au bord de l'eau ont presque un air de maisons, car les murs sont en pierre, exception motivée par les inondations si fréquentes d'octobre à janvier.

C'est ici le port intérieur de Hué. De nombreuses jonques annamites et chinoises encombrent le fleuve resserré et profond (150 mètres de largeur, 4 à 8 de fond). Il ne faut pas trop juger à la mine de ces bateaux la valeur de leurs chargements. Sous les nattes et les feuilles à couvrir les cases, marchandises de peu de valeur, on trouverait des ballots de soie, du poivre, de l'ivoire, du sucre, de la cannelle, du cardamome, du curcuma, de l'indigo, du tabac, du thé, de l'opium qui entre en contrebande, des étoffes, des porcelaines et quelques objets d'art, en ivoire, en argent ou en bronze, des armes et des meubles en bois sculpté ou incrusté de nacre, etc... Nous voici au bout du village de *Mang-ca*, et Than s'écrie : « *Tagne* Hué[1] ! » La ville ! et je ne vois que deux lignes de bastions qui fuient à angle droit, de distance en distance des portes de style chinois, et sur les murs de petites huttes de paille qui protègent les pièces contre les intempéries des saisons. A droite, un canal en ligne droite, d'environ quarante mètres de largeur et traversé par deux ponts de bois, se prolonge à perte de vue, tandis que le fleuve s'éloigne à notre gauche en laissant une grande île boisée entre lui et un autre canal que Than nous fait suivre. La première partie de celui-ci enveloppe un petit ouvrage avancé; après avoir passé devant quelques cales sèches sur lesquelles sont halées de grandes pirogues, nous tournons à droite, et voyons se dresser, à trois cents mètres en face de nous, une des portes de la citadelle. Nouveau coude à gauche cette fois, et le canal se continue en ligne droite sur une longueur de dix-huit cents mètres.

---

[1] *Tagne*, ville. Nous conserverons à *Hué*, déjà bien connue sous ce nom, l'écriture adoptée; mais on devrait l'écrire *Houé*.

« Voici la légation française, capitaine. » Et Than me montre au loin, un peu à droite du canal, une construction élevée couverte de paille.

« Mais je ne vois pas de pavillon.

— Parce que l'on construit la maison. Le consul habite à côté la case des ambassadeurs. »

Nous arrivons à un endroit où le glacis est traversé par une petite rivière qui arrose l'intérieur de la ville, et permet ainsi aux barques marchandes d'y pénétrer.

« Ah! le roi est à la chasse aujourd'hui.

— Comment le savez-vous?

— C'est qu'il y a quelques soldats en faction sur le pont, où vous voyez qu'ils ont planté leurs lances et leurs piques. Si vous vous promenez aux environs, n'allez pas de son côté, parce que les gardes vous empêcheraient de passer. »

A partir de là, le canal devient de plus en plus animé; c'est le seul, du reste, où il y ait tant de mouvement. Entre les barques entassées sur la rive gauche et celles qui montent ou descendent, on circule cependant sans trop de peine. J'étais un peu désappointé, car je m'attendais à trouver sous les murs de la capitale de l'Annam au moins autant d'animation que sur les canaux ou les arroyos qui traversent ordinairement les villes chinoises. Sur les glacis de la citadelle, on ne voit de temps à autre qu'un petit nombre de cases; mais sur la rive droite, elles se pressent alignées au bord de la berge à pic et élevées d'un à deux mètres au-dessus de l'eau. Le tableau qu'elles offrent semblerait bien singulier au voyageur qui, ne connaissant pas encore les Annamites, se trouverait transporté du premier coup au milieu de ce canal, car à chaque case il verrait suspendues de petites échelles sur lesquelles les indigènes, hommes ou femmes, procèdent d'une façon peu décente à leur toilette.

Devant nous, un pont de bois relie les deux rives du canal en face de la dernière porte du front oriental de la citadelle. A notre gauche est le marché du faubourg (*Kieu-deuoc*), le plus important, il me semble, de tous ceux des alentours de Hué. Des bambous et des aréquiers encadrent les premières rangées de cases, qui forment une longue rue au milieu de laquelle se remarque la belle pagode de *Dong-ba*.

J'étais pressé d'arriver à la légation, et cependant je mourais d'envie de m'arrêter à chaque pas. A l'extrémité du canal, je n'y tins plus et montai sur le pont de bois qui s'y trouve. La foule ne tarda pas à s'amasser. Fort peu satisfait de ne voir encore que les murailles du front sud de la citadelle s'écartant du canal à angle droit, je me rembarquai vite, et nous nous dirigeâmes vers la légation.

A l'est du canal, le fleuve, partagé en deux bras par une seconde île, a environ quatre cents mètres de largeur, et dans cette direction la rivière *Vian-deuong* [1] mêle ses eaux à celles peu profondes du Truong thien que des éléphants, des buffles, des Annamites même traversent ici sans nager. (Plus tard, en faisant des sondes, je découvris, entre la rive droite et un petit îlot au confluent de la rivière, un passage d'une dizaine de mètres

---

[1] Cette rivière n'est qu'une branche du delta formé par le fleuve *Truong-thien*.

de largeur avec une profondeur suffisante (2 mètres 50 c. à 3 mètres) pour permettre à une canonnière de remonter jusqu'au sud de la citadelle.)

Trois heures après mon départ de Touane-ane, j'arrivais enfin au débarcadère de la légation, ayant fait en moyenne plus de 3 milles ou 6 kilomètres à l'heure.

CHAPITRE V·

La seule grande route de la province, celle de Tourane à Hué, vient aboutir à ce débarcadère ; aussi règne-t-il en cet endroit une grande animation. Le milieu de la route forme une chaussée pavée en briques, sorte de rue dont les côtés sont encombrés de gens se tenant debout ou attablés devant les étalages peu engageants des gargotes de la localité. De beaux éléphants, semblables sous leurs énormes charges d'herbe à de petites collines ambulantes, défilent majestueusement ; les curieux se rangent devant les cases, les petits mandarins, bourgeois et employés qui viennent de mon côté se découvrent à bonne distance et me regardent en dessous en passant près de moi ; les ouvriers, les marchands, avec leurs fardeaux suspendus aux extrémités d'un bambou placé sur les épaules, s'écartent précipitamment sur mon chemin ; les bébés, jolis bébés, ma foi, à cheval sur les hanches de leurs curieuses mamans, se mettent à pleurer en voyant passer un « barbare », et le mot *khac* (étranger), prononcé avec plus ou moins de bienveillance, vient résonner à mes oreilles.

En quelques minutes j'arrivai devant la case des ambassadeurs, une des belles habitations de ce pays. Comme son nom l'indique, elle servait autrefois de logement à tous les étrangers chargés de missions diplomatiques ou commerciales auprès du gouvernement de Hué.

A l'entrée de la cour, s'élève un mât de pavillon au sommet duquel flottent les couleurs françaises. La case principale est habitée par le chargé d'affaires de France, M. R..., ancien officier d'infanterie de marine, et par un médecin; celle de gauche est occupée par le secrétaire du chargé d'affaires, M. D..., et par M. S..., conducteur des travaux publics, chargé de la construction de la nouvelle légation française; un surveillant des travaux, un gardien, un boulanger et l'interprète annamite occupent les cases de droite : en tout sept Français, les seuls qui, avec les missionnaires, aient l'autorisation de séjourner dans cette province. Enfin quelques soldats et domestiques indigènes habitent avec leurs volages épouses, assez souvent changées d'ailleurs, les autres dépendances.

Notre chargé d'affaires, placé lui-même dans une situation difficile et délicate vis-à-vis du gouvernement annamite, comprenait nos propres difficultés et espérait que nous obtiendrions les améliorations nécessaires, si nous savions être patients, très-patients... Je rencontrai d'ailleurs dans M. R... un fonctionnaire qui avait toutes les qualités aimables de l'homme de bonne société, et dont l'abord sympathique me promettait d'agréables relations; son langage conciliant et ses manières affables me laissèrent une excellente impression qui ne s'est jamais effacée.

Un certain air de gaieté brillait à cette époque parmi le petit nombre de Français perdus sur cette terre lointaine. MM. S... et D... vivaient contents dans leur petite habitation moitié annamite, moitié française, et leur cordial accueil répondit bien au plaisir que j'éprouvai à rencontrer d'honorables compatriotes.

Pendant que nous causions de notre chère patrie, et de Saïgon, et de la vie à Hué, mon *boy,* guidé par un des domestiques de M. S..., était allé au marché voisin et en rapportait de nombreuses provisions. Le riz blanc de belle qualité coûtait un peu plus de 2 piastres ' le picul; la volaille, de 50 à 75 centimes la pièce; un beau canard, 1 franc, et un porc, suivant sa taille, de 7 à 24 fr. On avait presque pour rien du poisson, des chevrettes, des légumes et des fruits.

Avant de partir, mes nouvelles connaissances voulurent bien me faire visiter leur habitation, composée de deux chambres à coucher, séparées par un large couloir servant de salle à manger. Derrière se trouvaient la cuisine et une petite salle où jouaient quelques jeunes femmes mises plus convenablement que celles que j'avais vues

---

' La monnaie courante est la sapèque de cuivre ou de zinc. 60 des premières ou 600 des secondes font 10 *taian* ou 1 *ligature.* Aujourd'hui la piastre mexicaine et le dollar américain, qui ont le même cours, sont assez répandus. La piastre vaut 5 francs 35 c. ou 5 ligatures 80 sapèques. Le picul est d'environ 63 kilogrammes.

jusqu'à présent, car ces dames portaient des bijoux et même des chaussures. Dans une case voisine, un domestique de M. S... repassait du linge. Quelle bonne fortune, et avec quel plaisir j'acceptai l'offre obligeante d'employer l'unique repasseur de l'Annam !

Nous nous dirigeâmes alors vers le débarcadère en faisant de beaux projets de chasse.

« Les loisirs ne vous manqueront pas, me dit M. D... Le *Scorpion* est destiné à vivre et à mourir dans la rivière de Hué, et vous pourrez sans doute louer une case et vivre à terre avec nous.

— Combien loue-t-on une case un peu convenable ?

— Environ 50 à 60 francs par mois. La plus belle du pays ne coûte pas 3,000 francs ; mais les Annamites seraient bien capables de vous la louer au prix qu'elle leur a coûté.

— N'achète-t-on pas aussi les femmes ?

— Certainement. Une femme coûte de 100 à 150 francs ; mettons, si vous voulez, 300 francs pour une beauté hors ligne : une de ces têtes formant le losange parfait. L'entretien d'une *congai* aussi distinguée entraîne une assez grande dépense. Vingt francs de nourriture par mois, c'est peu ; mais la toilette, les bijoux, le jeu, coûtent dix fois plus. Remarquez aussi que la conduite de madame donnera tant d'embarras à son propriétaire qu'il en aura bientôt assez, la renverra avec une indemnité et sera peut-être assez fou pour en reprendre d'autres, ce qui devient fort coûteux.

— Rassurez-vous, je n'ai pas l'intention d'utiliser ici vos renseignements. Nous voici arrivés, merci de votre bon accueil, et à bientôt ! »

Than et mes baleiniers avaient eu le temps de se reposer. A cette heure, le fleuve coulait paisible, presque silencieux devant la longue ligne blanche des bastions, et l'œil pouvait en suivre longtemps le cours avant de le voir disparaître derrière des rives boisées; les bateliers avaient cherché un abri contre les rayons d'un soleil de feu qui traversaient la tente légère de notre baleinière, et les nombreux bacs qui permettent seuls de passer d'une rive à l'autre attendaient maintenant des passagers.

Fidèle à la tradition que dans les pays chauds on ne voit dehors, à l'heure de la sieste, que des chiens et des Français, je traversai le fleuve pour me rendre à l'habitation de l'interprète officiel du gouvernement annamite.

Cette habitation, située devant le deuxième bastion, présente à peu près les mêmes dispositions que la case des ambassadeurs. La salle principale, servant de salle de réception, rappelle tout à fait celle que j'ai décrite à propos de ma réception par les autorités de Tourane. C'est là que les ministres de Tu-Duc ou leurs délégués reçoivent notre chargé d'affaires et les étrangers qui ont demandé à leur parler.

Une autre salle est affectée au service postal, uniquement organisé dans ce pays pour les besoins du gouvernement. Les correspondances, enfermées dans des tubes de bambou ficelés et cachetés, sont confiées à des cavaliers qui se les transmettent de distance en distance. Les dépêches peuvent ainsi être portées de Saigon à Hué en douze jours et de Ha-noi (capitale du Tonquin) à Hué en sept jours, soit une moyenne de 70 kilomètres par jour; mais quand le temps est mauvais ou que les dépêches ne sont pas pressées, il faut compter sur un retard de trois à quatre jours pour les premières, et d'un à deux jours pour les secondes. — Depuis que nous avons une légation à Hué, il y a entre les trois villes que je viens de citer des services réguliers tous les quinze jours, dont les Annamites nous autorisèrent à nous servir. On comprend que pour mes collègues qui restaient à Tourane, cette autorisation était indispensable, car sans elle ils n'auraient pu faire porter leurs lettres de ce port jusqu'à la légation, dont le secrétaire faisait lui-même le tube, qui était ensuite envoyé à la case de l'interprète annamite.

Outre le logement particulier de celui-ci, le P. H....., Annamite catholique, cette case renferme encore l'école des interprètes.

En arrivant dans la cour, je fus entouré par la troupe bruyante et joyeuse de ces jeunes élèves, dont les plus âgés n'avaient pas dix-huit ans. C'étaient tous des enfants abandonnés ou appartenant à de pauvres familles, qui, sous la direction du P. H....., étudiaient le latin et le français. Ils n'étaient pas très-avancés, mais savaient les mots les plus usuels, et l'emploi des trois langues — et des dictionnaires — nous permettait de nous entendre. La plupart avaient encore l'extérieur aimable de la jeunesse, et semblaient heureux d'une visite à laquelle ils s'attendaient, car ces jeunes gens sont au courant de tout ce qui se dit dans la maison, et les échos de la citadelle ne sont pas perdus pour eux. Quelque faible que me parût leur instruction, je vis plus tard bien des mandarins lettrés du royaume moins instruits sur les sciences et l'histoire même de leur pays que mes nouvelles et fort utiles connaissances..

Le P. H....., qui venait d'achever sa sieste, entra dans la salle d'étude. C'était un homme de petite taille, habillé à l'annamite, et portant la petite plaque d'ivoire de mandarin, qui lui permettait d'avoir ses entrées au palais! Le Pape avait dû lui donner l'autorisation, disait-il, d'accepter cette dignité. Son mérite personnel le rendait digne d'ailleurs d'une distinction que des considérations politiques lui avaient seules fait accorder en dépit de tout, car le gouvernement annamite était bien obligé d'employer comme interprètes quelques Annamites catholiques, anciens élèves des missionnaires et par conséquent mal vus et tenus en suspicion par lui et la classe des mandarins.

Le P. H....., qui avait fait partie de l'ambassade envoyée en France en 1863, parlait couramment notre langue; je n'eus donc pas de peine à lui répéter ce que j'avais dit à notre chargé d'affaires; je le priai de vouloir bien exposer la situation au ministre, en attendant que je pusse le voir, et enfin je lui témoignai le désir d'avoir dès à présent des pêcheurs comme matelots et des ouvriers du vapeur *Thuan-thiep* comme mécaniciens, entre autres Than.

Le P. H..... avait assez l'expérience des voyages sur mer et connaissait trop les Annamites pour s'étonner de mes plaintes.

« Les Annamites, me disait-il, ne sont jamais pressés; ils sont bien ignorants, bien paresseux, bien malpropres, et vous ne les changerez pas. Prenez-en donc votre parti, et soyez patient.

— Qu'on me laisse au mouillage alors, et je vous assure que personne ne le sera plus que moi.

— Au mouillage! mais le *Scorpion* est celui des cinq navires qui naviguera le plus. Il brûle moins de charbon et peut aller partout le long des côtes et en rivière.

— Ces voyages me sembleraient très-intéressants dans d'autres conditions, mais j'espère que vous pourrez faire entendre raison au ministre de la marine.

— C'est le ministre des travaux publics qui est chargé de la marine; cependant en qualité d'étranger, vous aurez plutôt affaire au *thuong-bac* (ministre des finances), le grand mandarin Ngouyên, qui est aussi chargé des affaires étrangères.

— J'ai entendu dire qu'il était dernièrement tombé en disgrâce.

— C'est déjà de l'histoire ancienne. Ngouyên a pu faire parvenir au roi une supplique, et, grâce à ses appuis au palais (c'est un ancien élève du grand mandarin lettré ministre de la guerre, le plus élevé en dignité parmi les ministres), il a repris son rang. Le voilà mandarin de deuxième classe, et pour ainsi dire premier ministre; or il y a fort peu de mandarins de cette classe en dehors des princes.

— C'est donc le second personnage du royaume après le roi?

— Pas positivement, car au-dessus des ministres il y a le conseil privé, dont il fait aussi partie.

— De sorte que son pouvoir dépend de l'influence qu'il a dans ce conseil; et les autres ministres, en sont-ils membres?

— Ceux de la guerre et des rites, oui; mais non leurs collègues de l'intérieur, de la justice et des travaux publics.

— Je serais bien aise de savoir quels rangs occupent ces délégués ou commissaires que nous avons vus à Saïgon et à Tourane : Tham-bien, Tham-tri, Bien-ly, etc...

— Ce sont les premiers employés après les ministres, tous mandarins lettrés de troisième classe du premier ou deuxième degré, ou de quatrième classe. Nous comptons neuf classes de mandarins lettrés et deux degrés par classe ; quant aux mandarins militaires, vous savez qu'ils sont ici bien peu considérés. Ils passent également des examens, mais peu sérieux ; aussi sont-ils fort ignorants.

— On peut dire que chez vous, *cedant arma togæ*, et ce serait fort bien si les lettrés n'avaient d'autre mérite que celui de connaître un plus grand nombre de caractères chinois ; mais à quoi cela leur sert-il ?

— A étudier les caractères chinois et à s'instruire sur la religion, les rites, l'administration, l'histoire, les sciences.

— Passe encore pour ce qui est des lettres, quant aux livres de science.....

— Nous avons des ouvrages sur l'art militaire, sur la marine, etc...,

— Alors je suis tout à fait fixé ; admettons que ces ouvrages sont excellents, mais que les aspirants au mandarinat et les mandarins eux-mêmes ne les ouvrent jamais. Les plus beaux préceptes de morale, les meilleurs principes de toutes choses sont peut-être ici par écrit ; mais qui les connaît et qui les met en pratique ? Savez-vous quels sont les rangs de nos mandarins ?

— Je crois que le vôtre est de la troisième classe, deuxième degré. Ceux de vos collègues sont de la même classe, excepté celui de la *Mayenne*, qui est plus élevé en dignité et passera bientôt général. Celui du « Bien-Hoa », qui a épousé une parente du roi, n'est que de la quatrième classe.

— Mais il avancera rapidement.

— Au contraire, il ne pourra plus monter en dignité tant que sa femme vivra : ainsi le veulent les règlements.

— C'est fort sage, Sa Majesté ayant tout un harem et nombreuse parenté. L'inquiète jalousie des mandarins n'est-elle pour rien dans l'adoption d'une pareille mesure, avec laquelle il y a sans doute des accommodements, car il me semble qu'il ne faut pas confondre ici les dignités avec les emplois?

— En effet, si les parents du roi montent difficilement en dignité tant qu'existe le lien de parenté, cela ne les empêche pas d'obtenir les meilleures situations.

— Quels sont donc les appointements du grand mandarin Ngouyên, ce ministre chargé de deux départements si importants?

— Les nouveaux rapports qui se sont développés entre les deux pays ont obligé le roi d'augmenter un peu les appointements. Ce ministre reçoit aujourd'hui environ 1,800 francs par an, plus des costumes de soie et plusieurs mesures de riz par jour pour lui et sa maison. Le riz qu'on donne aux fonctionnaires est pris dans les magasins de réserve et n'est pas de bonne qualité; ils en donnent une partie à leurs domestiques et font vendre le reste.

— Cela représente peut-être 5,000 ou 6,000 francs, et, dans un pays où la vie est à si bon marché pour les Annamites, c'est assez joli, sans compter que les fonctionnaires doivent avoir d'autres bénéfices et n'ont pas les mêmes charges que nous.

— Vous devez cependant pouvoir faire de grandes économies.

— Cela se pourrait, si nous vivions comme les indigènes; mais vous savez ce que coûtent les vins, les conserves, l'entretien, etc... Déjà nos domestiques chinois nous coûtent presque autant d'argent[1] que le roi en donne à son premier ministre, etc... »

En m'accompagnant jusqu'à la route, le P. H... eut la complaisance de me donner encore quelques renseignements sur la ville et le chemin qu'il me fallait suivre pour aller à la mission catholique de Kim-long. Ses turbulents écoliers auraient bien voulu voir se prolonger encore cette longue conversation avec leur professeur; mais les heures s'envolaient plus vite que je ne l'aurais désiré.

Je laissai ma baleinière remonter le fleuve, et, accompagné de Mai, je suivis à pied la route tracée sur les glacis de la citadelle.

En face de la deuxième porte, cette route traverse un chemin bordé de murs élevés par lequel le roi peut sortir de la ville et venir s'embarquer sur ses barques de chasse sans être vu; puis on arrive sur une sorte de place ornée de deux petits édifices chinois couverts de pancartes qui, suivant Mai, sont des règlements ou des édits royaux. Un ouvrage pentagonal, armé d'une douzaine

---

[1] Chacun de nous avait pris à Saïgon un cuisinier et un *boy* chinois dont les gages s'élevaient l'un dans l'autre à 22 piastres, plus 1 picul de riz par mois, soit environ 130 francs.

de pièces, se montre derrière le bastion central du front sud de la citadelle, et renferme une grande tour carrée surmontée d'un mât de pavillon au haut duquel flottent les couleurs jaunes de l'Annam. Nous passons devant des hangars servant de casernes et de magasins de bois. Là, le glacis n'a pas cent mètres de largeur. Je m'approche des bastions qu'entoure un fossé large de quarante mètres, mais qui, mal entretenu, n'a sans doute pas aujourd'hui plus d'un mètre cinquante centimètres à deux mètres de profondeur. La partie des remparts élevée de quatre mètres au-dessus des fossés est en briques, les fondements en pierre. Au-dessus du dernier bastion, on aperçoit une construction à laquelle on décerne le titre pompeux d'observatoire!

Le front sud de la citadelle présente, comme les trois autres côtés, une ligne de six bastions dont chaque face est armée de cinq pièces, et chaque flanc de trois pièces, soit seize pièces par bastion. En comptant celles de l'ouvrage à cornes au nord-est et de l'ouvrage pentagonal au sud, on peut évaluer leur nombre total à quatre cents. Dix portes et autant de ponts de pierre jetés sur les fossés donnent accès dans la citadelle.

Une longue ligne de cales sur lesquelles sont halées les jonques et les grandes pirogues pendant l'hivernage, s'étend sur toute la longueur de la rive droite du fleuve jusqu'à l'embouchure de la rivière de Fou-came [1] et à une petite île boisée, site ravissant où le roi a des bains et une magnifique volière.

Arrivés à l'angle sud-ouest de la ville, nous traver-

[1] Cette rivière n'est que la branche sud du delta formé par le fleuve Truong-thien.

sons sur un pont de bois un troisième canal, artificiel comme les deux autres.

En face s'élève une belle habitation que le roi, me dit Mai, a donnée il y a trois ans à « l'homme qui coupe les têtes ». Puisse le malheureux oublier sous ces gracieux ombrages son horrible métier!

A environ six cents mètres de là, nous tournâmes à gauche, et au bout de dix minutes de marche sous des bois remplis de cases, nous aperçûmes une petite maison surmontée d'une croix : c'était la Mission.

Les Pères français sont en bien petit nombre en Annam (à peine quatre-vingts). Ils ont donc fort à faire pour administrer des circonscriptions très-étendues, et il est bien rare que les Pères des provinces voisines se trouvent réunis plus de deux ou trois au diocèse de Hué.

Je fus accueilli à Kim-long avec la plus franche cordialité, et je conserverai toujours le meilleur souvenir des relations agréables que nous eûmes, mes collègues et moi, avec nos missionnaires de Hué.

La Mission et ses dépendances étant secrètement interdites — à toute la bonne société annamite! nos missionnaires ne s'occupent que des petits et des malheureux. Là, les enfants abandonnés sont recueillis, allaités par des nourrices indigènes; ici, des prêtres et néophytes annamites élèvent, instruisent de jeunes garçons; ceux qui sont déjà grands sont employés aux travaux d'agriculture et apprennent différents métiers; les filles tissent la soie et se livrent aux travaux de leur sexe jusqu'aux jours où les Pères les marient et leur donnent sur leur propriété une petite concession. Ainsi s'est développé, sous l'aile maternelle de la Mission, le petit hameau de Kim-long, que la nature s'est plu à embellir de ses plus poétiques parures.

Sa modeste chapelle de bois, remplie de malheureux arrachés à la misère, nous rappelle les vrais et féconds principes du christianisme, et l'argent dépensé à leur application ne nous paraîtra jamais mal employé.

Les missionnaires ont été naturellement les premiers étrangers à essayer en Annam certaines cultures. Leurs efforts sont restés infructueux en ce qui concerne le blé, la pomme de terre et la vigne; le café, au contraire, a donné d'excellents résultats, et le roi s'est enfin décidé à faire paraître des édits pour encourager cette culture [1]. Jusqu'à présent le café venait à l'état sauvage, et les Annamites se servaient seulement des feuilles pour en faire des infusions.

Le P. A..., qui m'a donné tant de bons renseignements, eut l'obligeance de me guider parmi les jardins et les plantations qui entourent la Mission.

A côté des arbres si communs : le bambou et l'aréquier, dont la noix se vend toujours bien (l'aréquier rapporte 1 franc par an), nous vîmes le précieux bananier et la canne à sucre, dont les Annamites cultivent deux espèces : la plus grosse que l'on mange, la plus petite dont on extrait le sucre. On en plante beaucoup; cependant cette culture est loin d'avoir pris tout le développement dont elle est susceptible.

Le sucre annamite est une sorte de cassonade dont

[1] Pendant le dernier mois de mon séjour à Hué, je prenais du café annamite et le trouvais aussi bon que le nôtre.

la couleur varie du brun foncé au jaune clair, selon la préparation. Il a bon goût, sucre bien ; on nous le faisait payer relativement cher (plus de 1 franc le kilogramme). Devant la Mission s'étendait un champ de cotonniers. Les Annamites cultivent surtout la petite espèce, qu'ils sèment dans les champs en assez grande quantité. Ils ont également le grand cotonnier, mais ne se servent du coton qu'il produit que pour faire des coussins. Nous vîmes aussi des *cha-ké* (arbre à pain), dont les fruits viennent rarement ici à maturité ; des arbres à thé et des *cay-mit* (jacquier), dont il existe deux espèces, le *mit* des montagnes et celui des jardins. Ce dernier, qui a de huit à dix mètres de hauteur, est le plus estimé, tant pour le bois que pour les fruits ; il est aussi très-abondant dans la partie du Kouang-tri appelée Baé-Troi. Le *mit* des montagnes est un bel arbre, qui peut atteindre quatorze mètres de hauteur, et dont le tronc a de six à huit mètres.

Son bois est d'un brun clair assez agréable, son grain passable. Les fourmis blanches n'attaquent ni l'un ni l'autre ; aussi le mit est-il considéré comme un des bois les plus précieux de ce pays. La culture du mûrier est assez répandue : ce sont de petits arbres qu'on coupe chaque année. La soie [1] est de bonne qualité et à bon marché. Malgré la quantité d'étoffes étrangères importées, on en fabrique encore beaucoup, de soie et de coton, dans toute la province. Un dévidage grossier et le peu

---

[1] La pièce de soie de vingt mètres de longueur et de quarante à quarante-cinq centimètres de largeur vaut ici 36 ligatures (environ 36 francs).

de largeur donnée aux tissus de soie les feraient peu apprécier en Europe, où cependant ils pourraient très-bien être employés comme rideaux et tentures.

Revenons à notre baleinière. Après la chaleur étouffante de la journée, je me laissai délicieusement aller à ce *far niente* auquel invite le calme du soir, en rêvant à tout ce que j'avais appris.

Ma curiosité était bien loin d'être satisfaite, car le même mystère enveloppait encore pour moi cette ville, dont je faisais le tour sans en voir autre chose que des murailles armées de mauvais canons, à en juger par ceux des forts de Touanc-ane, de la rivière et des navires.

Hué, dont le nom est cité pour la première fois dans l'histoire en 1350, comme celui d'une ville d'origine ciampoise appartenant déjà aux Annamites, occupait probablement le même emplacement qu'aujourd'hui. A partir de 1570, elle devint la résidence des *kieua* (seigneurs) de la famille Nouyêne. Prise en 1774 par les rebelles *Tay-Cheune*, reprise en 1801 par Gia-Long, qui la fit fortifier par le colonel Olivier, elle est restée jusqu'à présent la capitale de l'Annam. — Les voyageurs des derniers siècles parlent peu de cette ville. Le capitaine Rey en fit, en 1819, une description qui aurait dû être plus exacte, puisqu'à cette époque MM. Chaigneau et Vannier, les deux derniers officiers français au service de Gia-Long, s'y trouvaient encore. Enfin, depuis une trentaine d'années, environ trente étrangers, Français et Espagnols, ont été admis dans la citadelle et reçus par le roi ou ses ministres; mais, entourés de troupes et suivant un itinéraire déterminé, ils n'ont pu visiter la ville. Le fils de M. Chaigneau (officier français au service du roi Gia-Long) a été le seul Européen qui en ait donné une description complète d'après ses souvenirs d'enfance, et elle s'accorde parfaitement avec les renseignements que j'ai recueillis.

Les murailles, dont nous venons de faire le tour, renferment une autre enceinte carrée, non fortifiée, de sept cents mètres de côté, où se trouvent les cases royales, entourées de jardins. La ville proprement dite est donc comprise entre les deux enceintes. Outre de nombreuses cases de mandarins, de bourgeois et d'ouvriers, on y voit : au nord, la préfecture, des colléges, des magasins de riz et d'argent; à l'est et à l'ouest, les ministères et des casernes; au sud, des magasins et des arsenaux qui contiennent, dit-on, quatre mille pièces, dont j'ai vu quelques échantillons plus curieux que redoutables. Les palais du roi contiennent certainement des objets rares et de valeur, surtout de provenance chinoise. Il est aussi probable que, suivant l'habitude annamite, il y a d'assez fortes sommes enfouies dans les tombeaus; mais la légende qui prétend que le roi fait garder ses trésors par des caïmans me paraît bien peu sérieuse. Depuis que la Basse-Cochinchine appartient à la France, c'est à notre colonie que s'adresse Sa Majesté pour se procurer ces intéressants reptiles. (A l'époque où on lui envoyait des capitaines, on lui expédiait, je crois, deux de ces animaux. Les capitaines ont disparu, mais les caïmans ont la vie dure et sont encore à Hué.)

Faire trois mille lieues pour n'en pas apprendre davantage sur cette ville était un peu désespérant, et je rêvais que S. M. Tu-Duc allait bientôt nous ouvrir les portes de sa citadelle, quand mon attention fut attirée sur la route que nous suivions.

Than nous faisait alors passer entre l'île Daïdo et la rive gauche du fleuve.

« C'est le passage le plus fréquenté par les petites barques, me dit-il; les grandes prennent le bras oriental, qui est plus profond; mais il faut suivre un chenal assez étroit vers le sud de l'île. » Puis il se remit à compter un tas de sapèques dont son chapeau était à moitié plein.

« Auriez-vous, à votre tour, volé quelque mandarin aujourd'hui?

— Oh! non, capitaine, mais j'ai gagné en jouant avec des Chinois à Kieu-denoc.

— Vraiment! vous devez être bon joueur, car les Chinois ne sont pas maladroits; sont-ils aimés dans ce pays?

— Ils vivent comme nous, prennent des femmes annamites et font du commerce.

— Enfin ils s'entendent bien avec les Annamites?

— Oui.

— Mais pourquoi ne sont-ils pas plus nombreux?

— C'est que le *roua*[1] (roi) et les mandarins ne le veulent pas

— Ils vont partout, et j'en ai vu entrer dans la citadelle.

— Pour les Annamites, les Chinois sont des frères, nos usages sont les mêmes; mais tous les autres hommes sont des étrangers, craints et détestés. »

A l'en croire, les Annamites n'éprouvaient cependant

[1] Les Annamites appellent toujours ainsi le souverain.

à notre égard qu'une grande défiance, qui, exploitée par les mandarins, avait pris le caractère de la haine. Ce qui me surprenait davantage, c'était le profond respect et l'admiration de Than pour les Chinois, le premier peuple du monde suivant lui.

« Comment, vous qui aimez les Français et préférez leur administration; vous qui avez vu Saïgon, ses palais, ses belles maisons, ses beaux navires à vapeur, tous les produits de nos arts et de notre industrie; comment pouvez-vous croire encore les Chinois supérieurs aux Européens? Et la Cochinchine n'est rien à côté de la France, où il y a des villes plus belles que Saïgon et dix fois plus grandes que Hué.

— Mais, me disait-il, la Chine est encore plus grande, et l'on y trouve d'aussi belles choses. Il y a des palais, des maisons plus vastes, plus commodes, beaucoup de soldats et des navires à vapeur comme à Saïgon. Les Chinois font encore plus le commerce que les hommes de l'Ouest, et, même à Saïgon, ils sont les plus nombreux et les plus riches. Je n'ai pas vu à Canton des voitures qui marchent à la vapeur ni des télégraphes; mais les Chinois, qui ont fait tant d'autres inventions, s'en serviraient, s'ils les jugeaient bien utiles! » — Un ambassadeur annamite revenant de France n'eût pas mieux parlé à Sa Majesté Tu-Duc.

A ce discours, que j'abrége, je vis bien que Than, en reprenant du service à Hué, était plus retombé qu'il ne s'en doutait peut-être lui-même sous l'influence des mandarins. Je fus tiré de cette réflexion par une de ces questions qu'il devait griller d'envie de me faire depuis longtemps:

« Avez-vous trouvé une femme?

— Trouvé une femme! mais je n'en ai pas cherché!

— Alors les mandarins vous en procureront.

— Je n'en veux pas du tout, car j'ai beaucoup de travail, lui dis-je, ne trouvant pas à propos de lui déclarer que les beautés annamites ne m'inspiraient que du dégoût.

— Les Annamites seront bien étonnés de vous voir vivre seul!

— Tant pis, mais laissons cela, et dites-moi combien il y a d'habitants à Hué. »

Than, qui ne s'était jamais soucié de le savoir, s'embrouilla dans ses comptes, et je finis par m'endormir, pour ne me réveiller qu'en arrivant à bord du *Scorpion*, à neuf heures du soir.

CHAPITRE VI

Nous continuons le travail d'instruction commencé à Tourane. Nos plaintes n'ayant eu d'autre résultat que de faire remplacer nos paysans par d'autres aussi ignorants, tout est à recommencer. Quelle que soit la bonne volonté apparente du ministre Ngouyène — pour moi, je crois qu'il a les Français en horreur — et quels que soient les ordres qu'il a donnés, notre embarras n'a fait que s'accroître. Qui accuser ? le ministre ou les bureaux ? les mandarins ou leur chef ? Maintenant nous ne demandons qu'une chose : qu'on ne change plus personne.

Obligé de rester à bord presque constamment, je ne consacre que peu de temps chaque jour à faire de l'hydrographie. Dès les premiers relèvements que j'ai pris en arrivant ici, je me suis aperçu que notre plan de Touane-ane est à refaire complétement. Voilà un travail qui me promet de nombreuses distractions, grâce auxquelles le temps passera vite, car après ce plan ne me trouverai-je pas entraîné à faire celui de la rivière de Hué ? Je rêve de la remonter jusqu'à sa source, et de dresser la carte de toute la province [1]. La géographie n'est-elle pas le point de départ de l'étude d'un pays?

Le 20 août, quatre jeunes interprètes arrivaient de Hué, mais sans savoir encore lequel d'entre eux serait désigné pour le *Scorpion*. Ils se disaient envoyés par le P. H....., d'après l'ordre du ministre, pour dresser la liste des fournitures et objets d'approvisionnement nécessaires au navire. Ma liste était prête ; mais cela ne leur suffisait pas, il s'agissait de la traduire en annamite et en caractères chinois.

« Le P. H..... fera bien cette traduction.

— Il ne connaît pas les termes de marine.

— Sais-je davantage leurs noms en annamite? Enfin, nous allons essayer. »

Mes Annamites eurent bientôt la tête cassée de ce petit exercice, que nous fûmes obligés de reprendre dans l'après-midi. En cinq heures, nous traduisîmes une cinquantaine de mots représentant les choses les plus utiles à l'entretien des navires, et les interprètes purent retourner à Hué avec une liste en règle — qui n'a jamais servi à rien.

Le 22, mon ami Coclès reparut avec la baleinière, après une absence de trois jours. A vrai dire, il faisait triste figure, et ne s'attendait pas à des compliments. Il avait été convenu à Saïgon, entre les commissaires annamites et nous, que la baleinière serait laissée au capi-

[1] A mon retour en France, j'ai pu exécuter ce travail au dépôt des cartes de la marine. Les plans détaillés au 1/10000 de la rivière de Hué, et au 1/50000 de la province, sont aux archives du Dépôt de la marine et à la Société de géographie de Paris.

taine français; mais les Annamites l'ayant désignée, je ne sais pourquoi, sous le nom de « *Tham-bon teu-niut* » (embarcation n° 1), Coclès était cruellement froissé d'avoir l'embarcation n° 2, cependant plus grande, plus commode pour transporter sa suite, son palanquin et ses parapluies. Son orgueil insensé, sa stupide vanité, le rendaient si malheureux, je le voyais si désireux de se servir de la baleinière, que j'avais consenti à la partager avec lui — en frère, — puisqu'il se disait tel, à condition qu'il en aurait le plus grand soin; et elle me revenait avec des bordages défoncés, des avirons cassés, etc... Encore une promenade de ce genre, et cette embarcation était perdue. S'il y a des artistes dans la citadelle, les charpentiers ordinaires de Sa Majesté ne sont que des gâcheurs, et ses forgerons ne sont pas plus habiles. Je prévins donc Coclès qu'il eût à l'avenir à renvoyer l'embarcation à bord dès qu'il l'aurait mise à terre, et que si elle revenait une autre fois en pareil état, je ne la lui prêterais plus.

Avec Coclès le désordre allait s'accroître à bord. Les autres mandarins s'étaient naturellement empressés de filer à leur tour, en emmenant une partie de l'équipage; une multitude de sampans vinrent aussitôt stationner le long du navire sans qu'on pût les en éloigner, car ils donnaient pour prétexte qu'ils étaient au service du mandarin. L'un lui apportait des fruits, l'autre faisait ses commissions, un troisième lui préparait du thé, etc... Coclès, lui, se préparait à nous jouer un tour de mandarin.

Profitant d'un moment où je me trouvais dans ma chambre, il avait fait accoster un de ces jolis sampans montés par de jeunes beautés couleur de cire. Le bruit que j'entendis sur le pont ayant attiré mon attention, je vis les Annamites de la machine rassemblés près de la coupée et riant bruyamment, tandis que Coclès s'agitait d'un air furieux.

M. B... sortit en ce moment du sampan et vint me dire que le mandarin lui même l'avait engagé à le visiter.

« Je vous crois d'autant plus, que le mandarin m'a fait les mêmes offres ; mais je n'aurais pas pensé que vous vous y fussiez laissé prendre. N'êtes-vous pas libre de sortir du bord et d'aller vous promener ? Vous auriez donc pu satisfaire ailleurs votre curiosité. Croyez-moi, nous devons être prudents à l'avenir, car tout ce que nous voyons jusqu'à présent nous montre qu'on ne cherche qu'à nous créer des difficultés. »

Deux jours après, en effet, je fis une course à Hué, et la première nouvelle que me donna M. le chargé d'affaires fut que le ministre avait reçu une plainte à ce sujet. Je m'empressai de lui raconter exactement ce qui s'était passé, puis j'allai voir le P. H....., à qui je déclarai tout le mécontentement que j'éprouvais de voir les mandarins et particulièrement Coclès répondre à nos efforts pour vivre — en frères avec eux — par des tracasseries, des riens pris isolément, et dont l'ensemble rend la vie insupportable.

Le P. H..... me prêcha de nouveau la patience, me promettant de tout dire au ministre, et me demanda de sa part des renseignements et un projet de règlement.

« Je m'occuperai de vous rédiger cela dès mon retour à bord, mais non de vous le traduire, comme la liste des fournitures. Me donnera-t-on enfin un interprète ?

— Vous avez fait beaucoup travailler ceux que je vous

ai envoyés, et ils ne paraissent plus aussi désireux de retourner sur le *Scorpion*.

— Allons, je vois que je n'aurai jamais qu'un interprète pour la forme ! »

On pense si, à mon retour, je reprochai à Coclès son indigne conduite. Il trembla de tous ses membres et jura, — serment d'Annamite ! — qu'il n'avait rien dit au ministre. Peu m'importait; pour moi, il était cause de tout le mal, et je lui promis que s'il persistait dans la voie où il s'engageait, au lieu de s'appliquer à m'aider, je le traiterais comme il le méritait. Ne me fiant pas à ma propre science, j'avais pris mon cuisinier pour interprète; je n'eus besoin que de modérer son ardeur, car les Chinois paraissent singulièrement mépriser les Annamites, et mon cuisinier parlait au mandarin sur un ton que je n'aurais pas pris pour lui parler à lui-même.

Le 27, arrivait de Saïgon l'aviso *l'Antilope*, dont le commandant voulut bien me prêter quelques matelots français pour faire des réparations importantes à mon navire, réparations que mes paysans étaient incapables de faire. Cette gracieuseté doubla le plaisir que me causait l'arrivée de *l'Antilope*, sur lequel je retrouvais deux anciens camarades. C'était un charmant carré que celui de cet aviso, et j'eusse volontiers passé plus de temps en aussi agréable compagnie, si j'avais eu moins d'occupations.

Le 30 août, en remettant au P. H..... le rapport qu'il m'avait demandé, j'appris la perte du vapeur annamite *Dang oui*, sur la côte du Tonquin. L'ordre de partir à sa recherche me fut transmis le lendemain par M. Coclès, dont la mine était bouleversée. J'en demandai la raison à l'interprète qu'on venait de me donner : « Outre le déplaisir que lui cause le départ, me dit-il, il a été puni, et va se trouver sous les ordres d'un autre grand mandarin. » Les commandants de commandants ne devaient pas manquer sur ce navire sans matelots ! Je vis en effet arriver dans la matinée un petit vieillard à la mine éveillée, au regard assez franc. Son riche costume de soie broché d'or éclipsait la tunique bleue de Coclès, qui le reçut avec toutes les marques d'un profond respect et vint me le présenter. Mon interprète me dit qu'il était général, et avait eu trois doigts coupés en se battant autrefois contre les Français. Aussitôt son installation terminée dans la chambre de Coclès, il reparut sur le pont et se mit à diriger le travail de nos Annamites. Plein de zèle et d'activité, il regardait travailler les matelots français et cherchait à faire faire la même chose aux Annamites, mettant lui-même la main à la pâte ! Avec lui je réussis à faire éloigner tous les sampans, à retenir à bord l'équipage, et à le soumettre au règlement. Le 2 septembre au soir, grâce à l'aide que nous avaient prêtée les matelots de l'*Antilope*, notre mâture était en état. Les vivres furent embarqués, les préparatifs d'appareillage terminés, et Than, le mécanicien du *Thuan-thiep*, prit son service dans la machine, à la grande satisfaction de M. B.....

J'aurais bien voulu savoir à peu près à quel endroit s'était échoué le *Dang-oui*; personne n'avait pu me le dire. S'il y avait possibilité de le relever, je n'avais pas grand'chose à bord pour tenter cette opération (trois palans !); aussi avais-je fait prévenir le ministre de la convenance qu'il y aurait à me laisser prendre tout de suite dans les magasins ce qui pouvait m'être nécessaire, afin d'éviter un nouveau voyage; mais un courrier étant arrivé, le 3 au matin, avec l'ordre de hâter notre départ, je fis aussitôt allumer les feux.

Dans le courant de ce mois, le temps avait été généralement beau, et la température bien moins élevée, d'après les officiers de l'*Antilope*, qu'en juin et juillet. Pendant ce dernier mois, le thermomètre marquait souvent 36 et 37° à l'ombre à Touane-Ane, et 40° à Hué, où la température paraît plus élevée de 2 à 3° [1].

En août, j'avais observé une moyenne diurne de 28° seulement (moyenne barométrique 756,6), ce qui me parut tenir à ce qu'en juin les orages qui viennent de l'ouest, du sud-est et du sud, sont rarement accompagnés de pluie, tandis qu'en août il faisait ordinairement calme le matin, puis dans l'après-midi les montagnes de l'intérieur se couvraient de nuages, et il pleuvait dans la soirée et une partie de la nuit.

Le temps, incertain pendant les deux premiers jours de septembre, était devenu sombre et pluvieux le 3, de sorte que je fus obligé d'attendre jusqu'à onze heures du matin une éclaircie, dont je profitai pour appareiller. En passant près de l'*Antilope*, je saluai mes anciens camarades, — ne sachant si je les reverrais jamais, — puis nous franchîmes heureusement la barre et prîmes bientôt la direction du nord-ouest.

Dois-je l'avouer? malgré tout, j'étais heureux de prendre

---

[1] Cette différence ressort des comparaisons que j'ai faites plus tard entre mes observations, prises à Touane-ane, et celles du P. R.., prises à Hué les années précédentes.

la mer et de voir de nouveaux horizons : la curiosité l'emportait sur la prudence. Le sentiment des difficultés à vaincre, l'espoir de remplir heureusement notre
mission, une nouvelle preuve à donner de notre bonne
volonté, nous animaient, mon mécanicien et moi. On ne
pouvait prendre sa tâche plus au sérieux, et chercher plus
consciencieusement à la remplir. Aussi multipliions-nous
nos efforts. Si je ne quittais pas la passerelle, M. B... ne
quittait pas sa machine, si ce n'est pour venir m'aider
à régler les compas (la boussole).

Than lui semblait bien mou, mais enfin il valait
mieux à lui seul que tous ses compatriotes, et pouvait
surtout nous servir d'interprète.

Dans l'après-midi, la brise fraîchissant un peu, et le
général ayant par malheur le mal de mer, je me vis
abandonné sur le pont avec les deux *ké-da* (hommes de
gouvernail). Jolie situation! Et dire que dans le port
tous mes vaillants mandarins ne parlaient que d'aller combattre les pirates! Laissons-les gémir dans leur cabine,
et jetons un coup d'œil sur le pays dont nous longeons
la côte. Celle de la province de Hué ne présente que des
dunes de sable très-basses, sur lesquelles on peut à peine
de loin en loin distinguer quelques pauvres hameaux, puis
la côte de la province de Kouang-tri s'annonce sous un
aspect peu différent, car le rivage, toujours très-bas, est
seulement plus boisé. Non loin dans l'intérieur, et courant parallèlement à la côte, plusieurs plans de petites
collines s'étagent jusqu'à la grande chaîne qui paraît ici
fort éloignée de la mer, et par conséquent peu élevée au-
dessus de l'horizon. Tandis que la province de Hué, fort
resserrée entre la mer et de hautes montagnes, semble

presque dépourvue de plateaux, le Kouang-tri, au contraire, est également partagé en vastes plaines admirablement arrosées et en plateaux fort étendus et presque partout cultivés. Tous les cours d'eau qui viennent des montagnes semblent s'arrêter à la limite de la plaine, pour se jeter dans une sorte de réservoir ou de canal parallèle à la mer, qui n'est autre que la continuation de la lagune de Touane-ane. Cette province et celle de Hué sont ainsi traversées, sur une longueur d'environ cent vingt kilomètres à vol d'oiseau, par une lagune navigable partout pour les barques de rivière, et sur un assez grand parcours pour les jonques de mer. Le Kouang-tri a peut-être deux cent cinquante mille habitants, et produit principalement du riz, du maïs, des pois; on y cultive la canne à sucre, le mûrier, et aujourd'hui le café; l'exportation des bois y est aussi très-répandue.

La nuit tombait quand nous arrivâmes à la limite de cette province. Jusqu'à onze heures du soir, nous fûmes assez tranquilles; puis le temps se gâta, la brise força, tournant au nord-ouest, et à trois heures du matin, sous un ciel noir comme de l'encre, notre coquille de noix, inondée par une pluie torrentielle, balayée par les lames, brisée par un tangage et un roulis effrayants, semblait près de disparaître à chaque instant. Vaincus par la fatigue, mes deux *ké-da* (les malheureux étaient depuis seize heures au gouvernail!) dormaient sur la barre, et quand je les secouais, ils se mettaient à grelotter sous leurs manteaux de feuilles en poussant des *iche tia tia* à fendre l'âme. Je pris leur place, comme M. B... prenait celle de ses paysans dans la machine..... Il n'y avait plus que deux hommes, deux Français, pour conduire un navire et porter soixante colis annamites!... A cinq heures du matin, le temps étant devenu si sombre qu'on n'y voyait pas à trois cents mètres, il fallut renoncer à continuer une route dangereuse qui devait nous faire passer entre des îles. Virer de bord de façon à ne pas recevoir un paquet de mer capable d'éteindre les feux de la machine, était mon plus grand souci. Nous nous en tirâmes passablement, et par prudence nous nous dirigeâmes en sens inverse de la route suivie jusqu'alors. C'était perdre du temps, mais c'était le meilleur parti à prendre, vu notre ignorance du pays et des courants Au jour, la brume succéda au mauvais temps et ne se leva qu'à midi, laissant alors à découvert toute la côte du Kouang-bigne.

La partie sud de cette province est à peu près constituée comme la précédente, mais sa partie centrale en diffère notablement. Là, plusieurs chaînes de collines assez élevées, présentant des pics et des crêtes très-remarquables, se rapprochent de la mer en laissant entre elles d'étroites et profondes vallées. Ce plateau montagneux semble aller rejoindre la grande chaîne de l'Annam, qui s'enfonce dans l'intérieur et qu'on ne pourra plus désormais apercevoir de la côte. Il y a donc là comme une barrière naturelle analogue par sa disposition, mais non par son élévation, à la chaîne des Aai-vane, près de Tourane. Ce massif accidenté forme le bassin de la rivière de Dong-hoï, que les jonques peuvent remonter jusqu'à la capitale de la province et à l'île de Chaou-bong. Non loin de là les collines se rapprochent tout près de la mer, et la grande route de Hué à Hanoï passe sur les murailles en ruine qui séparaient autrefois le Tonquin de la Cochinchine.

Entre ces collines et le cap Vioung-quioua, s'étend la grande plaine arrosée par le chong-Giagne et ses diverses branches. Vues du large, ces terres basses produisent l'effet d'une baie du milieu de laquelle surgissent, à vingt-cinq ou trente kilomètres, quelques rochers bizarrement découpés. Peut-être est-ce là que se trouvent les splendides cavernes du Bô-kigne, une des merveilles de l'Annam, et que le Ngan-nam, une des branches du Giagne, passe sous des voûtes de trois cents pieds d'élévation, dont les mille stalactites, en se réfléchissant dans le fleuve, présentent le tableau le plus féerique qu'on puisse imaginer.

On estime la population du Kouang-bigne à deux cent mille habitants; ses productions sont les mêmes que celles du Kouang-tri, mais l'exploitation des bois, favorisée dans sa partie nord (Bô-kigne) par le fleuve Giagne, y est infiniment plus développée.

Retardés par un courant contraire de plus de trois milles à l'heure, nous n'arrivâmes qu'à dix heures du soir au mouillage assez connu de Vioung-quioua [1], heureux de pouvoir enfin goûter un peu de repos.

Dès notre entrée dans la baie, mon équipage avait reparu sur le pont comme par enchantement, et l'ancre n'était pas plutôt au fond, que notre général vint me dire que les environs étaient infestés de pirates!

J'avais une rude envie de l'envoyer à tous les diables avec ses pirates; cependant je l'invitai à faire préparer

[1] Vioung-baie.

les armes, à doubler le nombre des factionnaires, et j'allai me coucher.

Une demi-heure ne s'était pas écoulée, et j'étais encore plongé dans cette espèce d'assoupissement que cause la fatigue et qui n'est pas le sommeil, lorsqu'un vacarme épouvantable me fit monter lestement sur le pont : le calme de la solitude régnait sur la rade; à bord, tous les matelots, environ quarante-cinq hommes, étaient rangés de chaque côté du navire, et, tenant de chaque main un petit bâton, les frappaient en mesure l'un contre l'autre, pendant que le *kouan* battait le tam-tam[1].

J'interrogeai l'interprète et le général :

« Les factionnaires montrent qu'ils veillent.

— Sapristi! ce n'est pas la peine de faire tant de bruit, nous avons besoin de dormir, nous. C'est absurde de mettre ainsi tout le monde en faction; n'en laissez que la moitié; surtout qu'on ne batte plus le tam-tam pendant la nuit; c'est déjà bien assez des bâtons[2], et les factionnaires de l'arrière iront les battre devant, si le général y tient. »

On comprendra d'autant mieux cette précaution, quand on saura que cette musique, qui dure deux ou trois minutes, se renouvelle tous les quarts d'heure.

Chez les Annamites, le jour est partagé en six veilles, de six heures du matin à huit heures du soir, et la nuit

[1] Sorte de tambour, fait avec une peau clouée autour d'une caisse ronde en bois, et quelquefois même autour d'un grand vase de faïence.

[2] Dans l'armée et la marine annamites, les bâtons remplacent le tambour, le clairon et le sifflet.

en cinq veilles. Chaque veille est d'une heure annamite, qui vaut deux des nôtres, et chaque heure est divisée en dix *khac* ou quarts d'heure. Pour mesurer le temps, on se servait à bord d'une sorte de clepsydre, petit vase percé d'un trou et suspendu à une ficelle tendue horizontalement entre deux piquets. Cette ficelle enfile dix petites baguettes de bois que l'on fait successivement passer de l'autre côté du vase, qui se vide et qu'on remplit à chaque quart d'heure.

En général, les factionnaires annamites veillent mal, même lorsqu'ils sont nombreux — et qu'il fait beau temps! Ils ne dorment pas toujours, mais se tiennent accroupis dans un état de somnolence voisin du sommeil, sans bien regarder ce qui se passe autour d'eux, ne se préoccupant que du moment où ils frapperont leurs petits bâtons. Tout n'est que singerie chez ce peuple abruti.

Quand je remontai sur le pont, le lendemain matin, le général et Coclès vinrent tout joyeux me serrer les mains, et nous passâmes ensemble la revue de nos marionnettes. Chacune d'elles était armée, qui d'une pique, qui d'un sabre ou d'un fusil à pierre. J'eus l'idée de faire décharger les fusils : la nuit ayant été un peu humide, pas un coup ne partit, et je me sauvai pour ne pas éclater de rire au nez de ce malheureux général.

Un moment après, un sampan vint nous accoster, et son batelier nous apprit que le *Dang-oui* devait se trouver à une vingtaine de milles plus au nord, que nous avions passé la nuit près de deux jonques pirates cachées dans les îles, et enfin que les indigènes, très-inquiets depuis quelques jours, s'étaient retirés de la côte.

Les Annamites ne peuvent pas voir une jonque sans la soupçonner de faire de la piraterie, et je serais assez disposé à croire que toutes en font à l'occasion ; mais comment les reconnaître ? et en admettant que les jonques chinoises et annamites aient des papiers ou des expéditions en règle, qui ira et pourra s'en assurer ? Le gouvernement, c'est-à-dire le gouvernement des mandarins, ne paraît pas s'en émouvoir, la piraterie lui paraissant tout aussi naturelle que le vol. Chacun profite des deux, comme il peut, au détriment de tous ou de l'État. Les pirates chinois sont plus redoutés que les pirates annamites et jouissent d'une impunité complète. Un navire étranger, ayant saisi une jonque de pirates chinois, les livra à Hué où on leur rendit aussitôt la liberté, soit pour ne pas se créer d'embarras avec la Chine, soit pour se ménager dans ces bandits d'utiles alliés contre un ennemi cent fois plus redouté : les Français. Les Annamites ont assez d'esprit pour ne pas se contenter de remettre ces gaillards-là en liberté ; ils les prennent à leur service, et Than m'assurait que, sur les jonques chinoises au service du roi à Touane-ane, plus de la moitié des équipages était composée de ces braves gens, qui dès lors ne pillent plus qu'en bonne compagnie.

Qu'il y ait ou non des pirates aux alentours, nous n'apercevons aucun bateau en quittant Vioung-quioua. A huit heures et demie, nous franchissons la petite passe, nous dirigeant entre Hon tseu (île Soyel) et un petit rocher qui en est éloigné d'un bon kilomètre ; puis, contournant le massif montagneux dont Sovel semble s'être détaché, nous apercevons les Mamelles, dont les pics, hauts de cinq cents mètres et vus de cette direction, se confondent presque en un seul. Cette montagne remarquable, située tout près de la mer, se détache admirablement sur les dunes de sable qui se continuent à perte de vue dans le nord-ouest, et domine de presque toute sa hauteur la ceinture de collines bleuâtres qui bornent l'horizon.

Le Nghê ane, une des provinces les moins connues de l'Annam [1], occupe une étendue peut-être quatre fois plus considérable que le Kouang-bigne (ou près de quinze fois le département de la Seine), car, outre une longueur de côtes presque double, il s'étend fort loin dans l'intérieur. Ses rivages n'offrent que de loin en loin quelques points remarquables; ce n'est qu'à une certaine distance de la côte que ses plaines se relèvent, et, d'après la description qu'on m'en fit, il paraîtrait que le sol devient très-accidenté, plutôt montueux que montagneux. Plusieurs rivières arrosent ses grandes plaines, et leurs embouchures constituent les seuls ports de cette côte, ports qui sont à peine connus de nom. On dit cette province très-riche. Mes Annamites prétendaient qu'il y avait des mines; c'est probable, mais je sais qu'on en tire du riz, du maïs, de la soie, du coton, du sucre, des peaux, des cornes, des plumes d'oiseaux, de la résine, de l'huile, du sel, du poivre, de la cannelle, de l'ivoire, etc., et qu'elle est réputée pour avoir les bois les plus beaux, les plus utiles et les plus précieux de l'Annam.

Deux heures après notre départ, nous découvrîmes Vioung-ang (baie de Ang), et bientôt une mâture forte-

____

[1] Les Annamites la considèrent comme faisant partie du Tonquin; c'est le berceau de la famille des Ngouyene.

ment inclinée nous apparut, décelant la présence du *Dang-oui.*

La baie de Ang forme une demi-circonférence d'environ deux milles, complétement ouverte du nord-est au nord-ouest, bordée de collines assez élevées qui, au sud, ne laissent entre leur pied et la mer qu'une étroite bande de sable sur laquelle les lames déferlent furieusement pendant l'hivernage. Une petite canonnière pourrait à la rigueur trouver un refuge dans une petite anse située au nord-est de la baie et assez bien fermée par une ceinture de roches; mais ce ne serait là qu'un abri relatif, car la houle doit s'y propager facilement.

Nous vînmes mouiller à deux cents mètres du *Dang-oui,* et nous allâmes aussitôt, M. B... et moi, le visiter. C'était un grand et beau navire; mais, couché sur le flanc comme un pauvre vieux cheval qui a fini sa carrière, avec ses murailles défoncées et sa batterie où chaque lame venait en grondant poursuivre l'œuvre de destruction, il faisait peine à voir. Depuis qu'il était là, personne n'avait songé à le débarrasser de sa cheminée, de sa mâture, de ses canons; mais tout ce qui n'avait coûé aucun effort à être enlevé avait disparu. La mer, qui était haute, ne nous permit pas de pousser bien loin nos investigations; il fallait attendre la nuit. Je remarquai à Vioung-ang deux marées en vingt-quatre heures, mais fort inégales; la mer montait de plus d'un mètre cinquante centimètres.

Je questionnai le capitaine, qui ne paraissait pas rassuré sur sa liberté et même sur sa vie; et, cependant, qui était le plus coupable, de cet Annamite n'ayant pas la moindre idée du métier qu'il faisait, ou du gouvernement, qui lui avait imposé une semblable tâche?

Ayant pour mission de convoyer des jonques chargées de riz, il revenait du Name-digne, quand, à deux journées de Vioung-ang, il aperçut ou crut apercevoir une jonque de pirates; aussitôt la panique se mit dans le convoi, chacun tira de son côté; puis, la nuit venue, le *Dang-oui* toucha sur un rocher dont les Annamites ne pouvaient m'indiquer la position, et que je supposais devoir être un des îlots à une vingtaine de milles au nord-ouest de Vioung-ang. Heureusement la voie d'eau était petite : ils avaient bouché le trou avec leurs vêtements! N'ayant touché qu'à la limite des rochers, ils avaient continué leur route, et quoique le temps fût devenu mauvais, ils purent atteindre le mouillage de la petite anse de Vioung-ang. Là, les chaînes, rongées par la rouille, se cassèrent, et le navire, au lieu d'aller se briser contre les rochers voisins, fut porté par les courants jusqu'à la plage sud de la baie, où il s'échoua sur un lit de sable. Dans cet intervalle, d'autres marins que les Annamites auraient probablement réussi à tirer parti de cette occurrence inespérée; nous les connaissions trop pour ne pas nous les figurer tous, mandarins en tête, poussant des jurons ou des plaintes, faisant leurs paquets, et cherchant le lieu et le moment favorables pour se sauver.

En quittant le *Dang-oui*, nous allâmes faire un tour à terre. Cachés par les broussailles qui couronnent la plage, deux petits retranchements en terre, armés de trois ou quatre mauvaises pièces, et une ligne de fusils de rempart à côté de chacun desquels on voit une hutte et un mât de pavillon, protégent ce point contre le débarquement éventuel des pirates.

Derrière les fortins, on trouve un petit hameau, qui

semble plutôt habité par les soldats du port et leurs familles que par des paysans. La campagne est presque déserte, et d'ailleurs, aucune rivière navigable ne venant sé jeter dans la baie [1], on voit qu'il n'y a là aucune ressource, aucun commerce. Vioung-ang, situé par 18° 08′ de latitude nord et 104° 02′ de longitude est, n'est donc qu'un poste d'observation et de douane fort peu intéressant. Cependant, comme il n'en existait aucun plan, je consacrai vingt-quatre heures à en lever un rapide croquis et à prendre quelques sondes.

Notre voyage ayant été signalé aux gouverneurs des provinces, nous eûmes le lendemain la visite du gouverneur (*tong-doc*), dont la résidence est à Ha-tigne. Ce grand mandarin arriva avec une nombreuse suite, et, ce qui nous causa plus de plaisir, avec une petite vache dont il nous fit cadeau par ordre du roi.

La dunette se couvrit de nattes; les domestiques y déposèrent les services à thé, les pipes à eau, les boîtes à chiques, puis le *tong-doc* et deux mandarins de sa suite, le général, Coclès, M. B... et moi, nous nous accroupîmes en rond, ayant derrière nous des écrivains et des soldats pour nous éventer et une foule de gens pour nous écouter. Je fis faire mes compliments au gouverneur par mon interprète, qui se tenait à genoux entre nous deux les mains jointes et sans oser le regarder.

Résumons sommairement ce long et pénible entretien.

« Le gouverneur vous remercie, il a fait un bon voyage, il est cependant fatigué. (Je présume que *Hatigne* est situé

---

[1] Un peu à l'ouest de cette baie débouche une rivière qu'on peut remonter pour aller à Hatigne, capitale de la province.

à environ quatre-vingts kilomètres dans le nord-ouest.)

— Le gouverneur vient sans doute se rendre compte de l'état du *Dang-oui?*

— Il vient vous demander ce qu'il doit écrire à Hué.

— D'après les recherches que nous avons faites à mer basse, je crois que le navire est bien endommagé et qu'il n'y a pas d'espoir de le sauver, n'ayant surtout aucun des moyens nécessaires. On pourrait essayer d'enlever sa machine, mais ce sera un travail très long, que les mauvais temps nous obligeront à interrompre pour aller nous mettre à l'abri à Vioung-quioua. »

La perspective de ce séjour ne souriait à personne : le gouverneur n'y voyait qu'une cause d'embarras pour lui, et les mandarins ne songeaient qu'à retourner le plus vite possible à Hué. A quoi bon se donner tant de peine? disaient-ils; la mer mettrait bientôt le navire en pièces, en porterait les débris à la côte, et au retour de la bonne saison, on irait repêcher le reste.

Puis le gouverneur me pria de prendre ses canons à bord. Mon navire n'ayant pas de cale, je n'aurais pu les mettre que sur le pont, ce qui eût encore augmenté notre roulis déjà exagéré; s'il eût fallu nous en débarrasser, aurais-je pu les jeter tout seul à la mer?

Je refusai donc de m'en charger, et il fut convenu que je retournerais à Touane-ane.

Than avait-il trouvé qu'on travaillait trop à bord? déserta-t-il ou fut-il gardé à Vioung-ang pour travailler au sauvetage de la machine du *Dang-oui?* Le fait est qu'il ne reparut pas, et que nous partîmes sans lui le lendemain. M. B... le regrettant surtout comme interprète, je lui prêtai le mien.

Après une traversée semblable aux précédentes sous le rapport de la conduite des Annamites, j'arrivai le 8 septembre au matin à Touane-ane. Je crus avoir réussi à convaincre nos Annamites que ce mouillage ne valait rien, et que nous devrions remonter la rivière, car cette fois on me laissa continuer ma route. Ce ne fut pas pour longtemps. En donnant dans les passes intérieures, je m'échouai, et ayant chargé le *doi* de nous piloter, celui-ci nous fit échouer une seconde fois, non sans intention probablement, car il connaissait la rivière. Je fus donc obligé de reprendre mon ancien mouillage, avec la perspective de n'en bouger avant d'avoir terminé le plan de Touane-ane auquel je me remis à travailler dès l'après-midi.

Dans la matinée du lendemain, nous vîmes défiler sur la plage une petite procession en tête de laquelle marchait un joueur de flûte suivi de deux Annamites portant un plateau abrité sous un parapluie; un petit mandarin et quelques soldats fermaient la marche. Tout ce monde embarqua dans un sampan et se dirigea vers nous, au son de la flûte.

« Qu'est cela? dis-je à mon interprète. — Un courrier du roi qui vient apporter des ordres aux mandarins. »

En effet, Coclès me fit savoir qu'il désirait me voir ainsi que M. B... Nous étions fort intrigués de ce que Sa Majesté pouvait bien avoir à nous faire dire, lorsque Coclès parut et, avec mille grimaces qui avaient la prétention d'être respectueuses, déposa sur une table un petit coffret contenant deux médailles.

Ce ne sont pas là des décorations; à proprement parler, il n'y en a pas en Annam. Le roi et les princes portent des ornements en or dont on me montra des dessin ; les mandarins, en grande ou en petite tenue, ne se distinguent que par la forme, la couleur et les broderies de leurs vêtements et leurs plaquettes d'ivoire, sur lesquelles sont tracés des caractères chinois différents. Quant aux médailles, d'ailleurs très-répandues, on ne les porte pas, et il n'y a peut-être pas d'étrangers qui soient venus à Hué sans en avoir reçu à titre de cadeau ou de récompense. Selon le rang de la personne, ces médailles sont en or ou en argent.

Une bonne nouvelle me fut donnée dans la journée par mon *thom-ngôn* (interprète) : le ministre N'gouyene me recevrait, le 10 à deux heures, dans la case du P.H...

CHAPITRE VII

Ma journée du 10 septembre devait être bien remplie, car, en partant de Touane-ane à cinq heures du matin, je me proposais, avant d'aller à l'audience du ministre, de faire le tour de la grande île qui masque la citadelle à l'est et d'aller jeter un coup d'œil sur le pays du haut de Dia-bigne (ou montagne du Roi) [1].

Aussi mes baleiniers durent-ils souquer ferme (ramer vite) jusqu'au moment où nous arrivâmes à l'angle nord de la ville. Là, le fleuve décrit un grand arc de cercle entre des rizières au sud et des berges très-basses, mais à pic, sur la rive droite couverte de bois et d'habitations. Au sommet de cet arc, derrière un petit îlot verdoyant, la branche nord-est du fleuve se fraye un passage à travers la plaine et se dirige du côté de Touane-ane.

A environ six cents mètres plus loin, nous remarquons un magnifique *bo-dé*, le plus beau que j'aie vu aux environs de Hué. Les branches s'étendent assez loin du rivage, et envoient dans le fleuve de nombreuses racines;

[1] Ainsi nommée parce que le roi venait autrefois faire le sacrifice au ciel au pied de cette colline.

de loin, on dirait un pont de feuillage. Le tronc principal de cet arbre magnifique mesure vingt mètres de circonférence. A quelque distance, un bac traverse le fleuve devant la route de Touane-ane à Hué, et une seconde île très-étroite se montre devant nous.

Le bras oriental, plus profond, est bordé de cales; je prends celui de l'ouest, qui me paraît plus gai, car les habitations, les villages se pressent sur ses rives boisées. Les eaux sont si basses qu'à son extrémité nous avons quelque peine à franchir le gué; puis, passant rapidement devant la citadelle, nous entrons dans la rivière navigable[1] de Fou-came, branche sud du delta formé par le Truong-thiên.

Le paysage a beau changer, l'aspect de ces cours d'eau est toujours le même; mais en devenant plus étroits, plus sinueux, ils acquièrent une grâce, un charme nouveau. Je m'arrêtai à moitié chemin du village de Fou-came pour chercher les traces d'un passé dont la France peut s'enorgueillir. Peines perdues! Personne ne put ou ne voulut m'indiquer parmi ces jolies cases, qui se ressemblent toutes, celle qu'avait habitée longtemps M. Chaigneau (Ong-long, comme l'appelaient les Annamites). Pouvais-je m'en étonner!

Laissons Fou-came à notre droite, et descendons jusqu'à un dernier coude d'où nous apercevons le pont de bois d'Ane-keuou. Nous débarquerons ici et, traversant une plaine couverte de tombeaux, nous arriverons au bout d'un quart d'heure au pied de Dia-bigne. Cette colline, qui a la forme d'un trapèze ou d'un triangle, suivant la

---

[1] Pour les barques de transport.

Panorama de la plaine de Hué. (Vue prise des montagnes à l'ouest de la capitale.)

direction dans laquelle on la voit, est couverte de pins,
et sur les flancs à pic de son versant nord, un petit sentier à gradins s'élève jusqu'à son sommet, étroite crête
d'où la vue s'étend, vers le sud, sur toute la chaîne des
montagnes. A l'ouest, nous apercevons les toits dorés
des sépultures royales de Van-nene; mais un plateau
légèrement ondulé nous cache le fleuve, dont nous
pouvons au contraire suivre les contours, du côté du
nord, jusqu'à la mer.

Le panorama est varié, magnifique dans son ensemble : là-bas, c'est un pays accidenté, pittoresque et sauvage; ici, un immense et uniforme tapis de verdure se
déroule jusqu'aux dunes de sable qui se confondent avec
l'Océan. Là, le silence de la mort; ici, le mouvement,
la vie : sur cette plaine, qui ne manque ni de grâce ni
de fraîcheur, se détache un grand carré de blanches
murailles entourées de fossés et de canaux. L'intérieur
de la citadelle de Hué nous semble en grande partie
couvert d'arbres; à leur disposition, nous devinons des
places, des rues largement percées, mais nous ne voyons
réellement que les toits des cases [1]. La population ne
doit pas dépasser trente mille habitants, et celle des
faubourgs et des localités environnantes, dans un rayon
de quatre kilomètres, est à peu près la même. On ne
pouvait choisir un meilleur emplacement pour bâtir la
capitale, dont les défenses artificielles ont aujourd'hui
perdu de leur valeur. Défenses artificielles et défenses
naturelles tourneraient d'ailleurs contre les Annamites,

[1] Du sommet d'une montagne située dans l'ouest de la ville, on
peut mieux voir l'intérieur, mais à l'aide d'une forte lunette, à
cause de la distance.

s'ils avaient affaire à un ennemi qui connût bien la valeur de tels adversaires.

En rejoignant ma baleinière et en remontant la rivière de Fou-came, les délicieux ombrages de ses rives captivèrent mes regards et détournèrent le cours de mes pensées. Sous ces berceaux de feuillage si touffus qu'on les croirait solitaires, à la vue de ce séjour enchanteur où toute l'existence devrait s'écouler comme le matin d'un beau jour, où l'homme devrait vivre heureux et son esprit emprunter à cette ravissante nature un reflet de ses grâces, j'oubliais que l'humanité traîne partout avec elle son cortége de passions et de misères, et lorsque le grand fleuve inondé de lumière reparut devant moi, je trouvai bien courte cette délicieuse promenade.

S. Exc. le ministre Ngouyene était déjà chez le P. H... quand j'arrivai. Dans la cour, son beau palanquin, couvert de rideaux de soie rouge et posé sur ses deux fourches, était entouré d'un groupe d'écoliers, de soldats et de domestiques qui me suivirent quand j'entrai dans la salle d'audience déjà pleine de monde, suivant l'habitude.

Le ministre était assis à la turque sur le premier banc à droite en entrant, et avait à ses côtés tout son attirail de boîtes ; l'une d'elles lui servait même de crachoir. Son Excellence daigna se lever à mon approche, et m'invita à prendre place sur le banc en face d'elle, dont une petite table ronde me séparait. Le P. H... se tenait un peu à gauche du ministre, et je remarquai parmi les assistants l'illustre Coclès et quelques mandarins de ma connaissance, se tenant respectueusement debout derrière les bancs, qui restèrent inoccupés.

Le *thuong-bac* était vêtu d'un costume de soie assez

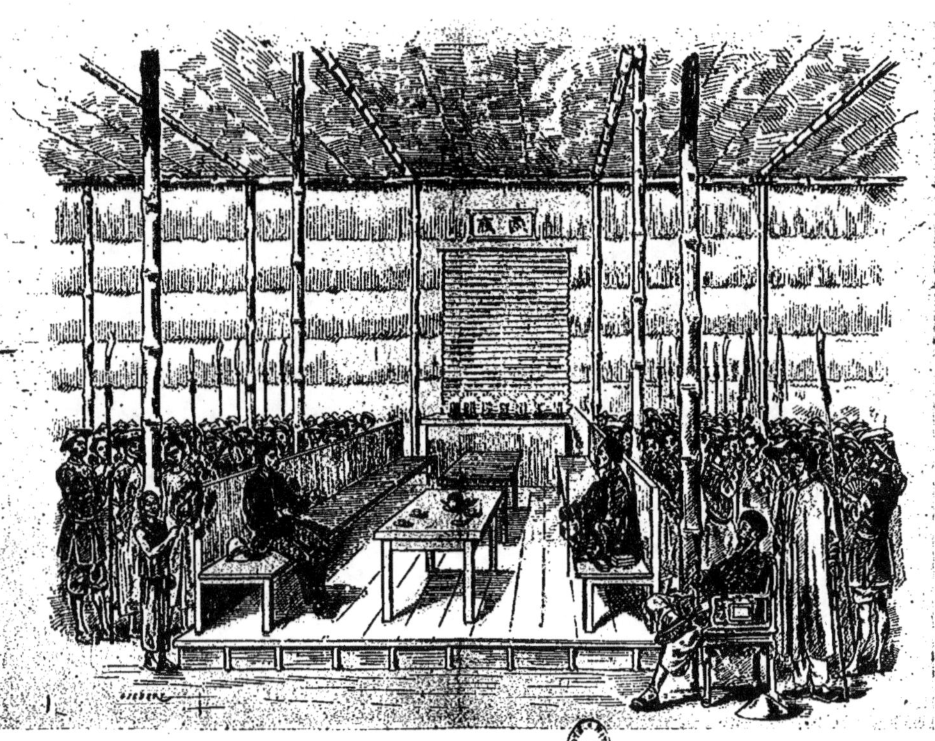

Audience du premier ministre à Hué.

riche, sans être recherché. C'était un homme d'un âge mûr, grand, très-maigre et d'une physionomie peu agréable. Il avait la moustache et la barbiche grisonnantes et peu fournies, des traits fortement accusés, un regard louche, et quand il ne riait pas bruyamment, sa figure conservait l'expression d'un sourire moqueur et déplaisant. Ajoutez à cela qu'il laissait échapper de sa bouche ces éructations habituelles aux Annamites; il avait abandonné ses sandales, trop gênantes, et ramené sous lui ses jambes grêles et ses pieds noirs qu'il grattait avec ses ongles longs de deux pouces. J'étais donc peu enchanté d'accepter de ses mains effilées, mais passablement malpropres, les cigarettes qu'elles me tendaient.

Après m'avoir rappelé que le roi nous avait envoyé des marques de sa satisfaction et félicité de notre conduite et de nos services, Son Excellence me demanda mon opinion sur le *Dang-oui*. Je pouvais lire sur la figure de Coclès son inquiétude, son angoisse de m'entendre déclarer qu'on pouvait essayer de sauver au moins la machine, et la crainte qu'il éprouvait de nous voir chargés de cette opération; le malheureux ne respira que lorsque, tenant compte des difficultés de la saison, du peu de ressources de tous genres, des dépenses nécessitées par cette entreprise, etc..., je conclus à son abandon.

« Pourquoi n'avez-vous pas été chercher le convoi de riz sur la côte? me demanda le ministre.

— Personne ne me l'a demandé. »

A ce moment, Coclès fit une piteuse mine, car le ministre lui jeta un mauvais coup d'œil, et si ce n'était qu'une comédie, elle était bien jouée.

Je déclarai alors au ministre qu'on m'avait seulement demandé de prendre les canons du *Dang-oui*, en lui donnant les raisons pour lesquelles je m'y étais refusé. Je lui fis ensuite le tableau de notre pitoyable navigation, et lui demandai les réformes nécessaires, réduites uniquement à ces trois points :

Engagement de trois ou quatre matelots et mécaniciens français sur chaque navire, délivrance des fournitures nécessaires, et enfin autorité reconnue des capitaines sur tout le personnel.

Nous discutâmes les dépenses probables de ce supplément de personnel, et l'avantage qu'il y aurait à s'approvisionner à Saïgon plutôt qu'à Hong-kong, car je savais maintenant ce que contenaient les fameux magasins de Hué! Le ministre me promit de s'en occuper, et quant au dernier point, il donna immédiatement l'ordre aux mandarins de m'obéir, et me pria de le tenir au courant de tout ce qui se passerait, m'assurant qu'il punirait très-sévèrement les mandarins récalcitrants. Toutes ces promesses et ces bonnes paroles n'étaient-elles qu'un leurre, et ne trouvais-je Son Excellence accommodante qu'en raison de ce qu'elle espérait encore obtenir de nous?

J'étais loin de m'attendre, en effet, à sa demande de partir le lendemain pour Tourane, et d'en ramener le *Bien-hoa* à la remorque! Cependant la saison était encore bonne; c'était une dernière preuve de bonne volonté à donner, mais la dernière, si les promesses faites étaient aussi trompeuses que les précédentes, et après quelques objections sur l'emploi d'un navire aussi faible, aussi mauvais marcheur que le mien pour faire de telles corvées, je me rendis au désir du ministre.

Nous sommes loin ici de ces pays où les supérieurs sont généralement des hommes compétents, dont les ordres ne souffrent aucune discussion. A la place du grand mandarin, supposez le plus novice de nos officiers, et au lieu de cet ordre ridicule, le *d'Estaing* ou le *d'Entrecasteaux* aurait remorqué le *Bien-hoa* jusqu'à la barre de Touane-ane, où le *Scorpion* serait venu le prendre.

Mon acceptation parut satisfaire le ministre, sinon Coclès, et j'allai faire mes adieux à la légation, dont les prévisions sur l'emploi de mon navire paraissaient si peu justifiées par les événements. On avait reçu des nouvelles de Tourane, où les quatre autres navires cédés par la France étaient alors réunis : les mécaniciens de ces navires, mécontents de leur solde qu'ils trouvaient avec raison insuffisante [1], et du personnel incapable qu'on leur avait donné, paraissaient résolus à ne pas prendre la mer; les capitaines étaient à peu près dans les mêmes dispositions.

« Cette situation ne peut pas durer, en effet, disais-je à M. R.....; mais d'après mon entretien avec le ministre, il ne me semble pas difficile d'obtenir l'essentiel. J'ai déjà sa promesse, et je compte sur votre appui, motivé par l'inexécution de notre contrat.

— Je crois préférable de rester neutre, et de vous laisser discuter seul avec les Annamites pour obtenir ce que vous désirez. Si vous échouez, tant pis; si vous réussissez, j'en serai heureux. Cependant je ne vous

____

[1] 80 piastres : c'est à peine un peu plus que leur solde dans la marine française.

engage pas à demander des Français, qui, dans leurs rapports avec les Annamites, nous donneraient probablement à tous bien des embarras. Contentez-vous de Chinois; les Annamites feront moins de difficultés à en prendre, car ils leur coûteront moins cher et leur causeront moins d'inquiétude que les Français, etc. »

Je profitai de cette excursion pour visiter les faubourgs de Kieu-deuoc, Kieu-digne et Mang-ca. Les maisons, ou plutôt les cases, sont groupées de chaque côté d'une rue principale derrière laquelle on ne voit plus que des sentiers bordés de haies et d'habitations séparées par des jardins. Au milieu de la rue se trouve le marché, dont l'aspect général ne diffère de celui de nos établissements de ce genre que par le cachet original que lui prêtent la physionomie et le costume particuliers des habitants. Les seuls édifices remarquables sont les pagodes, et encore ne méritent-elles pas toutes qu'on se dérange pour les visiter. Elles abondent dans ce pays, et il est rare que les plus beaux sites n'aient pas été choisis pour leur emplacement.

La pagode de Dong-ba à Kieu-deuoc, une des plus belles des environs de Hué, ressemble bien moins à une pagode annamite qu'à ces temples qu'on dédie en Chine à la mémoire des génies ou des grands hommes.

En entrant dans la cour qui la précède, on voit d'un côté une grande et belle table de marbre couverte d'inscriptions, et de l'autre, une magnifique cloche qui est sans doute de fabrication chinoise. Au-dessus de la porte, dans une grande niche, je vis, non sans étonnement, une statue de femme. On dirait la statue de la Vierge. L'intérieur de cette pagode, au lieu d'être nu et désert comme celui des pagodes annamites en général, est orné de meubles et de nattes, de tableaux et de statues représentant des divinités à qui l'artiste s'est plu à donner des airs farouches qui contrastent avec le calme et la douceur d'un énorme Bouddha. Je ne puis m'empêcher de remarquer que plusieurs de ces images n'offrent pas du tout le type caractéristique de la race jaune. Les yeux ne sont ni relevés ni bridés, les pommettes ne sont pas saillantes, la figure est plutôt ronde qu'en forme de losange, et sans la moustache et la barbiche à la tartare, on croirait voir les portraits de gros bourgeois essayant de se donner une mine terrible.

En sortant de la pagode, je m'arrêtai devant quelques boutiques. Chaque corps de métier, comme cela existait autrefois en Europe, et comme on le voit encore en Turquie, a son quartier. Là ce sont des femmes qui tissent la soie, ici des tourneurs, des menuisiers faisant surtout des bahuts et des cercueils; plus loin des forgerons, qui remplacent le soufflet par une pompe aspirante et foulante, composée de deux tuyaux en bois dont les pistons sont manœuvrés à la main par un enfant. (Les minerais de la province de Hué fourniraient de bons fers s'ils étaient soumis à un traitement métallurgique convenable.)

La rue qui vient déboucher en face du pont est bordée de boutiques tenues par des Chinois. Le gouvernement annamite, si défiant à l'égard des étrangers, a ouvert ses portes à ceux-ci, mais ne les admet que dans une infime proportion. Au Tonquin, où il y en a le plus, on n'en compte peut-être pas dix mille, et dans chacune des provinces de l'Annam proprement dit, il n'y en a pas cinq cents. Ainsi, dans celle de Hué, nous en trouvons environ deux cents à Touane-ane, répartis principalement sur les jonques chinoises ou au service du roi, cent cinquante à cent quatre-vingts à Kieu-deuoc et une vingtaine à peine établis aux environs [1]. Si peu nombreux qu'ils soient, les Chinois ont déjà accaparé tout le gros commerce ; leurs boutiques à Kieu-deuoc ressemblent beaucoup à des bazars : on y trouve surtout des étoffes chinoises et anglaises, de soie et de coton, des porcelaines, des poteries, des meubles, du thé, des drogues, des conserves chinoises, du tabac, de la papeterie, des jouets, des objets servant au culte, des ustensiles de ménage, etc..... Ces Chinois viennent de différentes provinces : Hainan, Canton, Fo-kien....1 et paraissent admirablement unis, quoique appartenant à des congrégations religieuses différentes. On remarque chez tous l'orgueil de race et la conscience d'une supériorité écrasante sur les Annamites. Ces simples marchands chinois, qui n'ont dans ce pays ni consuls ni troupes pour les protéger, marchent haut la tête devant les Annamites, petits ou grands mandarins, ne cèdent le pas à personne, professent une pitié méprisante pour les indigènes, et n'en sont que plus respectés.

De l'autre côté du canal, et devant la porte de la citadelle, sont groupées quelques boutiques de marchands de nattes ; en les visitant, j'arrivai jusqu'au pont de pierre jeté sur le fossé, et je revins sur mes pas sans

[1] Ne sont pas compris dans ce nombre une trentaine de Chinois qu'on a fait venir de Saïgon pour construire la nouvelle légation française. Dans les villages de l'intérieur de la province, on ne rencontre aucun Chinois.

avoir eu l'air de m'apercevoir que cinq ou six soldats armés de lances s'étaient placés en travers du pont. Les glacis de la citadelle étaient déserts partout ailleurs ; je repassai le pont et remontai le faubourg de Kieu-digne, principal quartier des teinturiers. A partir du deuxième pont, la rue devient plutôt un quai, le long duquel je remarquai d'assez beaux arbres du genre des sycomores. A leurs branches étaient suspendues de nombreuses amulettes, dont le besoin se faisait d'autant plus sentir qu'a cette époque le choléra, venant du Tonquin, commençait à sévir à Hué. Si cette ville est tenue en bon état de propreté, ce qui me semble peu probable, on peut au moins admettre que, bâtie sur un terrain bas, humide et très-argileux, entourée de murailles qui empêchent l'air de s'y renouveler, elle se prête on ne peut mieux au développement et à l'entretien de cette peste [1].

Partout, sur son passage, le voyageur peut lire sur la physionomie des indigènes un singulier mélange de crainte et de curiosité, de moquerie, de défiance et même de haine. En s'éloignant de la capitale, il remarquera moins cette dernière expression. S'il peut, sans être vu, surprendre les Annamites, il leur trouvera un air d'animation et même de gaieté ; ce sont des esclaves qui s'étourdissent, des flâneurs par excellence, qui parlent haut et se remuent beaucoup pour ne rien faire. La femme travaille ici au moins autant que l'homme, mais

[1] C'est en effet à Hué que le choléra s'est maintenu le plus longtemps pendant les deux épidémies (octobre, novembre 1876 et avril 1877), et qu'il a exercé, paraît-il, le plus de ravage, toutes proportions gardées.

ne paraît pas condamnée, comme elle l'est encore en bien d'autres pays, aux plus rudes travaux. Les soins du ménage, les provisions à porter et à vendre au marché, la confection des vêtements, piler le riz, telle est sa tâche. A l'homme le soin de labourer, de cultiver et d'exercer les autres métiers.

Nous avons vu à quoi se réduisaient le commerce et l'industrie : quelques pauvres boutiques de marchands, quelques misérables échoppes d'ouvriers; quant aux artistes, on n'en trouve nulle part. Tous les produits de valeur, tous les objets d'art viennent de l'étranger : de la Chine, et très-peu sont aujourd'hui fabriqués au Tonquin. Rien d'étonnant, puisque les ouvriers qui ont le malheur de se distinguer dans leur profession sont ou volés par les mandarins, ou transportés à Hué et enrégimentés dans les compagnies d'ouvriers de Sa Majesté, condition peu agréable et peu enviée de tous ceux qui n'aiment pas les coups de rotin.

On peut se faire une idée de leurs talents par les objets que les mandarins qui ont perdu leur argent au jeu vous envoient à acheter : meubles en beau bois sculpté et assez bien fouillé; quelques-uns, en trac et en ébène, ainsi que des boîtes, des armes, des plateaux, sont couverts de fines et ravissantes incrustations de nacre; des bibelots en cuivre, en bronze, en argent, en ivoire, et des étoffes de soie. Ils vous font aussi présenter des cornes de rhinocéros, des défenses d'éléphant, et jusqu'à de la cannelle de qualité supérieure, qui se vend au poids de l'or.

Revenons à bord du *Scorpion,* fort à propos pour interrompre un travail heureusement à peine commencé :

la surveillance était nulle, ou il fallait admettre une connivence trop probable entre l'équipage et des voleurs, car on avait déjà presque entièrement dévissé les objets en cuivre les plus faciles à enlever. Je me rappelai que les mandarins avaient souvent jeté des regards d'envie sur tous ces cuivres, bien inutiles, suivant eux, sur les bateaux. Je n'hésitai pas à appeler à ces honorables fonctionnaires

« Vous êtes responsables, leur dis-je, de tout ce qu'il y a à bord; si la surveillance n'est pas rigoureusement faite, si la moindre chose disparait, je dresserai un rapport au ministre, et le roi fera couper le cou aux serviteurs qui le volent. » Ce petit speech, prononcé en présence de l'équipage et traduit pour la circonstance par mon cuisinier qui y mettait toute l'ardeur voulue, fit faire la grimace à mes mandarins et ne contribua pas à me faire adorer; mais au moins le *Scorpion* ne fut-il pas mis au pillage.

Le 11 septembre, le ciel resta sombre et pluvieux pendant la matinée; il faisait le même temps qu'à ma première sortie. Coclès m'invitait à en profiter pour ne pas partir, quoique les bonzes eussent prédit un bon voyage. Je me souciais peu des pronostics de ces derniers; mais la peur et la mauvaise volonté des mandarins me contrariaient beaucoup. Une fois partis, tous allaient se coucher : plus de mandarins, plus de discipline; plus de coups de rotin et plus de matelots sur le pont. D'ailleurs, le rotin du *doi,* qui pourtant administrait si bien la cadouille [1], devenait impuissant, et la vue de ce

[1] L'homme puni se couchait à plat ventre par terre, et le *doi,* armé d'un rotin, le frappait sur le bas des reins.

8.

châtiment nous répuguait. Je fis donc rassembler mes paysans et les prévins que, voulant être obéi sans les frapper, j'aurais recours à mon revolver, et nous partîmes. Cette menace eut un peu d'effet; mais les quelques malheureux chez qui la peur du revolver l'emportait sur celle du mal de mer ou sur la paresse, tombaient au premier coup de roulis comme des capucins de cartes, et l'on n'en pouvait pas tirer grand'chose. J'entrai heureusement à six heures du soir dans la baie de Tourane par une pluie torrentielle qui dura toute la nuit. Il était temps; car, si mon départ eût été retardé de quelques heures, nous aurions été atteints et engloutis par le typhon qui nous suivait.

CHAPITRE VIII

Dans ce pays, où les jours et les nuits, d'une égale durée, sont presque privés d'aurore et de crépuscule, au coucher du soleil succède l'obscurité la plus profonde, surtout quand le temps est couvert et pluvieux. Il faisait donc nuit noire quand nous arrivâmes au mouillage, guidés par les feux de plusieurs bâtiments que nous ne distinguions pas.

Je me rendis à bord du plus voisin, où ma visite surprit tout le monde, tant ces braves Annamites faisaient bonne garde. Je n'ai pas besoin de dire avec quel plaisir je retrouvai mes collègues en bonne santé, et avec quel intérêt j'écoutai leurs aventures.

L'aviso *le d'Entrecasteaux* et le grand transport *la Mayenne* étaient venus sans grande difficulté de Saïgon à Tourane. Il n'en avait pas été de même de la pauvre petite chaloupe à vapeur *le Bien-hoa*, qui, uniquement faite pour la navigation de rivière et incapable de tenir la mer, fit une traversée des plus périlleuses. Son capitaine put heureusement atteindre Quin-hone, où il attendit que le *d'Estaing* vînt le prendre et le remorquer jusqu'à Tourane.

« Tiens, me dit M. Dufourcq, voici la lettre que j'écrivais le 3 septembre à Hué, au sujet de cette corvée.

« ..... Je viens de recevoir l'ordre d'aller chercher le *Bien-hoa* à Quin-hone, et je vais me mettre en mesure d'obéir; mais je vous prie de faire parvenir ma protestation au gouvernement annamite. Le maître mécanicien me déclare qu'il lui est impossible de songer même à allumer les feux, et c'est absolument mon avis. On a embarqué ici quatorze soldats qui n'avaient jamais vu de machine, et, sur ces quatorze hommes, la plupart manquent aux appels malgré nos plaintes. La machine du *d'Estaing* est d'une surveillance difficile, à cause de ses grandes dimensions, et il est matériellement impossible que mon mécanicien puisse tout seul allumer, entretenir et surveiller en même temps sept fourneaux et le reste de la machine. J'avais plusieurs observations à présenter au gouvernement annamite; ce voyage va probablement trancher toutes les difficultés, car nous avons toutes les chances de nous perdre..... »

« Je ne sais, poursuivit M. Dufourcq, si jamais capitaine s'est trouvé dans une situation pareille, d'entreprendre un remorquage à grande distance sans avoir un seul homme à bord capable de comprendre ses ordres et de les exécuter, en admettant qu'il les comprît. La grandeur de mon navire était une difficulté de plus pour moi, obligé de payer partout et toujours de ma personne, et qui, loin d'être aidé par les Annamites, en étais abandonné! Mon mandarin, me voyant prendre les dispositions de départ, et n'ignorant pas que dans toute cette cohue de paysans il n'y avait pas un homme capable, me proposa d'écrire à Hué pour refuser de faire le voyage. Sans l'ordre formel que j'avais reçu, je l'eusse fait, tout en sachant fort bien que ce digne conseiller s'empresserait d'écrire de son côté pour m'accuser d'incapacité ou de mauvaise volonté. Enfin, devant ma résolution arrêtée de commettre l'insigne folie de prendre la mer, les mandarins firent embarquer au dernier moment quelques hommes qui avaient chauffé sur leurs anciens vapeurs, mais qui n'étaient guère meilleurs pour cela. J'appareillai le 4 avec l'aide de nos collègues du *d'Entrecasteaux*, qui pensaient nous voir revenir pour déjeuner, et lorsque j'arrivai à l'entrée de la baie, personne (ni le maître mécanicien ni les Annamites) ne croyait à la continuation de ce voyage. Mais j'étais décidé à ne pas reculer. Je ne te dirai pas toutes les colères qu'ils me firent prendre à la mer, tu dois en savoir quelque chose. Était-ce à dessein qu'ils mettaient six heures pour serrer trois petites voiles, ou qu'ils laissaient tomber le niveau dans les chaudières, de sorte que nous eûmes à deux reprises l'agrément de voyager comme sur une mine chargée? Peu importe, il fallait se perdre ou arriver : j'eus le bonheur d'atteindre Quinc-hone.

« Le *Bien-hoa* avait toujours son équipage français, dont une partie au moins aurait bien dû venir m'aider sur le *d'Estaing*, au lieu de me laisser m'arracher la paume des mains sur des cordages, ce qui a été cause d'une scène dont tu entendras parler à Hué. Plus de cinquante de mes paysans tiraient sur une corde sans avancer d'un pouce; je m'y mets, et du premier coup j'entraîne la corde avec les Annamites, et je roule sur le pont en me blessant légèrement. Un des mandarins rit à se tordre et se moque de moi. Je lui fais des reproches, il promet de ne pas recommencer; mais à peine ai-je tourné le dos, qu'il fait rire tout le monde avec ses singeries. Cette fois, sans dire un mot, je le pris par la taille et l'envoyai dans le carré des officiers. Voilà une petite scène dont mon mandarin, avec une duplicité tout asiatique, saura joliment tirer parti contre moi dans ses rapports à Hué. Enfin je parvins, sans autre incident, à remorquer le *Bien-hoa* jusqu'ici, où, aussitôt arrivé, j'ai écrit au ministre pour l'informer qu'après cette expérience je n'obéirais plus à un ordre pareil et ne reprendrais la mer que si l'on me donnait quelques Européens. Notre embarras est donc complet.....

— Ta lettre et ton récit ne m'étonnent pas du tout, mon cher Dufourcq, mais j'espère que nos efforts communs auront raison de tant d'obstacles. »

Dès le lendemain matin, nous étions tous réunis à bord du *d'Entrecasteaux*, où après un examen sérieux, tenant compte des avis de notre résident à Hué, il fut décidé que nous ne ferions au gouvernement annamite que les deux demandes suivantes, représentant les améliorations les plus urgentes et les plus indispensables :

1° Engagement de quelques Français ou Chinois, — au choix des Annamites, — pour la manœuvre et la machine (de trois à six, suivant les navires).

2° Des fournitures et approvisionnements nécessaires à l'entretien des navires et de leurs machines.

Chacun de nous s'étant engagé de son plein gré à

soutenir ce programme, le plus parfait accord régnait entre nous et nous garantissait le succès.

Si l'espérance et la joie ouvrent le cœur, nul doute qu'elles n'ouvrent aussi l'appétit, car nous fîmes largement honneur à l'excellente table de M. H..., qui au désert invita son premier mandarin, gaillard plus intelligent que Coclès, mais non moins dégoûtant. M. Cognac (on aurait aussi bien pu lui donner le nom de toute autre liqueur, car il avalait avec la même facilité des verres entier de vermout, d'absinthe pure, etc.,) était la terreur de son capitaine, qui craignait de le voir un jour avaler le mercure de ses baromètres. S'il nous répugnait de prendre nos mandarins en satisfaisant à leurs tristes goûts, on pouvait au moins prendre celui-ci par l'amour-propre. La vanité de ses collègues avait d'autres objets; seul Cognac en avait pour son bâtiment, dont il daignait parfois s'occuper entre deux pipes d'opium.

Nous eussions probablement passé toute cette journée ensemble, si le temps, qui jusqu'alors était resté à la pluie, n'eût pris, vers deux heures, une très-mauvaise apparence. Le baromètre avait baissé de trois millimètres, ce qui est quelque chose dans un pays où il varie si peu; sur le ciel grisâtre, de gros nuages plus foncés chassaient rapidement du nord-ouest, et la brise commençait à secouer les tentes et à siffler tristement dans les cordages. Nous regagnâmes donc rapidement nos navires, afin de prendre toutes les dispositions pour faire face à l'orage.

A quatre heures du soir, nous étions en plein coup de vent. La masse empâtée des nuages gonflés de pluie, aux couleurs blafardes, semblait vouloir nous écraser, tant elle s'étendait bas sur la terre; pas d'éclairs, pas de tonnerre, mais une pluie torrentielle et de violentes rafales dont les hautes montagnes de Tourane ne nous abritaient pas plus que de la mer, qui embarquait par les dalots du pont, de sorte que sur les canonnières nous étions pris entre deux eaux. Vers le soir, la baisse du baromètre s'accentua si régulièrement, les rafales devinrent si violentes, sans changer de direction, que je pensai me trouver sur le parcours du centre d'un typhon.

On ne peut s'imaginer le plaisir que j'éprouvais d'être à l'abri. Tout cela est relatif, car le deuxième mandarin de la *Mayenne* mourut de peur, et tous nos Annamites en perdirent la tête.

Je passai toute cette nuit à veiller, soit dans ma chambre, devant mes instruments, soit sur le pont, et quand j'en redescendais, mes mandarins se précipitaient chez moi criant : « Nous sommes perdus ! il faut allumer les feux et aller à la côte ! etc. » Je les envoyais promener, et de ma chambre je les entendais gémir. A un moment donné, je n'entendis plus que la grande voix de l'ouragan; que se passait-il? J'écoutai... rien. Je me dirigeais vers leur appartement, quand tout à coup une forte secousse et le bruit d'une chaîne qui filait avec une incroyable vitesse me firent bondir sur le pont. Ces misérables, affolés par la peur, n'auraient pas eu la force de démailler la chaîne; mais ils venaient, malgré ma défense, de mouiller une ancre, et si maladroitement, qu'au lieu d'avoir une garantie de plus, nous risquions de chasser ou d'aller à la côte. Je maîtrisai heureusement ma colère, et me contentai d'enfermer mes mandarins dans leur chambre, leur promettant de les faire déménager à la fin de la tempête [1].

Le 13, à dix heures et demie du matin, le vent tomba tout à coup : calme profond, presque sinistre, pendant lequel on n'entendait que le bruit des eaux tumultueusement agitées et jaunies par les terres argileuses entraînées par l'inondation. Une heure après, le vent reprenait subitement d'une direction diamétralement opposée avec une rage, une furie semblables ; mais l'ouragan s'infléchissant vers le sud, nous sortîmes plus tôt de son cercle sans avoir éprouvé d'avaries ni les uns ni les autres [2].

L'équilibre de l'atmosphère et surtout celui de l'Océan, profondément troublés par cette terrible et peut-être bienfaisante [3] tempête, se rétablirent lentement : le baromètre mit trois jours à remonter à sa moyenne du mois, et les courants et contre-courants, qui rendaient clapoteuses les eaux habituellement paisibles de la baie, restèrent un indice du désordre qui régnait au large.

Avec de pareils courants contre nous, le remorquage du *Bien-hoa* par le *Scorpion*, dont la marche était si peu brillante, pouvait exiger vingt heures, intervalle plus que

[1] Ce changement de domicile eut lieu le 15. Je pris la chambre de l'arrière, M. B... occupa la mienne, et les mandarins s'installèrent dans celle du mécanicien, chambre tout à fait indépendante. Désormais, Français et Annamites furent un peu mieux chez eux, et nous nous souciâmes moins de la saleté de nos voisins, que nous n'eûmes plus sous les yeux.

[2] Ce typhon, dont le rayon pouvait avoir de 80 à 100 milles, passa sur la province de Hué, qui resta noyée par l'inondation pendant deux jours. Devant la légation la rivière monta, paraît-il, de quatre mètres.

[3] Le choléra, qui avait atteint la province de Kouang-name, fit pendant quelque temps moins de victimes.

suffisant pour être surpris par le mauvais temps. De plus, chose dont on ne m'avait pas prévenu à Hué, le *Bien-hoa*, bateau incapable de tenir la mer, conservait à bord son équipage. Que deviendrait-il si j'étais obligé de couper les remorques? Ne voulant prendre semblable responsabilité que dans des conditions à peu près satisfaisantes, je pensais attendre que l'équinoxe fût passé pour remplir ma mission.

Cependant, le 20, voyant le beau temps revenu, nous faisions tous nos préparatifs pour partir le soir même, quand arriva un croiseur français amenant M. V....., premier maître mécanicien, en remplacement de M. B..... Insister pour conserver M. B..... était inutile, l'ordre était formel. La vie maritime fait bien des égoïstes, mais les épreuves qu'on traverse ensemble font naître aussi de véritables attachements; aussi me séparai-je de mon premier compagnon de misère avec d'autant plus de peine que je pensais voir bientôt, notre position s'améliorer.

Avant de partir, il fallait maintenant attendre que M. V..... eût fait connaissance avec son personnel. Il ne savait pas un mot d'annamite, et mon interprète ou rien, c'était là même chose; Than ayant disparu à Vioung-ang, et les autres chauffeurs n'étant que des paysans, la situation de mon nouveau mécanicien était trop difficile pour ne pas lui accorder quelques jours d'exercice.

Deux jours après, mon collègue du *Bien-hoa* et son mécanicien, M. V..... et moi fûmes priés de nous rendre à Tourane, où des commissaires venus de Hué désiraient nous parler. On sait maintenant ce que sont les entrevues de ce genre en Annam; je ne reviendrai donc pas sur les détails. D'ailleurs, mêmes spectateurs et grands mandarins que nous avons déjà vus, à l'exception d'un ministre, celui de la guerre suivant les uns, des travaux publics suivant les autres.

Ces commissaires, envoyés par le ministre Ngouyene, me firent d'abord les plus pressantes sollicitations pour m'engager à partir tout de suite avec le *Bien-hoa*. Je refusai, en leur donnant les raisons citées plus haut; mais cela ne faisait pas l'affaire de nos ambassadeurs : peu leur importait que les deux bâtiments se perdissent, ils ne voyaient qu'une chose : réussir dans leur mission. Ils essayèrent alors de menacer, et comprirent bien vite qu'ils faisaient fausse route et risquaient de s'attirer de cuisants désagréments. Menacé par les Annamites! c'était au moins risible! Ils revinrent donc à de meilleurs sentiments; toutefois, ne voulant pas attendre, comme je je le leur demandais, ils me dirent que le ministre informerait notre chargé d'affaires, à qui j'obéirais.

« Certainement, leur répondis-je, et nous sommes ici trop persuadés de la sagesse de sa décision pour ne pas nous y soumettre d'avance; mais il me paraît douteux que M. le chargé d'affaires prenne une telle responsabilité. » Et j'ajoutai que maintenant je ne partirais pas sans son ordre formel.

Les mandarins se voyaient déjà tous cassés d'un degré, et s'arrachaient les cheveux de désespoir; ils prièrent de nouveau et firent tant, que, revenant sur une décision arrachée par la colère, je leur promis de partir dans cinq ou six jours, peut-être avant, en tout cas dès que M. V..... aurait un peu exercé son personnel. Je ne pouvais leur faire une plus grande concession, et les commissaires s'en montrèrent enfin satisfaits. Cet entretien si désagréable se termina gaiement; nous échangeâmes de nombreuses poignées de main, et en me retirant j'invitai les commissaires à venir déjeuner le lendemain avec nous.

Fiez-vous aux Annamites! Pendant qu'avec le zèle le moins secondé nous reprenions à bord notre ingrate et pénible tâche, ces honnêtes commissaires écrivaient à Hué que le capitaine et le mécanicien du *Scorpion* ne voulaient plus bouger de Tourane, et ils employaient tous les moyens, toutes les promesses pour séduire mes collègues et leurs mécaniciens, et les engager soit à remorquer le *Bien-hoa*, soit à le conduire tout seul à Hué. Dans ces circonstances, ils ne perdirent pas une minute : rebutés par les capitaines, ils firent appeler les mécaniciens dans l'après-midi et leur firent entrevoir, sans plus de succès, une augmentation de solde; en même temps, nos mandarins cherchaient à nous diviser par de faux rapports. Toutes ces belles manœuvres se dévoilaient le lendemain à ce déjeuner auquel j'avais aussi invité mes compatriotes. La situation devenait intolérable et pouvait créer des embarras à notre chargé d'affaires; d'autre part, mon équipage, travaillé par les mandarins, était continuellement envoyé — à couper du bois —; ne pouvant l'instruire, autant valait en finir et partir, puisque j'avais promis de faire cette corvée. Nous résolûmes donc de tenter le remorquage le 25, si le temps était beau. Mon collègue du *Bien-hoa* donna le même soir une preuve de bonne volonté en essayant de partir, et se vit obligé de venir reprendre son mouillage; on va voir, par un extrait d'une lettre que j'adressai au ministre Ngouyene le 25 au soir, quel fut le sort de notre tentative.

« . . . . . J'avais demandé aux commissaires un délai de six jours pour permettre à mon nouveau mécanicien d'exercer son personnel et me réserver la faculté de choisir le moment le plus favorable à l'accomplissement de ma corvée. Le 25, le temps se maintenant au beau, je pressai nos préparatifs d'appareillage. Tout était prêt, quand la machine me faisant défaut, je fus obligé de rester au mouillage. Le mécanicien me déclarait qu'après une journée d'essai, il trouvait ses hommes complétement étrangers au service de la chauffe et à la manœuvre de la machine, et qu'il lui était impossible de consentir à partir avec un tel personnel. — Pour moi, je reconnais que sa position n'est pas celle d'un premier maître, et je ne peux que l'approuver.

« Je suis on ne peut plus mécontent des mandarins et de l'équipage ; de plus, le matériel, abandonné sans entretien, dépérit rapidement. Cette situation déplorable est la même pour les autres navires ; pour en sortir, il serait heureux que tous les Français fussent convoqués à Hué, afin de vous exposer leurs besoins ou qu'ils reçussent l'ordre de vous adresser à ce sujet une note collective. Désormais je me vois obligé de me renfermer dans mes attributions de capitaine de route, et je me tiendrai prêt à les exercer dès que le gouvernement annamite m'en fournira les moyens..... »

Le 29, je reçus des nouvelles de Hué. Les Annamites nous accusaient de manquer aux obligations de notre contrat, de ce bon contrat qui leur permettait de nous faire naviguer avec des paysans ! Toute notre bonne volonté, tous les services que nous leur avions rendus, soit à la mer, soit en essayant d'instruire cet équipage singulier, tout était oublié. Commissaires et mandarins nous avaient naturellement accablés pour s'excuser. Après avoir répondu à cette lettre, fatigué de tous ces procédés, je prévins mon frère Coclès que ma résolution était prise de le laisser se débrouiller comme il lui plairait avec l'équipage, et je lui laissai le soin du commandement, lui expliquant qu'en qualité de capitaine de route, mon service consisterait à lui dire à la mer les routes qu'il devrait faire suivre.

Coclès en profita pour aller se promener, et moi pour me reposer.

Le 5 octobre, des ordres arrivèrent de Hué. Nous y étions tous convoqués par le ministre, et notre départ de Tourane était fixé au 7, à cinq heures du matin; palanquins et porteurs seraient fournis par l'administration.

Chacun de nous désirant profiter de ce voyage à sa façon, soit pour chasser, voir le pays, etc..., il nous parut préférable de ne pas réunir toutes nos provisions, mais de garder chacun les nôtres, dont une partie pouvait être placée dans nos palanquins.

Le 7 octobre nous parut affreusement long à venir!

Notre arrivée à cinq heures du matin dans le paisible village de Tourane mit tous les chiens en révolution, tout le monde sur pied, et les factionnaires eurent fort à faire d'empêcher les curieux de pénétrer dans la cour de la grande case que nous connaissons. Le paravent qui masquait la salle de réception ayant été enlevé, on voyait, à la lueur de quelques lampes fumeuses,

entre deux rangs d'employés et de gardes, se détacher
les ombres des commissaires, des grands mandarins et
des autorités de Tourane, devisant à voix basse devant
l'autel de Bouddha La cour, faiblement éclairée par le
jour qui commençait à poindre, présentait au contraire
le tableau le plus animé et le plus gai : une douzaine de
palanquins, réqui-itionnés la veille chez les mandarins,
étaient rangés tout autour; chacun, en arrivant, faisait
son choix, et à l'aide de ses domestiques installait d'abord
sa monture, y disposait ses bagages les plus légers. Ces
soins préliminaires avaient leur importance, car nous
laissions nos domestiques à Tourane. On nous avait
donné à chacun quatre porteurs; une dizaine d'individus
étaient désignés pour porter les provisions, et, en comptant un interprète, notre caravane se montait à soixante-
cinq ou soixante dix personnes. Les rires, les voix se
croisaient, et le malheureux interprète courait de l'un à
l'autre, impuissant à répondre à toutes les demandes :
« Où sont mes porteurs? — Il faut changer ce filet. —
Ce porteur est trop faible… etc. » Le plus embarrassé de
nous tous était certainement le mécanicien du plus petit
bateau, M. P....., dont la grande taille ne pouvait
s'accommoder d'aucun palanquin.

Enfin à cinq heures et demie, après avoir pris le thé,
la caravane s'ébranla et se dirigea vers la rive sud de la
baie.

« As-tu remarqué la vilaine mine de ces chevaliers
du parapluie? me dit Dufourcq en sortant de la cour.

— Nous les aurons fait lever trop matin.

— Je crois plutôt qu'ils n'ont pas reçu de félicitations
de Sa Majesté.

— Peut-être pensent-ils qu'on nous donnera raison sur le reste là-bas, et cependant.....

— Nous pourrions revenir bredouille.....

— Si modestes, si justes que soient nos demandes, nous ne trouverons que neutralité sur la rive droite, et nous sommes payés pour savoir ce que valent les promesses sur la rive gauche. Heureusement, nous sommes dix, et nous partons unis; tout dépend de notre accord.

— Il résistera à tous les assauts.

— Espérons-le; à huit jours les affaires!

CHAPITRE IX

Que la baie de Tourane nous parut belle en sortant du village! Avouons qu'un temps splendide nous disposait à l'admiration, et que la perspective d'un voyage si intéressant nous rendait tous plus joyeux les uns que les autres. Quittant nos palanquins, nous marchons sur une seule ligne, cherchant dans nos souvenirs les refrains les plus entraînants, et chantant à tue-tête, au grand ébahissement de nos porteurs, qui, les coudes au corps, les poignets en avant, trottent en imprimant aux palanquins des mouvements de tangage très-fatigants pour le voyageur qui n'y est pas habitué.

Cet assaut de vitesse finit par avoir raison des voix les plus puissantes. On plaisante, on rit, on cause; mais il faut marcher, marcher toujours, et la gaieté, l'entrain ne se montrent plus que par intervalles. L'air du matin réveille l'appétit, et bientôt la faim et la fatigue favorisent la débandade. Nous avançons encore un moment en silence :

à notre droite les volutes se succèdent en grondant, leurs rouleaux irisés se répandent en nappes écumantes sous nos pieds, et dessinent sur le bord de la plage de capricieuses broderies ; à gauche, le sable amoncelé par le vent et les lames forme une suite de petits tertres, et un rideau de broussailles cache la plaine, qu'une ceinture de hautes montagnes fait paraître peu étendue. Nous reprenons nos palanquins et, excitant nos porteurs, nous arrivons presque au pas de course à la limite de la plage. Le sable fait place à des champs cultivés, les broussailles à des massifs boisés, et de chaque côté de la route se montrent maintenant quelques habitations. Il était neuf heures, et nous avions fait environ douze kilomètres, quand nous entrâmes dans une grande case entourée d'un petit retranchement en terre. Cette case, composée d'une seule grande pièce, est ce qu'on appelle un *tram*, sorte de bâtiment où le voyageur trouve un abri, et le gouvernement des courriers toujours prêts. Les *trams* sont établis de distance en distance sur la grande route qui traverse l'Annam, route tracée au fur et à mesure de la conquête de chacune des provinces. La première organisation des *trams* et du service postal chez les Annamites remonte au onzième siècle, alors que cette contrée faisait encore partie du royaume de Ciampa. Les *trams* secondaires, tels que celui-ci, ne servent que d'abri ; ils sont placés à une distance moyenne de douze kilomètres [1].

[1] Les *trams* principaux, où l'on change de porteurs, sont quelquefois éloignés de vingt-deux kilomètres — quand le terrain est bon ; — car en montagne cette distance est réduite de moitié. Ces observations ne portent que sur la route de Tourane à Hué

En nous déposant dans la salle, nos porteurs poussèrent des soupirs de soulagement, au moins pour ne pas en perdre l'habitude, car nous leur avions évité plus de la moitié de la peine ; puis ils nous aidèrent de bonne grâce à disposer notre déjeuner sur tout ce que nous pûmes trouver par-ci par-là : morceaux de bois, nattes, etc. Rien ne manqua à ce festin, composé d'œufs durs, de viande froide, de conserves, etc., avec cela du pain, du vin et même du café pour ceux qui n'aimaient pas le thé ! C'étaient là plus de douceurs qu'il n'en fallait à d'aussi robustes appétits que les nôtres. Au bout d'une heure, il fallut songer à se remettre en route. Mes collègues du *d'Estaing* et du *d'Entrecasteaux*, qui avaient l'intention de chasser, prirent les devants, suivis de près par les capitaines de la *Mayenne* et du *Bien-hoa*. Quant à moi, sachant les Annamites peu pressés lorsqu'il s'agit de choses qui leur plaisent médiocrement, et désirant voir le pays tout à mon aise, je restai tranquillement à l'arrière-garde avec M. V.....

Une route fort agréable nous conduit à travers des bois de bambous au bord d'un fleuve [1] qui, avant de se

(97 kilomètres entre les deux villes, 104 kilomètres si l'on part du mouillage en faisant le tour de la baie de Tourane) ; et sur ce parcours la nature du terrain offre de si grandes différences, qu'il est difficile de déduire une moyenne exacte. Il y a cinq *trams* principaux entre Tourane et Hué.

[1] Ce fleuve semble se diviser en plusieurs branches pour arroser la plaine qui s'étend vers le sud. Je ne serais pas étonné que plusieurs de ses affluents fussent alimentés par les eaux qui tombent sur le versant sud des *Haï-van*, ou sur la partie centrale de ce massif montagneux, qui s'étend des monts de Cao-haï aux pics de Tourane, car je ne vois pas que ces eaux puissent avoir un autre dé-

jeter dans le fond sud-ouest de la baie, entoure de ses deux bras une île boisée. Là un bac nous transporte sur l'autre rive, un des points les plus jolis et en même temps les plus pittoresques de la baie de Tourane, car le touriste n'a qu'à jeter les yeux autour de lui pour trouver les sites les plus beaux et les plus différents d'aspect. Les hautes montagnes jetées pêle-mêle les unes sur les autres ne laissent ici entre leur base et la mer que d'étroits vallons, et la route n'est plus qu'un sentier arrosé par l'écume des lames. Nous traversons encore en bac deux autres petits cours d'eau et recueillons les mécaniciens du *d'Estaing* et du *Bien-hoa*, aussi peu soucieux que nous de faire en plein midi une course au clocher dans les montagnes. Enfin, à onze heures et demie, nous nous arrêtons devant une case bien petite, bien malpropre; mais il ne fait pas un souffle d'air, et le soleil est si brûlant que nous décidons d'y faire la sieste.

Les palanquins sont déposés sur des fourches, et des nattes en lambeaux, étendues sur des piquets, les abritent, Dieu sait comment, des rayons du soleil. Nous entrons dans la case, envahie par une épaisse fumée, seule protection contre les moustiques. Le propriétaire nous invite à nous étendre sur les lits, sorte de treillis de bambous, et nous offre des morceaux de bois carrés en guise de coussins.

Mais ce qu'il nous faut avant tout, c'est du thé, non

bouché. Il y aurait là une intéressante excursion à faire. Sur le versant sud des monts de Cao-hai, il y a certainement des sentiers (fréquentés par les *Moïs* ou sauvages, gens plus doux que les Annamites) conduisant à la source orientale de la rivière de Hué.

pas du thé de Chine, qui est du reste excellent et à bon marché dans le pays, mais le thé du pauvre annamite, ce *tra-hué*, dont on avale des bols entiers tout chauds, tout bouillants. Le *tra-hué*, plante différente du thé de Chine, mais qui en rappelle un peu le goût sans en avoir les propriétés irritantes, est la meilleure boisson de la province, et je serais tenté de dire la meilleure qu'on puisse prendre, n'importe où, pour se désaltérer. Ajoutez à cette qualité qu'un énorme bol de cette *décoction* est très-généreusement payé avec une dizaine de sapèques (environ 2 centimes).

Après avoir fumé quelques cigarettes et absorbé plusieurs bols de thé de Hué, bravant moustiques et parasites, nous nous allongeons sur nos lits de camp jusqu'à trois heures.

Au moment de repartir, nos deux nouveaux compagnons de route s'aperçoivent que leurs porteurs de provisions ont suivi l'avant-garde. Mais quand il y en a pour deux, il y en a pour quatre; d'ailleurs, ne trouverons-nous pas toujours du riz?

Un massif de collines forme ici un petit promontoire; notre caravane, réduite à vingt-quatre personnes, s'engage lentement dans l'intérieur : elle fait un très-joli effet, montant, descendant par des sentiers de chamois au milieu d'épais fourrés, et vient déboucher sur une plage de sable fin, qu'un énorme bloc de rochers barre à quelques centaines de mètres de nous. Encore une escalade à faire, et nous arrivons à quatre heures dans un hameau situé au fond de la baie.

Quand on voyage par terre, on entend moins souvent désigner les villages par leur nom que par celui de leur *tram,* qui est inscrit en gros caractères chinois au-dessus de la porte. Peu importe donc le nom de cette localité insignifiante, composée d'une soixantaine de cases rangées de chaque côté de la route. Des bandes d'enfants courent annoncer notre arrivée, et soulèvent devant nous des nuages de poussière. Les jeunes filles laissent tomber le pilon dans le mortier à riz, et, interrompant le refrain dont elles s'accompagnaient, se cachent derrière les paravents pour nous regarder. A cette heure, les hommes sont encore aux champs, car nous ne voyons que des femmes, presque toutes portant des marmots à cheval sur leurs hanches. Les Annamites ne perdent pas leur temps ! et la population s'accroîtrait rapidement, si l'on donnait plus de soins à ces pauvres petits êtres. Au milieu du hameau, nos porteurs tournent à gauche et nous déposent dans la grande salle d'un *tram.* Il était temps : M. P... passait à travers le filet de son palanquin. Nam-tung, à vingt kilomètres de Tourane, est le premier *tram* principal sur la route de Hué. Le chef du *tram,* que rejoignent les notabilités de l'endroit, vient nous recevoir, et nous invite à nous reposer sur le plancher élevé de dix centimètres au-dessus du sol et recouvert de nattes. Ce brave homme passe ensuite la revue du matériel, fait la grimace en voyant le filet crevé, gronde les porteurs, et à la vue de la grande taille de M. P..., commence à comprendre et sourit, tandis que les notables, craignant pour leurs palanquins, se montrent moins satisfaits de notre arrivée.

« Nous ne partirons pas les uns sans les autres, dis-je au chef du *tram,* et nous voulons partir dans une demi-heure ; ainsi dépêchez-vous.

— Ya, ya », me répond-il en joignant les mains et en s'inclinant.

Remarquons ce profond sentiment des distinctions sociales chez les Annamites. Non-seulement les manières, les gestes, mais la langue elle-même les rappellent à chaque instant. Deux hommes du peuple se disent *co* (oui), les gens comme il faut se disent *faai*, l'inférieur dit *ya* à son supérieur. Aussi n'est-ce pas une petite difficulté de la langue annamite que de bien employer ces nombreux pronoms, qui varient suivant l'âge, le rang et même les dispositions affectueuses, indifférentes ou mauvaises des interlocuteurs.

Le chef de *tram* ayant enfin réglé nos porteurs et donné un à-compte à leurs remplaçants (un porteur gagne environ 300 sapèques, ou 50 centimes, pour une course comme celle que nous venions de faire), nous repartîmes à quatre heures.

Les deux pics de Tourane se dressent devant nous, mais leurs premières assises sont tellement élevées et à pic, que nous ne pouvons bien distinguer leurs sommets.

— Je laisse mon palanquin, ce serait dommage de faire ainsi cette ascension. — Pendant environ un kilomètre et demi, la route, ou plutôt le sentier, serpente sur le flanc du pic sud, et la pente n'est pas encore trop pénible; mais bientôt le sentier disparaît sous les ronces, les hautes herbes me fouettent le visage, et les cailloux roulent sous mes pieds; puis, plus de trace de sentier : je me dirige comme je peux entre le ravin qu'on devine à droite et des escarpements inabordables à gauche; je rampe en m'accrochant aux branches d'arbres, aux anfractuosités des roches que les racines vivaces et puissantes ont soulevées et lancées de tous côtés; je cherche un passage autour d'énormes blocs que la force humaine serait impuissante à ébranler, me demandant quelle révolution a entraîné ces débris gigantesques, semblables à des châteaux en ruine prêts à rouler jusqu'au fond de l'abîme, et j'arrive, après une heure de cet exercice, devant une misérable hutte. Tandis qu'à quelques pas au-dessus de moi les nuages cachent les sommets sur lesquels gronde la foudre, et qu'à mes pieds de légères couches de vapeur s'élèvent du fond des ravins et se répandent sur leurs flancs, là-bas, à l'horizon, empourpré des rayons du soleil couchant, les *Coulao-kiam* détachent leurs noires silhouettes sur le fond bleuâtre de l'Océan; les rochers de marbre se montrent gros comme des cases sur leur isthme de sable, et l'immense baie de Tourane, enveloppée d'une gaze dorée, n'est plus qu'un petit lac aux eaux vertes, sur lesquelles se distinguent à peine nos navires.

Pendant que j'admire une dernière fois ce magnifique panorama, mes trois compagnons, qui n'ont plus des ... es de trente ans, arrivent harassés et maudissant ... sort. Inutile de dire que M. P... avait depuis longtemps défoncé son second palanquin.

Heureusement, un peu de repos et quelques bols de *tra-hué* — car il n'y a si misérable case où l'on n'en puisse trouver — dissipèrent ce découragement, et nous reprîmes notre ascension.

Le flanc du pic nord est maintenant plus près de nous; nous retrouvons un soupçon de sentier; encore quelques efforts, et à six heures et demie nous atteignons le *col fortifié,* baptisé « la porte des nuages ».

Les deux pics se perdent dans les nuages à quatre ou cinq cents mètres au-dessus de nous, et leurs gradins viennent ici se rejoindre. Le passage, large d'environ cinquante mètres, est barré par un mur en pierres de taille percé de quatre embrasures. Au milieu est une porte monumentale dont les deux battants, recouverts de plaques de fer, s'ouvrent pour nous laisser défiler, et se referment aussitôt. La *porte des Nuages* n'est qu'un trait d'union entre les deux pics; derrière elle, le sol se dérobe de nouveau : l'œil ne rencontre que le vide, qu'un précipice dont la muraille est couverte de bois qui en dissimulent la pente effrayante. Ce col, ou plutôt ce pont, élevé de quatre cent soixante-dix mètres au-dessus de la mer, seule communication connue jusqu'à présent entre les deux provinces de Kouang-name et de Hué, est gardé par une cinquantaine de soldats, dont une dizaine au plus habitent les trois ou quatre cases voisines. Elles feraient bien notre affaire, car la nuit commence à couvrir d'épaisses ténèbres ce domaine des bêtes fauves; mais le petit mandarin militaire, chef de poste, vient nous dire que nous trouverons tout près d'ici un meilleur gîte. Mes compagnons me suivent en maugréant; je ne suis moi-même guère plus satisfait, car je doute que nous trouvions rien de mieux. Le sentier monte encore un peu à présent, sur le versant du pic nord; passable jusqu'à son point culminant, il devient horriblement mauvais à la descente. Les torches jettent des reflets magiques sur cette nature désordonnée, et des ombres bizarres courent derrière les nuages de fumée rougeâtre. Tantôt les torches flamboyantes nous éblouissent, tantôt elles disparaissent derrière les coudes du sentier, et la forêt grandit de toute l'horreur des ténèbres. Les roches, les cailloux roulent sous les pieds, et les porteurs eux-mêmes se serrent prudemment à droite contre le flanc à pic de la montagne, prêts à se retenir aux lianes et aux branchages. Enfin, à sept heures, nous arrivions à une sorte de refuge : le sentier s'élargit un peu, et de chaque côté une demi-douzaine de cases se présentent à notre vue. Nous entrons dans la plus grande, et obtenons à grand'peine que les gens de l'endroit restent sur le seuil. Le propriétaire nous aide avec sa famille à préparer le dîner, dévoré en deux temps et trois mouvements ; nous ramassons nos couverts, les assistants pillent les restes, se disputent les bouteilles et les boîtes de conserves vides, et font rapidement natte nette. Chacun voudrait alors goûter notre tabac, faveur bien due à notre hôte et à sa *Smala*, qui n'apprennent pas sans une certaine frayeur que, charmés de leur hospitalité, nous allons coucher chez eux. Enfin on place les paravents sur le devant de la case ; faible barricade contre les tigres, et nous nous étendons les uns sur le plancher, les autres dans les palanquins suspendus aux tiges de bambou qui soutiennent la toiture de ce hangar.

Le lendemain, à cinq heures, le chant du coq nous réveilla, et pendant que l'eau bouillait pour le café, j'allai jeter un coup d'œil sur le pays : tout cela est admirable, et s'il fallait rappeler mes impressions, je n'en finirais pas. A un autre point de vue, je fus moins satisfait. Il était impossible, même en perdant du temps en route, de mettre à exécution mes projets ; il faudrait six mois de travail pour faire un levé convenable de cet énorme massif qui sépare la baie de Tourane de la lagune de Fou-ya; c'est à peine si l'on peut en deux jours relever cet itinéraire avec quelque approximation.

De notre halte de nuit, le sentier se dirige dans la direction de la mer, suivant une pente qui paraît encore plus forte le jour que la nuit. Parfois on rencontre des traces de gradins qui ont presque disparu sous les pieds du voyageur ou ont été rongés par les eaux. Aux deux tiers de la descente, nous abandonnons le versant du pic principal pour suivre entre de profonds ravins les arêtes des montagnes inférieures; de toutes parts la vue se heurte à de gigantesques escarpements tapissés de bois; la lumière y promène ses larges clartés et ses ombres noires coupées çà et là et de haut en bas par les rubans blancs des cascades. Que ces pays de montagnes sont beaux! Chaque accident de terrain découvre un nouveau tableau à admirer; mais ce n'est qu'au sommet, d'où la vue s'étend sur l'immense horizon, ou perdu dans le fond des gorges, que le voyageur s'extasie.

C'est un paysage taillé avec la hache des géants, un de ces admirables tableaux qui nous frappent si vivement que dans notre enthousiasme nous nous écrions : Il n'y a rien de plus beau! oubliant que la nature a répandu partout à profusion dans le monde entier les merveilleuses créations de son génie.

A sept heures nous avions roulé presque au bas de la gorge. Nous traversons un torrent sur des branches d'arbres qui se retournent sous les pieds, et nous arrivons à une halte, car je ne peux appeler autrement des hameaux d'une dizaine de cases. Les fourches plantées devant elles invitent à y déposer les palanquins;

les bols de riz, de poisson et d'herbages baignant dans des sauces multicolores, les tasses de confitures et d'autres ingrédients disposés sur les tables ne nous tentent pas; mais boire de cet excellent *tra-hué* est un bon prétexte pour nous reposer un moment. Le sentier devient ensuite meilleur, et s'enfonce sous un épais feuillage. A huit heures, nous sommes à l'extrémité de la gorge, près d'une petite case agréablement ombragée par de beaux arbres; un ruisseau nous barre le chemin, pas de pont : et nos porteurs ont de l'eau jusqu'aux hanches. Je ne résiste pas au plaisir du bain, sous les yeux indiscrets des nymphes de l'endroit. L'eau est délicieuse, glaciale, mais une marche rapide ramènera bien vite la transpiration.

Nous en avons donc fini avec cette périlleuse descente, car le sentier se relève légèrement. Quel plaisir s'il devait se continuer longtemps encore sous ces massifs de verdure! Voici quelques petits mandarins paresseusement couchés dans leurs palanquins, et des marchands chinois qui les imitent. Leurs domestiques anhamites portent en chantant leurs colis suspendus aux extrémités d'un bambou placé sur les épaules. Tous ces gens-là ont dû demander un permis pour franchir la *porte des Nuages,* et l'ont payé une piastre par personne.

Tout à coup, à un détour du sentier, nous découvrons la mer, dont les lames viennent à sept ou huit cents pieds au-dessous de nous ébranler la base des falaises. Le sentier, à peine suffisant pour deux hommes de front, suit maintenant, tantôt montant, tantôt descendant, les flancs à pic boisés, impénétrables des falaises. Un seul faux pas, la moindre roche se détachant à notre gauche, et nous roulerions dans le gouffre béant, à une profondeur variable de six à neuf cents pieds.

Ici ma pensée se reporte à une quinzaine d'années en arrière, alors que l'amiral Bonard, le colonel espagnol Palanca et leurs suites se rendirent à Hué pour la ratification du premier traité conclu avec l'Annam. Si nos plénipotentiaires se crurent jamais à la merci des Annamites, ce dut être assurément quand leurs porteurs, comme des chats courant sur le bord des gouttières, leur firent franchir au pas de course cette effrayante corniche.

A huit heures et demie, du sommet d'un dernier col, nous découvrons à nos pieds la lagune de Fou-ya, séparée de la mer par une longue et étroite plage de sable, et encadrée à gauche par une chaîne de montagnes qui va rejoindre devant nous le cap Chounay. Nous descendons lentement par une suite de gradins à moitié éboulés le dernier revers du massif de Tourane, et nous trouvons un bac au bord de la lagune peu profonde sans doute, car on n'y voit que de tout petits bateaux de pêche.

Pendant qu'on nous transporte de l'autre côté de son embouchure, la masse imposante des montagnes captive encore nos regards. Un jour viendra sans doute où le voyageur la franchira commodément et en quelques minutes (en profitant des gorges, il n'y aurait peut-être pas cinq kilomètres de tunnel à faire); mais que de jouissances le chemin de fer ne lui fera-t-il pas perdre!

Nous voici à la limite du Kouang-name et de la province de Hué. La plage et les eaux aussi calmes qu'éblouissantes de la lagune se confondent sous les feux du soleil; aussi, à peine débarqués, courons-nous vite vers un rideau de bois sous lequel se cache *Lang-keu,* village d'environ cinq à six cents habitants. Quand je passe devant la case commune, les notables sont assemblés, et, autant pour satisfaire ma propre curiosité que la leur, je m'avance au milieu d'eux. Chacun vient me serrer la main, toucher mes vêtements et me parler. Je ne distingue qu'un bruit confus de voix, et j'ai toutes les peines du monde à profiter de l'occasion pour prier le chef du village de nous faire donner de bons porteurs et un meilleur filet pour M. P..., car ici est le deuxième relais (*tram* principal), où nous arrivons à neuf heures. Nous repartîmes une demi-heure après, et traversâmes tout le temps en palanquin cette triste langue de sable où croissent çà et là quelques maigres broussailles. Pas un ruisseau ne les arrose, pas une bête fauve ne vient troubler cette solitude où elle mourrait de soif. Nos pauvres porteurs enfoncent dans le sable brûlant; c'est en vain qu'ils agitent d'une main leur éventail, la sueur ruisselle sur leur peau de bronze, et sur leurs lèvres sèches viennent expirer les dernières notes du chant dont ils accompagnent leur marche cadencée. Bientôt même on n'entend plus que le bruit de leurs pas et de leur respiration haletante, et cela dure une heure et demie! Enfin nous retrouvons de l'ombre au pied des collines, à l'extrémité de la lagune dont nous suivons les contours, et nos porteurs s'arrêtent épuisés, à onze heures et demie, à la halte de Fou-ya, simple halte, en effet, dans le sens que j'ai donné à ce mot.

C'est un charmant petit endroit resserré entre le fond de la lagune et le col de Fou-ya, un joli paysage à dessiner quand on ne meurt pas de faim, de soif et de fatigue.

A deux heures, nous nous remettons en route, nous demandant, à la vue de ce nouveau col, quelle surprise nous attend à son sommet, et si nous verrons enfin la plaine de Hué. De gradin en gradin nous nous élevons à une centaine de mètres, et nos regards plongent sur une charmante vallée d'environ treize kilomètres de longueur. Qu'on se figure là-bas, dans le sud, le géant de la montagne arrondissant devant lui ses deux bras sans les faire rejoindre, et l'on aura une idée de cette plaine, dont la ceinture de montagnes pittoresques se dénoue vers le nord pour laisser un passage à l'Océan : c'est la baie de Choumay, dont les flots bleus s'avancent sur une plage de sable couverte de bois et de broussailles. Agréable surprise ! Nous trouvons au pied du col, et pour la première fois, une véritable route, route large, bien entretenue, et ombragée par de beaux arbres.

Au milieu de la vallée, au pied d'une colline boisée, nous nous arrêtons dans un grand village, au *tram* de Teoua-léou. Ici, quelques difficultés s'élèvent au sujet des palanquins et des porteurs, dont le chef de *tram* ne peut trouver le nombre suffisant. Je crois plutôt à de la mauvaise volonté de sa part, et je suis persuadé que s'il savait combien nous sommes peu pressés, il trouverait immédiatement autant de porteurs qu'il voudrait dans la foule qui nous entoure. J'insiste pour la forme ; le malin se démène, crie très-haut, bouscule les uns et les autres pour sauver les apparences, et se figure nous avoir joué un bon tour en complétant nos porteurs par de petits employés dont le costume trahit un tout autre métier, et qui nous lâcheront au premier moment favorable.

En quittant Teoua-léou tram, nous traversons deux cours d'eau assez larges sur des ponts de bois. Ces ponts sont formés de planches jetées, sans être assujetties pour la plupart, sur des traverses reliant les pilotis, et il est prudent de bien faire attention où l'on pose les pieds. Nous courons ensuite au milieu de terrains incultes pendant près d'une lieue, avant de traverser un autre village à partir duquel nous retrouvons des bois de bambous et d'aréquiers et des champs cultivés.

La moitié au moins de cette plaine d'un si gracieux coup d'œil me paraît inculte. Enfin, après avoir franchi une autre rivière et plusieurs petits ruisseaux [1], nous arrivons au col de Choumay, à peu près semblable par la structure et le relief au col de Fou-ya [2].

De ce sommet, la vue embrasse une lagune très-étendue et se perd à l'ouest sur des rizières sans fin. Le col de Choumay est à moitié chemin entre Tourane et Hué, dont la plaine proprement dite est encore fort éloignée. La descente est assez pénible, car de ce côté, s'il y a eu des gradins, il n'en reste guère de traces. Il faut environ une demi-heure pour franchir sans trop se presser chacun de ces deux cols. Quand j'arrivai au bas de

[1] Les cours d'eau que j'appelle « ruisseaux » ont de un à quatre mètres de largeur; on les franchit toujours sur des petits ponts en pierre. Les « rivières » se traversent en bac ou sur des ponts de bois.

[2] Les Annamites n'ont pas donné de noms aux montagnes, ce qui m'a obligé, en dressant plus tard la carte du pays, à baptiser moi-même les principales. Quand, pour la même raison, j'ai baptisé quelques points tels que ces cols, ces lagunes, certains cours d'eau etc., je leur ai donné les noms des localités voisines. C'était, il me semble, tout indiqué.

celui-ci, un courrier du roi s'avançait à franc étrier. Il vint mettre pied à terre près de moi, et j'eus le plaisir d'assister à cette difficile escalade, dont il se tira avec honneur. Ces courriers n'ont pas de costume particulier, et j'en ai rarement vu qui fussent armés d'un fusil. Ils portent en bandoulière le tube de bambou qui renferme les dépêches, et semblent liés à leurs petits chevaux, dont l'allure ordinaire est un trot très-précipité. Le bruit des grelots attachés au cou de leur monture annonce de loin leur arrivée. La route, surtout dans les villages, est aussitôt dégagée de tout ce qui pourrait retarder le messager royal; les bateliers tiennent le bac tout prêt au passage des rivières, et devant le *tram* un courrier tout frais attend le tube pour repartir avec la même vitesse.

Après le col de Choumay, la route, fort jolie, laisse à droite un gracieux petit vallon arrosé par un ruisseau, et suit, à peu de distance de la lagune, les contours des collines qui forment le massif sud du col. Nous traversons ensuite un hameau et une petite rivière, puis une autre, assez large (50 mètres), qui vient se jeter à l'angle sud-est de la lagune. Là nous entrons dans la vallée de Cao-hai, qui s'enfonce comme un coin entre les premières collines, dominées vers le sud par de hautes montagnes boisées presque toujours couvertes de nuages. Un petit contre-fort, qui s'avance dans la lagune à quatre kilomètres devant nous, la ferme du côté de l'ouest, de sorte que cette vallée est comprise entre deux cols : celui de Choumay et celui de Cao-hai. Le village de ce nom, où nous arrivons à six heures du soir, s'étend de chaque côté de la route et sur les bords d'une rivière qui coupe la vallée à peu près en son milieu. J'estime qu'il faut seize heures à un piéton pour aller de Tourane à ce village, dont la population peut s'élever à 3,000 habitants et se livre principalement à l'agriculture et à la pêche. Nous entrions dans le *tram*, qui porte le nom de *Thoua-hoa*, quand un Annamite vint me prévenir qu'un Français venant de Hué me priait d'aller le voir. Je quittai donc mes compagnons de voyage, qui allaient repartir le soir même, et, suivant mon guide, j'arrivai dans une belle case, où je trouvai M. D...., secrétaire de la légation.

Je fus aussi heureux que peu surpris de cette rencontre. En effet, au moment de notre départ de Tourane, j'avais reçu deux lettres de la légation datées du 1ᵉʳ octobre, — sept jours de retard! On voit que les Annamites ne couraient pas la poste quand il s'agissait de notre correspondance, — et dans l'une d'elles M. D... me faisait part de son intention de venir en chassant au-devant de nous jusqu'à Cao-hai, dont les environs sont assez giboyeux et les montagnes peuplées d'éléphants et de bœufs sauvages. Le gros gibier n'avait pas tenté cette fois notre ami, qui, venu dans un grand et beau sampan de plaisance, où il avait toutes ses aises et de nombreuses provisions, s'était contenté, en traversant les lagunes, de tirer quelques canards.

Il paraît qu'une certaine inquiétude régnait à Hué sur notre voyage et les projets qu'on nous prêtait.

« Savez-vous, mon cher capitaine, me disait M. D..., que vous n'êtes pas des mieux cotés en ce moment auprès de la noble cour de Hué! Pendant que vous vous plaigniez de vos mandarins, de votre équipage, etc., croyez-vous que votre frère Coclès n'en faisait pas autant de son côté contre vous?

— Le contraire m'étonnerait fort.

— Et ne pensez-vous pas que ses rapports ont pu avoir plus de poids que les vôtres, ou du moins qu'ils ont dû être mieux accueillis par son gouvernement? Vous aurez donc quelque peine à vous défendre.

— Halte-là, mon cher, je ne vais pas à Hué pour m'y défendre de quoi que ce soit, et d'ailleurs je vous préviens que je n'admettrai jamais pour juges des gens aussi incompétents que les ministres annamites, et que je me refuserai à discuter toutes les questions qui me seront personnelles.

— Mais alors qu'allez-vous donc faire à Hué?

— Vous ne pouvez l'ignorer : nous allons d'un commun accord exposer au ministre la pitoyable situation où nous sommes, situation contraire à notre contrat, et lui présenter nos réclamations.

— Oh! vous voulez créer une marine annamite! Soyez donc un peu philosophe; on ne vous saura jamais gré de ce que vous ferez; car si tout marche bien à bord, un Coclès quelconque s'en adjugera le mérite à votre préjudice, vous pouvez en être persuadé, les Annamites sont comme cela, et si la moindre chose ne va pas, Coclès rejettera toute la responsabilité sur vous. Renfermez-vous donc dans vos attributions de capitaine de route; tout marchera bien pour vous ainsi que pour les Annamites, qui seront enchantés de vous faire toucher vos deux cents dollars chaque mois.

— Je ne sais ce qui m'étonne le plus dans votre discours : du singulier projet que vous nous prêtez, ou de cet empressement que mettront, dites-vous, les Annamites à nous payer nos appointements. Si vous êtes dans le faux en ce qui concerne nos désirs, puissiez-vous dire vrai de ceux des Annamites.

— Qu'allez-vous donc leur demander?

— Que ne me le demandiez-vous plus tôt, au lieu de me dire ce qu'on s'est imaginé, je ne sais trop pourquoi ni comment, à Hué, au sujet de nos démarches? Nous demanderons tout simplement ceci : quelques Français ou Chinois par navire, et les choses nécessaires à l'entretien des bâtiments. Notre entente a été complète sur ces deux points, et je vous assure que nous n'irons pas au delà; croyez-vous de bonne foi que ce soit avec cela qu'on crée une marine? J'ai cru un moment, il est vrai, devoir prendre ce prétexte, pensant obtenir ainsi plus facilement ce que nous désirions; mais vous êtes assez intelligent pour comprendre que ce n'était là qu'un prétexte. Enfin vous m'engagez à rester dans mes attributions de capitaine de route; c'est fait depuis le 25 septembre, et l'on en est informé à Hué... »

On comprend que j'interrompe ici une conversation qui dura jusqu'à quatre heures du matin. Trop fatigués pour aller à la chasse, nous nous embarquâmes dans le sampan de M. D... et prîmes par eau [1] le chemin de Hué.

En sortant de la rivière de Cao-hai, encombrée de bancs à son embouchure, nous traversâmes les lagunes, qui communiquent avec l'Océan par un assez long goulet dont les débouchés sous le cap ouest de Choumay et près du village de Teu-aian sont défendus par de mauvais for-

---

[1] La description de la route (par terre) de Cao-hai à Hué se trouvera au chapitre xv.

tins. Ce passage, que je reconnus plus tard, n'est praticable que pour les petites jonques, qui profitent souvent de cette remarquable voie de communication pour se rendre de Choumay à Hué.

Jetons un regard autour de nous.

A l'est, les collines baignent leur pied dans la lagune, et au sud les chaînes de montagnes couvertes de forêts se croisent et se superposent majestueusement; car ces sommets, qui ne dépassent pas quinze cents mètres, paraissent bien plus élevés par le fait de leur proximité. Vers l'ouest, au contraire, la vue s'étend sur la grande plaine de Troui, limitée par une chaîne de collines, légères ondulations que dépassent seules dans le lointain les principales montagnes : *Hon-dun, Da-han* et *Buong-tam*, qui se trouvent dans le sud de la capitale.

Nous arrivâmes à l'embouchure de la rivière de Foucame[1] sans nous en apercevoir. A quelque distance, comment distinguer en effet le point où ce rideau de verdure, sur lequel se détachent de loin en loin les toits de quelques cases, s'entr'ouvre pour laisser un passage d'une dizaine de mètres de largeur? Bientôt même cette espèce de canal se resserre de moitié. (Six mois plus tard nos bons amis les Annamites, trouvant encore trop large le fond de cet entonnoir, le réduisaient à deux ou trois mètres, de sorte que la rivière, navigable pour des chaloupes à vapeur et si commode pour se rendre à Hué, n'est plus ouverte ici qu'aux sampans!)

A quelques pas de là s'élève, sous de frais et gracieux ombrages, une belle habitation, rendez-vous de chasse

---

[1] Nous avons dit que cette rivière était la branch sud du Truong-thien (ou fleuve de Hué).

10.

beaucoup plus fréquenté par le roi que celui de Theu-aian : il semble que le salut de l'État serait compromis si Sa Majesté dépassait cette limite. Entouré de femmes et d'eunuques, suivi de quelques mandarins et de soldats qui tiennent à grande distance tous les curieux, le roi se promène plutôt qu'il ne chasse. Parfois il daigne tirer quelques canards, des bécassines, des cailles, des paons ou des lièvres, et naturellement on le dit très-adroit.

De l'autre côté de l'étranglement dont je viens de parler, la rivière de Fou-came atteint tout de suite cinquante mètres de largeur et bientôt cent, cent cinquante et deux cents au point où elle rencontre les marais de Toup-bi. En continuant à remonter son cours, nous arrivons devant une grande branche qu'elle dirige au nord, sans doute vers la lagune; ici la rivière dessine un V, à la partie sud duquel nous voyons un grand village. A notre gauche, les collines de la vallée de Troui, dirigées d'abord du sud au nord, inclinent vers l'ouest, et, limitant au sud la plaine de Hué, dont nous connaissons l'aspect, vont rejoindre Dia-bigne, qui nous apparaît comme un triangle d'un vert sombre sur la verdure plus claire des rizières et des bois.

La rivière, assez étroite maintenant (quarante et trente mètres), court à peu près de l'ouest à l'est, presque en ligne droite, semblable à un long canal dont les bords sont de plus en plus boisés et peuplés à mesure qu'on approche de Hué. Il était trois heures et demie quand notre sampan vint s'arrêter au pont de bois d'Ane-keuou; à la vérité nous ne nous étions pas pressés, car on peut facilement faire ce trajet en dix heures. Ane-keuou, à deux kilomètres de Hué, est un joli village, avec un grand marché, dont les baraques se pressent devant le pont et de chaque côté de la route de Hué, que nous retrouvons ici. Nous traversons la foule si animée des marchandes et des acheteurs, et, suivant au milieu des rizières une mauvaise chaussée de cailloux et de briques qui s'enfonce ensuite sous un rideau de bois bordé de cases, nous arrivons à quatre heures à la légation française.

Mes collègues étaient déjà installés dans une des premières casernes, dont la longue file s'étend au bord de la route parallèle au fleuve. Pour la circonstance, celle-ci avait été pourvue d'une table et de quelques bancs; les Annamites, faisant un grand effort de propreté, en avaient récemment peint les murs à la chaux, et certes la case des ambassadeurs, mise autrefois à la disposition des étrangers, n'était pas plus confortable. Deux soldats avaient été chargés de faire la cuisine, et le roi avait daigné nous envoyer quelques provisions : des poulets et des corbeilles de fruits.

Quoique appelés à Hué par Sa gracieuse Majesté Tu-Duc, nous n'avions pu nous faire d'illusion sur la réception qui nous attendait. « Si la noble cour ne vous reçoit pas avec tous les égards dus à votre rang, m'écrivait plaisamment M. D....., vous savez que la maison vous dédommagera amplement. » On ne pouvait en effet se montrer plus hospitaliers, plus aimables que ne le furent nos connaissances de la légation.

Le 12 octobre eut lieu notre première convocation générale à la case du P. H..., qui nous servit d'interprète. Le ministre Ngouyen, ayant jugé prudent de ne pas venir se compromettre avec nous, s'était fait représenter par un grand mandarin du rang de *bien-ly,* personnage aussi peu distingué que désagréable, qui nous reçut avec tout l'appareil habituel.

Nous ne reproduirons pas ce long et fatigant entretien, que le lecteur doit parfaitement deviner. Le *bien-ly*, ayant pris note de nos griefs et de nos deux demandes, nous assura qu'il en informerait le ministre et le roi. La discussion fut parfois assez vive, mais notre accord fut si parfait, la tournure de notre affaire me parut si satisfaisante, que je voyais déjà la réussite couronner nos efforts, et que je me demandais comment M. D... en avait pu douter.

Hélas! dans quel pauvre état trouvâmes-nous notre ami en revenant à la légation! Indisposé depuis notre retour à Hué, M. D... était au plus mal; on pensa qu'il avait pris le choléra dans cette case où nous avions passé la nuit à Cao-hai, la fille de son propriétaire y étant morte deux jours avant notre passage.

Le lendemain, en venant à la légation, nous aperçûmes les embarcations de notre chargé d'affaires se dirigeant vers la mission catholique, et un secret pressentiment nous serra le cœur quand nous vîmes que le pavillon de la légation était amené. M. D... était mort! Nous courûmes à Kim-long et arrivâmes au moment où le cercueil entrait à l'église. Après la messe, nous accompagnâmes tous au cimetière la première victime faite par le choléra dans nos rangs si peu pressés. La cérémonie était profondément triste. Un souffle empoisonné courait sous les bosquets délicieux que nous traversions, et cette nature débordante de vie semblait insulter à notre chagrin. Tandis qu'une vingtaine de petites filles annamites, toutes vêtues de blanc, faisaient entendre les accents d'une mélodie douce et expressive, rangés autour de la tombe de M. D..., nous lui faisions nos derniers adieux. Qui de nous, même parmi ceux qui l'ont le moins connu, n'a pas regretté ce bon camarade, cette excellente nature, ce charmant garçon plein d'entrain, de gaieté et de jeunesse! Les circonstances qui avaient précédé sa mort augmentaient encore mes regrets; je me reprochais d'avoir passé la nuit dans cette case de Cao-haï, au lieu de partir pour Hué le soir même, comme si cela n'eût dépendu que de moi. Mais il fallait bien s'arracher à ces douloureuses pensées, et je le fis avec toute la résolution de l'homme qui lutte, et sait qu'ici-bas la vie n'est qu'une lutte perpétuelle.

Le 14 octobre, nous fûmes une seconde et dernière fois convoqués à la case du P. H... Là, le même *bien-ly* nous annonça que Sa Majesté, informée par le ministre de nos réclamations, avait décidé d'y faire droit, et qu'elle allait envoyer à Saïgon des mandarins chargés d'embaucher quelques hommes capables et d'y acheter les fournitures nécessaires à l'entretien des navires. On pense si nous étions satisfaits et si nous priâmes le *bien-ly* de transmettre nos remercîments au ministre. Puis le mandarin, nous indiquant des paquets de sapèques (il y avait environ trente francs), nous pria d'accepter ce cadeau du roi.

«Sa Majesté est bien pauvre, ajouta le P. H...; c'est peu, mais vous ne pouvez vous dispenser d'accepter.» Et nous acceptâmes, pour distribuer la somme à nos équipages.

Quelle mise en scène pour nous faire croire à l'étendue des sacrifices que nous venions imposer au roi! — Trop malins, les Annamites, pour être honnêtes...

Honnêtes! ils l'étaient si peu qu'au moment même où

ils venaient de nous faire de si bonnes promesses, ils s'ingéniaient pour ne pas les tenir; mais ils ne furent pas assez adroits pour qu'en sortant de cette dernière audience nous ne soupçonnions déjà leur fourberie. Par leurs intrigues, ils réussirent en effet à rompre notre entente, et, certains désormais de n'avoir pas à craindre de réclamations collectives, ils purent reprendre leur ancienne tactique : nous rendre les conditions de la navigation impossibles, la vie privée insupportable, et travailler ainsi avec toutes les chances de succès à se débarrasser des Français, qu'ils considéraient comme leur ayant été imposés.

Eh bien, maintenant que notre séjour en Annam ne dépend plus que du degré de patience que nous saurons opposer aux tracasseries et aux exigences de plus en plus folles des Annamites, pour ne pas trop nous ennuyer, nous allons reprendre nos chères occupations : courir le pays et en lever le plan. Là encore les difficultés ne me manqueront pas, mais je ne saurais m'en plaindre. Je suis seul, sans aide; j'ai des instruments peu parfaits, ce qui m'oblige à prendre un nombre considérable d'observations; ils sont incommodes, très-encombrants, ce qui éveille trop l'attention des indigènes, qui jusqu'à présent m'ont laissé faire. Cela durera-t-il?

Le choléra continue à faire de nombreuses victimes. Presque tous mes compagnons — d'exil — sont malades. — Il est vrai que plusieurs ont contracté en Basse-Cochinchine le germe de ces maladies. — Combien d'entre nous échapperont au fléau? Entre la légation, la mission et les officiers de Tu-Duc, nous étions ici vingt Français, et, à trois jours d'intervalle, deux ont succombé!

CHAPITRE X

Chacun de nous ayant regagné son poste et allant
vivre de son côté, je vais suivre mon journal; mais je
n'abandonne pas pour cela mes collègues, et quand ils
m'enverront quelques nouvelles intéressantes, je leur
donnerai la place qui leur est due.

19 *octobre*. — Ce matin, plusieurs employés du ministère sont venus, comme d'habitude, s'installer à bord
pour faire l'inventaire. Voilà deux mois qu'ils ont commencé ce travail, et cela promet de durer des années au
train qu'ils y vont. Pendant que les uns mesurent, les
autres (les écrivains, les savants, après avoir ajusté leurs
grosses lunettes sur leurs nez écrasés) se couchent sur
des nattes devant leurs écritoires et leurs paperasses,
raçant une ligne, écrivant un caractère toutes les heures.
L'un fait un plan horizontal, l'autre un plan vertical, un
troisième une coupe; mais tout cela est embrouillé,
chacun empiète sur le travail du voisin. Ils me montrent
avec orgueil le plan de l'hélice, un vrai champignon. Je

leur fais mes compliments, et vais visiter Tagne-phcuoc[1].

C'est un charmant endroit, dont l'aspect est celui de tous les autres villages annamites. Les pagodes, les cases, se cachent sous l'épais feuillage des beaux arbres qui décorent les rives du Truong-thièn et la rivière de Ba-truc. En passant devant les cases, les chiens, qui ressemblent beaucoup à ceux de Constantinople, aboient furieusement; mais ils en font autant pour tous les Annamites, et ne se montrent guère plus civilisés avec leurs maîtres. Aucun attachement entre l'homme et la bête; l'homme la nourrit, l'autre le sert en veillant et en faisant la chasse aux serpents. J'estime qu'il y a ici environ 1,000 habitants, tous adonnés à l'agriculture, à l'élevage des porcs et de la volaille; les jeunes filles pilent le riz, et les femmes tissent la soie et le coton en s'occupant de leur ménage. Les gargotes abondent, et l'on tâche d'y reprendre aux soldats ce qu'il volent un peu partout. Leur présence donne encore plus de vie et d'animation à cette localité, déjà bruyante sans eux. Dieu! que tous ces gens-là, que toutes ces commères ou plutôt ces mégères sont insupportables! On parle de la douceur, de la placidité des Annamites! qu'on vienne donc habiter un de leurs villages, et l'on verra. Quel vocabulaire d'injures et de grossièretés! quelle volubilité chacun met à défiler son chapelet! quels emportements! et comme tous parlent à la fois, et que c'est à qui criera le plus haut! Ils s'arrachent le chignon jusqu'à ce que la voix et les forces leur manquent. L'Annamite n'est doux que devant ceux qu'il craint, et son humilité n'est qu'hypocrisie, car, dès qu'il peut le

[1] Tagne-phcuoc est le poste d'hivernage des corvettes annamites.

faire sans danger, il se moque d'eux. Les enfants, qui pourtant ont un extérieur moins méchant que les grandes personnes, sont foncièrement mauvais. Aux reproches de leurs parents, et même de leur mère, ils répondent par des injures, des horreurs que notre plume ne saurait traduire, et dans leur fureur ils essayent de les battre.

En continuant ma promenade, je suis arrêté par un groupe d'individus faisant cercle autour de deux gaillards qui jouent de la lance. Celles dont ils se servent, et qu'ils manient à deux mains, sont des gaules de plus de trois mètres de longueur, terminées par un bouton en bois. Ils se menacent avec des airs farouches, font des bonds en avant, de côté, en arrière, marchent l'un sur l'autre, envoient leur coup, et souvent, emportés par l'élan, vont rouler par terre avec leur lance, aux applaudissements de la galerie. Enfin un coup de flanc atteint l'un des combattants, et nos deux héros vont se désaltérer dans la gargote voisine. Le goût de la parade fera toujours des Annamites de meilleurs comédiens que de bons soldats.

A l'angle des deux rivières, site admirablement choisi, s'élève une fort belle pagode qui vaut la peine d'être dessinée, et le long des berges sont amarrées les corvettes annamites. Les inondations ne les emporteront pas ! Ce ne sont plus que d'informes pontons couverts de paille, retenus de tous côtés par une quantité de chaînes, mais si rouillées, si diminuées d'épaisseur, qu'on ne saurait blâmer ce luxe de précautions.

Tagne-pheuoc me plaît beaucoup, surtout à cause de sa position. Je suis ici à sept kilomètres de Hué, à dix

de Touane-ane, et fort bien placé pour courir de côté
et d'autre. Avant de me remettre à mon travail, j'ai voulu
aller prendre à la légation des nouvelles de mes compatriotes, qui heureusement se portent très-bien. J'ai vu
aussi le P. H..... Toujours drôles, ces Annamites!

« Comment! me dit-il, vous avez reçu une femme sur
votre navire! Le ministre l'a su et n'a pas été content.

— Que voulez-vous dire? je n'ai amené et n'amènerai
jamais de femme à bord, et n'irai pas davantage en chercher ailleurs, malgré les invitations de mes mandarins.

— Est-ce que la X... n'y est pas restée deux jours?

— Oui, mais, puisqu'il s'agit de cette personne, je
trouve que le ministre fait de bien singulières confusions.
N'est-elle pas la femme d'un Français employé de la
légation, et n'y habite-t-elle pas avec son mari et son
enfant? Quel mal y a-t-il à ce qu'ils soient venus tous
trois passer deux jours avec nous? Voyons, n'avez-vous
pas quelque nouvelle plus intéressante à me donner?

— Peut-être; il est question d'envoyer un des capitaines à Vioung-ang pour diriger le sauvetage de la
machine du *Dang-oui;* mais voilà la mauvaise saison, et
il faudrait y aller par terre. Cela vous conviendrait-il? »

Diable! me dis-je, serais-je donc si gênant qu'on
veuille se débarrasser de moi? Qu'importe! voilà un
splendide voyage à faire (au moins trois fois plus long
que celui de Tourane à Hué) à travers plusieurs provinces
qui, sont à peine connues; je n'aurais pas rêvé mieux.

« J'accepterai sans hésiter si on me le demande, lui
répondis-je, et je demanderais même le premier à y aller,
si je ne craignais en agissant ainsi que précisément les
Annamites ne me refusassent. »

Le P. H..... ajouta qu'un mandarin m'accompagnerait pour faire exécuter les ordres que j'aurais à donner, et pour me faire recevoir convenablement par les autorités.

Disons tout de suite que ce beau projet, s'il exista réellement, fut bientôt abandonné sans que je pusse savoir pourquoi.

25 *octobre*. — Je viens de passer quelques journées agréables, vivant en sampan, loin du *Scorpion* [1]. Du lever au coucher du soleil, je courais de pointe en pointe avec mes instruments, prenant à peine dans le milieu du jour le temps de manger. Le soir venu, je renvoyai ma baleinière, que M. V..... avait l'obligeance de m'expédier le lendemain matin avec des vivres ; puis, cherchant l'endroit le plus désert, je m'y installais, et après dîner, grimpant sur le toit de mon sampan, je goûtais un repos plein de charme. J'aime le mouvement, l'animation des grandes villes ; le soir, je préfère les boulevards et leurs mille lumières à la plus belle campagne, que je trouve triste, monotone, et cependant j'adorais cette solitude. Le temps était si beau ! Sous ce ciel étoilé et si pur, la moindre nuance de tristesse ne pouvait troubler les douces rêveries que le cœur inspire bien plus que la raison ; je vivais sans m'en apercevoir : c'était un calme bienfaisant après l'agitation de la journée. Rentrons dans la réalité en revenant à bord le 23.

Coclès m'annonce que le ministre a envoyé l'ordre de faire un tour sur le fleuve, pour dérouiller la machine !

« Quand vous voudrez, lui dis-je ; dès que le pilote sera là, nous partirons. »

[1] Quand je voulais faire une absence de quelque durée, je m'entendais à l'avance avec mes mandarins.

J'avais dit oui, on ne bougea pas. Si j'eusse fait des difficultés, on m'eût tourmenté pour faire cette promenade. Coclès avait-il l'ordre dont il parlait?

26 *octobre.* — Coclès vient de perdre sa femme du choléra. Je le plains.

« Oh! j'en ai encore deux, me répondit-il.

— Et votre fils, comment va-t-il?

— Il est guéri maintenant. »

Dans un moment d'expansion, Coclès m'avait proposé d'aller voir ce jeune malade; mais la fumée d'abondantes libations s'étant dissipée, il avait détourné la conversation chaque fois que je lui avais rappelé son désir. Quoiqu'il ne demeurât pas dans la citadelle, il se fût compromis en m'introduisant chez lui. Je m'abstiendrai pour cette raison d'aller à l'enterrement de sa moitié, ou plutôt de sa quatrième partie.

Les mandarins viennent me voir comme une curiosité, et la visite du navire leur sert de prétexte aux yeux du public : mais au dehors aucune liaison n'est possible avec eux; il est visible qu'ils nous tiennent complétement en suspicion.

Coclès a pris des vêtements blancs (costume de deuil) et m'a fait sa visite d'adieu. Par suite de la mort de sa femme, le voilà éloigné pour un an de tout service public, et il en est fort aise. Moi, je le regrette presque, car son successeur ne sera pas moins paresseux, ignorant, peureux, vain, orgueilleux, faux et méchant. Mon second manda..., un sournois s'il en fut, va faire l'intérim. Celui-ci a tous les vices de Coclès ou à peu près; il en diffère cependant sous certain rapport : par tempérament, il n'est ni emporté ni criard. C'est un petit être maigre, souffreteux, bilieux. Mes paysans le méprisent parce qu'il est... peureux! le détestent parce qu'il est méchant; mais ils ne le craignent pas, et il a fort peu d'autorité sur eux. Avec moi, il prend les allures du chat qui veut câliner : il me presse toujours les mains et les genoux en m'appelant son frère, et je ne sais si cet individu, si fourbe, si sale, plus incapable encore et cependant cent fois plus orgueilleux, que Coclès, ne m'inspire pas plus de pitié que de dégoût.

Les Annamites font partout en ce moment des sacrifices à Bouddha pour obtenir la fin du choléra; mais je n'ai pu assister à aucune de ces cérémonies. Ce soir, on a tendu une sorte de rideau en travers de la dunette, derrière lequel le bonze viendra officier, et mon nouveau mandarin a pris mille détours pour m'engager à ne pas me déranger pendant la nuit. Ces sacrifices ont un bon côté : demain l'équipage dévorera les offrandes de Bouddha; ce festin ne fera pas de mal à de pauvres gens qui ne vivent que de mauvais riz rouge, et leur donnera un peu de force et de gaieté. Ils sont aussi un bon signe : la mortalité diminue peut-être, ou bien les bonzes prévoient que l'épidémie prendra fin avec la nouvelle saison. Aux calmes qui ont régné pendant tout le mois succéderont les vents du nord, qui renouvelleront l'atmosphère; les pluies feront monter le niveau des cours d'eau, et les terres argileuses, noyées de nouveau, ne dégageront plus à l'air libre leurs miasmes empoisonnés.

27 *octobre*. — J'ai profité de la fête pour aller dessiner la belle pagode de Tagne-pheuoc. Dès que les Annamites n'ont plus peur, ils se montrent plus que familiers, et deviennent assommants. Leur curiosité me paraissant

assez naturelle, je les laissais d'abord s'approcher et regarder mon travail; leurs mines même m'amusaient. Ils montraient de l'étonnement et quelque plaisir, puis se regardaient entre eux et riaient bêtement. Bientôt d'autres arrivaient, et l'attroupement grossissait, car personne ne voulait se retirer après avoir vu. J'étais donc obligé de plier bagage et de revenir un moment après. A la fin, je me lassai de ce jeu, et les priai de se tenir à l'écart; mais ils parurent se moquer de moi, ce qui me donna l'idée d'employer pour arriver à ce but un moyen qui me réussit assez souvent depuis : je faisais la caricature de l'un d'eux et la montrais à l'assistance, dont les éclats de rire et les moqueries faisaient prendre la fuite à la victime; aussitôt je commençais la charge de l'un ou de l'autre, et chacun de décamper.

Le croquis que j'ai fait de cette pagode, — un modèle du genre, — me dispense de la décrire. Quoique ce soit une des grandes pagodes du pays, on ne voit pas dans la cour ces petits édicules qui ornent la plupart des autres. Un peu à droite, un champ d'une centaine de mètres carrés est entouré d'un petit mur dont les pierres sont disposées de façon à former des dessins à jour, et au milieu s'élève un autel, où chaque année on fait le sacrifice à la terre. Ces autels sont presque aussi nombreux que les pagodes. L'autel sur lequel le roi fait le sacrifice au ciel est situé au pied de Dia-bigne, mais c'est dans la citadelle qu'il fait le sacrifice à la terre et que, dit-on, au commencement du printemps, il laboure un petit champ avec une charrue dorée.

29 *octobre*. — J'ai passé la matinée d'hier à la légation. M. S..... m'a montré son plan de la citadelle, qui doit

Pagode de Tagne-pheuoc.

être très-exact; car, en se transportant tout autour de la ville pour choisir l'emplacement de la nouvelle légation, il a pu prendre ses angles avec un graphomètre. Cette légation a causé et cause encore aux Annamites bien des soucis. Forcés de la subir, ils auraient voulu la voir le plus loin possible de la ville, et trouvaient toujours quelque prétexte pour refuser l'emplacement qu'on leur demandait. Tantôt le terrain appartenait au roi ou à ses parents, tantôt c'était un endroit consacré, etc... Ils proposèrent, je crois, le village de Vian-deuong ou la colline de Long-theu, à quatre kilomètres de la case du P. H..... Enfin elle va s'élever presque en face de celle-ci, à côté de la case des ambassadeurs; mais à quelle hauteur s'élèvera-t-elle? autre souci de Sa Majesté et de ses ministres.

J'ai emmené M. S..... passer deux jours à Tagne-pheuoc. Au moment de quitter la légation, de nombreuses détonations se font entendre; je cours vers le débarcadère, et j'aperçois sur le glacis de la citadelle, qui sert de champ de manœuvre, de grosses masses noires qui se meuvent au milieu de nuages de poudre. Nous nous hâtons de traverser le fleuve pour assister de plus près aux exercices des éléphants. Ils sont là une vingtaine, dont trois ou quatre d'une taille gigantesque; l'un d'eux doit être fort méchant, car il est presque entouré de chaînes de la grosseur de celles de nos navires.

Sur leur dos, des soldats annamites agitent des lances et de petits drapeaux; d'autres troupes de soldats vêtus de leur costume de théâtre courent derrière eux et les excitent. Ils s'avancent, sur deux lignes, contre un premier rang de pieux et de palissades défendu par d'énormes mannequins armés de piques et de fusils de bois. Derrière les mannequins, des soldats déchargent en l'air leurs fusils, tirent des pétards et se sauvent, car les éléphants arrivent rapidement, faisant trembler le sol sous leurs pas. A travers les nuages de poudre et de poussière, on les voit broyer les palissades ou les faire voler en l'air avec les mannequins. Les tam-tams, les cris des soldats et des éléphants, mêlés au bruit des détonations, font un charivari épouvantable. Les éléphants renversent ainsi successivement deux ou trois lignes d'obstacles, et l'exercice se termine par une petite fête en leur honneur. On les fait tourner en rond, toutes les troupes rangées autour d'eux, et on leur donne une sérénade, après quoi les cornacs les emmènent, et les soldats ramassent les vaincus. Cet exercice très-divertissant offrirait un plus beau coup d'œil à la tombée de la nuit, car pendant le jour les rayons du soleil font trop pâlir ces feux d'artifice. Je n'ai vu à Hué qu'une trentaine d'éléphants dressés. Ces animaux seraient certainement très-utiles pour transporter des bagages ou de l'artillerie, surtout dans les montagnes; mais tiendraient-ils devant nos armes? Ce n'était pas l'opinion de M. R..., et l'expérience d'un aussi habile chasseur de bœufs sauvages et d'éléphants me paraît indiscutable.

6 *novembre.* — Hier, M. V... me faisait prévenir que le roi était venu visiter le *Scorpion* et le *Bien-hoa.* Voici comment les choses se sont passées. Le 3 au soir, on a conduit les deux navires dans le canal à l'est de l'île Daïdo, et on a prévenu les Français d'avoir à s'éloigner dès le lendemain de bonne heure avec leurs domestiques chinois; l'équipage même devait battre en retraite, et

Exercice des éléphants sous les murs de Hué.

les mandarins rester seuls à bord. Le 4, dès six heures du matin, le mandarin pressait M. V... de prendre son café et de partir. Un cordon de soldats s'étendait le long des deux rives du canal; la circulation des barques fut interrompue, et les habitants durent se tenir assez loin pour ne rien voir; sur tout le parcours du cortége royal, il en fut de même. Le roi et quelques princes et grands mandarins n'arrivèrent à bord qu'à trois ou quatre heures du soir, et passèrent devant nos mandarins à genoux, qui m'avouèrent n'avoir pas osé lever les yeux. Cette visite, dictée par les convenances (c'était bien le moins que le roi parût s'intéresser aux navires dont la France lui avait fait cadeau), ne pouvait avoir d'autre résultat que la satisfaction d'une curiosité puérile et sans but, car l'entourage de Sa Majesté était aussi ignorant qu'elle sur tout ce qu'ils voyaient.

Ce souverain, qui vit au milieu de ses femmes et de quelques grands mandarins, et ne sort que pour chasser, faire des sacrifices, ou aller s'enfermer quelques jours dans les palais qui renferment les tombes de ses ancêtres, ce souverain, sur le passage de qui les petits disparaissent et les grands s'agenouillent les yeux baissés, qui ne voit, n'entend jamais rien que par son conseil privé et ses ministres, ce souverain peut s'occuper des affaires de l'État, mais il ne gouverne réellement pas. Tout revêtu qu'il soit de la puissance la plus absolue, il est déjà rien que par l'étiquette l'homme le plus esclave et le moins bien informé de son royaume. Il est maître de la vie de ses sujets, du dernier paysan au plus grand mandarin; son premier ministre tremble, dit-on, devant lui, et s'incline devant ses moindres caprices, et cependant il n'échappe pas à l'influence de la classe des mandarins, et n'est que l'instrument de leur politique.

Gia-Long, qui, plus que Henri IV, conquit son royaume, qui en dirigeait lui-même tous les services et avait toute l'influence, toute l'autorité, tout le prestige que donne la victoire et une supériorité incontestée, était déjà obligé à la fin de son règne de compter avec les mandarins ; et cet homme était une exception, un phénomène d'activité et d'intelligence parmi les Annamites !

Depuis sa mort, la classe des mandarins a pour ainsi dire disposé de la couronne en prenant dans la famille royale un successeur à son choix, et les rois soumis à son influence n'ont plus été que les éditeurs responsables d'un gouvernement auquel ils prennent une part plus apparente que réelle. La politique étrangère de l'Annam ayant toujours été malheureuse depuis cette époque, et tout le poids des fautes commises retombant sur la royauté, celle-ci s'est amoindrie, et la puissance des mandarins s'en est accrue d'autant.

Le piédestal qu'ils font à leur roi est si élevé, l'isolement dans lequel ils le tiennent est si complet, qu'il n'est plus qu'une sorte de fétiche à qui ils font croire, dire et faire ce qu'ils veulent, tout en criant bien haut que le roi est le seul maître.

C'est on ne peut plus commode : chacun se rejette la responsabilité, le simple mandarin sur ses supérieurs, les ministres sur leurs subordonnés ou sur le roi. Voir celui-ci, tâcher de l'instruire ou de modifier ses idées, a été jusqu'ici peine perdue ! Il ne pourrait rien d'ailleurs contre cette grande classe dirigeante, et, pour se débarrasser de cette tutelle, il chercherait en vain à s'appuyer sur le peuple, classe peut-être moins profondément vicieuse, mais plus ignorante, plus incapable encore que les mandarins, et tout à fait impuissante, car chez elle tous les ressorts sont usés par ses vices, développés par de longs siècles d'oppression.

Je reçois aujourd'hui une lettre de Tourane, datée du 25 octobre. L'état sanitaire n'y est pas fameux, et nos compatriotes sont plus ou moins malades [1]. M Dufourcq a eu une espèce de cholérine, dont il commence à se remettre. « Si nous disparaissions, me dit-il, nous aurions la consolation de savoir que nous serons enterrés comme des chiens, et que les corbeaux s'arracheront nos fru-ques. Je retrouve un peu de force, mais il ne faut pas chanter victoire tant que quelque cyclone n'aura pas renouvelé de fond en comble l'air ambiant. »

La saison des pluies tiendra lieu de cyclone. Dès la fin d'octobre, le ciel, si pur pendant tout le courant du mois, est devenu nuageux, grisâtre. Les pluies ont réellement commencé le 5 novembre, ce qui m'a décidé à rentrer. La température, moins élevée, est agréable. Je me lassais à la fin de ce beau temps continu, et me rappelais ce passage d'un livre de Michelet : « Les jours passaient identiques; pas une feuille de moins sur la terre, pas un nuage au ciel. Grâce, nature éternelle ! au cœur changeant que tu m'as fait, accorde au moins un changement, et que la nature me rende enfin l'idée de rénovation. »

---

[1] Les eaux des rivières ne sont généralement pas bonnes à boire. Les étrangers feraient peut-être sagement d'imiter les indigènes, qui boivent rarement de l'eau sans l'avoir fait bouillir auparavant.

10 *novembre*. — Quatre jours de ciel couvert, de pluie continuelle ! Ce temps ne me déplaît pas. S'il rend plus pénibles mes opérations, il me débarrasse au moins de l'importunité des Annamites, qui ont horreur de la pluie. C'est assez naturel, car les gens du peuple ont le même costume en hiver qu'en été, et les gens riches se contentent de porter un vêtement de coton de plus ; quand il pleut, les uns et les autres ajoutent à ce costume un manteau de feuilles. Un beau manteau de mandarin coûte environ deux piastres.

Par suite des pluies, nous avons déjà eu une première inondation. Le *Scorpion* étant amarré à la berge de la rivière de Ba-truc, j'ai pu en mesurer facilement la crue. L'eau a monté de 0ᵐ,60, mais le courant ne dépasse pas deux milles. Inutile de dire que toute la plaine est inondée ; toutefois, les rives du grand fleuve présentant des berges d'un à deux mètres, on peut encore aller à pied à Mang-ca.

J'ai fait connaissance avec les bonzes d'une pagode des environs ; ces gens sont doux, polis, et leur accueil m'a engagé à les revoir. Ils m'ont offert des fleurs de leur jardin, ombragé par de beaux arbres, et m'ont fait la même impression qu'à M. Dufourcq, qui, à propos de sa visite aux grottes de marbre, près de Tourane, m'écrivait ce qui suit :

« ... Au-dessus des grottes, nous trouvons une espèce de plate-forme avec de beaux arbres, entourée d'aiguilles de marbre et couverte d'une végétation étrange ; quelques cases de bonzes, dont le chef nous fait un accueil cordial. Ces bonzes font vœu de chasteté, tiennent une école de jeunes bonzillons que séduit la perspective d'une vie oisive, car ils sont dispensés du service militaire, et le roi leur donne une certaine quantité de riz. Ils reçoivent d'abondantes aumônes, et à certaines époques de l'année tiennent boutique d'objets de religion. En somme, de braves gens avec leur tête tondue, pacifiques et engraissant dans leur vie contemplative. Peu nombreux, et absence complète de beau sexe; leurs vœux de chasteté sont garantis par une sanction pratique; car, s'ils les enfreignent, on les prend pour le service... »

Ne sortant de leurs paisibles et poétiques retraites que pour les cérémonies publiques, fêtes, enterrements..., vivant sagement loin des luttes de la politique, les bonzes ne doivent pas avoir beaucoup d'influence dans le gouvernement de leur pays; mais, bien vus des mandarins, ils jouissent auprès du peuple de la même considération que ceux-ci. On se tromperait, je crois, en prétendant le contraire, sous prétexte que les Annamites se moquent d'eux. De qui ne se moquent-ils pas? Est-ce que les plus grands mandarins, ceux dont ils craignent le plus les coups de rotin, échappent à leurs railleries?

11 *novembre.* — Je suis resté aujourd'hui à Tagne-pheuoc. Dès le matin, le P. H... est venu à bord pour aider les secrétaires chargés de l'inventaire, et est resté à déjeuner avec nous. Il m'apportait une lettre de Tourane, dans laquelle M. D... m'apprend que les Annamites ont terminé le déchargement de la *Mayenne* et se montrent toujours aussi farceurs avec les Français. Tantôt ils les font demander au village de Tourane, et leur imposent une course de trois heures, au soleil, pour leur dire ensuite qu'on s'est trompé et qu'on n'a pas besoin d'eux; tantôt ils s'inquiètent de leurs correspondances,

font des difficultés pour les transmettre, et vont même jusqu'à vouloir connaître le contenu des lettres ! La place me manque malheureusement pour reproduire les très-intéressants détails que me donne mon collègue sur le voyage d'essai que les Annamites ont fait faire au *d'Entrecasteaux*. Cet aviso devant aller aux îles Kiame (à trois heures de Tourane), son capitaine avait invité M. Dufourcq et son mécanicien à venir à son bord pour cette petite partie de plaisir; mais au retour, la brise se lève, la mer se creuse; les Annamites sont introuvables, les chauffeurs ne veulent plus chauffer, et au lieu de rentrer dîner à Tourane, voilà nos amis forcés de passer une fort vilaine nuit au large, et obligés de faire à quatre la besogne de deux cents hommes. Leurs forces étaient épuisées quand au jour ils se trouvèrent devant la baie de Tourane, où ils se hâtèrent de venir reprendre leur mouillage. Le capitaine et l'illustre Cognac, — 'qui jure de ne plus naviguer qu'en palanquin, — espèrent que ce sera pour longtemps.

« Eh bien, dis-je au P. H..., Sa Majesté doit être satisfaite, le *d'Entrecasteaux* a montré qu'il tenait bien la mer; à quand le tour de la *Mayenne?*

— On parle de l'envoyer à Hong-kong avec un chargement de riz.

— L'exportation du riz n'est donc plus interdite? Mais j'oubliais que Sa Majesté, étant le seul marchand en gros du pays, est libre de s'affranchir de ses propres règlements. »

Les Annamites ont-ils bien étudié ce projet? Je ne sais, mais pour plusieurs raisons son exécution me semble problématique.

1° L'Annam produit, il est vrai, plus de riz qu'il n'en faut pour sa consommation ; mais le vol, le gaspillage, la piraterie et les naufrages ont jusqu'à présent si bien absorbé la plus grande partie de ce surperflu, que les rois d'Annam, ne pouvant rien contre ces quatre principales causes de perte, ont sagement interdit l'exportation du riz ou ne l'ont autorisée que dans des proportions insignifiantes. Or la *Mayenne*, en un seul voyage, peut en enlever une quantité considérable sur le marché ; le prix de cette denrée de première nécessité deviendra très-élevé, et cette mesure ne manquera pas de mécontenter la population, sans compter que les mandarins seront assez habiles pour la présenter comme une innovation due aux Français. On parle aussi de n'exporter que du riz de qualité inférieure pris dans les magasins (les Annamites ont des greniers d'abondance, j'admets qu'ils sont mieux approvisionnés que les magasins de l'armée et de la marine) ; or ce riz sera évidemment vendu à perte sur le marché de Hong-kong.

2° L'époque de la mousson de nord-est ne peut être choisie pour faire ce voyage, et il faudra attendre jusqu'en avril ou mai pour le tenter.

3° Le roi d'Annam doit depuis longtemps une somme assez forte (60,000 piastres, je crois) à une maison de Hong-kong pour l'achat de différents bateaux. Condamné à payer par le tribunal anglais, le ministre d'Annam a écrit au président du tribunal une lettre insensée dont le fond est que les Anglais ne connaissent rien de la justice, des rites, etc. Le président peut rire de ces folies grotesques, — les Anglais ne prennent pas ces Excellences au sérieux, — mais il est probable que si la *Mayenne* allait à Hong-kong, elle y serait aussitôt arrêtée, ce qui ne laisserait pas que de causer de nouveaux embarras au gouvernement de Saïgon.

Enfin, si l'espoir de tripoter encore à Hong-kong peut faire désirer ce voyage par quelques mandarins, les difficultés de la mission doivent les faire réfléchir. Et puis, que de choses peuvent se passer d'ici le mois de mai 1877!

CHAPITRE XI

15 *novembre.* — M. S... est venu passer la journée du dimanche à bord, ce qui est toujours une fête pour des exilés comme nous. M. V..., qui a bien voulu se charger à perpétuité des fonctions de chef de gamelle, s'en acquitte à merveille, et tire le meilleur parti de notre cuisinier chinois et des ressources du pays.

Le poisson de mer et de rivière, assez bon, très-abondant, ne coûte presque rien. Nous mangeons presque tous les jours des œufs et de la volaille, et selon le moment, on trouve à très-bon marché des aubergines, des tomates, des champignons, des pois, des fèves, des haricots verts, des épinards, des patates douces, des choux palmistes, des navets, des concombres, des oignons, des potirons, des topinambours, du pourpier et différents herbages. A la légation, ces messieurs ont un petit jardin qui leur donne quelquefois de véritables salades et du cresson! Les Annamites ne mangent que de la viande de porc ou de buffle; on est bien vite dégoûté de la première, on l'est d'avance de la seconde.

Leurs petites vaches coûtent de vingt-cinq à vingt-sept francs; la chair en est passable, et je la préfère à toute autre. Ils ne traient pas leurs vaches, et n'aiment pas le lait, car un médecin indigène, à qui je disais que nous l'employons comme traitement dans la dyssenterie, faisait la grimace en me répondant : « *Chaou qoua* » (très-mauvais).

Les poules d'eau, les canards domestiques et sauvages abondent; le gibier est plus rare et se compose de lièvres, cailles, bécassines, paons, etc... En somme, on trouve ici des viandes et des légumes variés; mais tout cela pèche par la qualité, que ne peut dissimuler l'emploi exagéré de poivre, de piment, de gingembre, etc., que font les cuisiniers annamites et chinois. Le nôtre s'entend très-bien à faire sauter l'anse du panier; je crains que ce mauvais exemple entraîne plus notre *boy* que toutes les séductions des mandarins. *Co-piou* est un jeune Chinois d'environ dix-sept ans, pas trop au courant de son service, un peu paresseux, mais ayant de précieuses qualités : il est honnête, propre, économe, tient bien nos intérêts, et les défend même contre son compatriote le cuisinier. Il est rangé, ne quitte presque jamais le navire, et en notre absence veille à nos chambres; de plus, il a fait de grands progrès en français et en annamite, et nous rend déjà d'inappréciables services. Nos mandarins, pour qui il n'y a ni grands ni petits moyens, mais seulement des moyens, flattent souvent nos domestiques, les cajolent et, ma foi, les traitent comme des égaux. Ils me paraissent avoir réussi à gagner le cuisinier, mais je doute qu'ils aient le même succès avec Co-piou, qui, vivant toujours dans son office à côté d'eux et de nous, entend tout, voit tout, sait tout, et compare.

Ce matin, mon mandarin s'est présenté chez moi pour me lire une lettre du ministre, qui m'invite à instruire les mandarins et à m'entendre avec eux sur la direction à donner à l'équipage!

« *Inam khong biet gi het* (les Annamites ne savent rien du tout), me dit-il pour la centième fois (la plupart des mandarins de Hué prononcent en effet *Inam*, et non *Annam*).

— Vous reconnaissez toujours ne rien savoir, mais ni vous ni les autres ne voulez rien faire pour vous instruire. J'y ai perdu mon temps et mes peines, et n'y ai gagné que des ennuis. Quand je vous fais travailler, vous êtes mécontent, et vous vous plaignez au ministre, et d'autre part, quand les hommes ont fait quelques exercices, on les remplace par d'autres tout à fait ignorants. Vous ne m'y prendrez plus, c'est fini!

— Mais le ministre donne l'ordre.

— Eh bien, vous écrirez ce que je viens de vous dire au ministre. Je ne suis pas obligé de faire ce qu'il me demande; c'est probablement pour me créer de nouveaux embarras.

— Alors vous lui répondrez.

— Non pas, ce soin vous regarde. Moi, je ne veux avoir de rapports avec le ministre que pour les affaires relatives à mon contrat. Je suis ici le capitaine de route; quand vous me demanderez un conseil, je vous le donnerai, peu m'importe que vous le suiviez ou non, mais je ne veux pas m'occuper de vos affaires. Agissez de même avec moi, et nous vivrons en frères, comme vous le dites. »

Je remarquai aussi que dans cette lettre on me désignait sous le nom de *Cagne thiou*, qualification qui ne se donne pas ici à un monsieur ou à un mandarin. J'avoue que je m'en serais peu soucié, si je n'avais su l'importance considérable que les Annamites attachent aux distinctions sociales. C'était donc de leur part une intention bien arrêtée, — non pas de me blesser directement, car ils ne pensaient pas que j'aurais l'idée de me faire montrer les caractères chinois qui me désignaient, et de me les faire expliquer, — mais de montrer à tous les Annamites entre les mains de qui passaient les lettres, le peu de cas qu'on faisait des Français. Or je ne jugeai pas, par respect pour ce titre de Français, devoir laisser passer cela.

« Vous écrirez aussi au ministre, dis-je au mandarin, que s'il m'envoie encore des lettres où je serai désigné de cette façon, — et je m'en assurerai tout d'abord, — je n'en écouterai pas la lecture, et que si jamais lui ou n'importe quel mandarin se permettait de m'appeler autrement que vous ne l'avez fait jusqu'ici : *Ong kouan lang sa* (M. le mandarin français), je lui adresserai la parole en annamite, en employant le *mai* » (pronom *toi* de supérieur à inférieur).

Dans l'après-midi, j'ai été faire un tour à la légation, et comme je me plaignais de cette qualification : « Ne vous en fâchez pas, me répondit-on ; ils en donnent bien d'autres aux Français et aux missionnaires, que, dans leurs documents, ils appellent *brigands, gens de rien,* etc. ! »

16 *novembre.* — Aujourd'hui, le P. H... a déjeuné avec nous. Il est venu faire l'inventaire des caisses à poudre dont j'ai prudemment gardé les clefs jusqu'à

présent, au grand mécontentement des mandarins, qui n'ont pu, suivant leur habitude, piller la soute pour aller à la chasse. En remettant les clefs au P. H..., je l'ai prévenu que ma responsabilité prenait fin, que je ne les reprendrais pas, et qu'il pouvait les remettre aux mandarins. quand il aurait constaté que tout ce qu'avait donné le gouvernement français était intact.

Pendant ce temps-là, le fils du ministre de la guerre et quelques mandarins sont arrivés. Nous leur avons offert une petite collation : gâteaux et liqueurs, pour lesquels ils ont un goût prononcé. Le fils du ministre est un jeune homme de dix-huit ans, d'un physique agréable, de manières convenables ; il paraît doux, sans doute par crainte ou par timidité; cependant il faut noter que les grands mandarins ont en général meilleure façon que leurs inférieurs. Mes visiteurs m'ont interrogé sur les applications de quelques sciences, dont ils n'ont pas la moindre notion, et j'ai essayé de tirer d'eux quelques éclaircissements sur certains points de l'histoire d'Annam.

En voyant mon sabre accroché au-dessus de mon lit, l'un d'eux me dit tout étonné :

« Comment un mandarin lettré comme vous peut-il avoir cet instrument?

— Il me paraîtrait bien plus étonnant, lui dis-je, de voir qu'en Annam, où il y a une séparation bien plus grande qu'en France entre les mandarins civils et militaires, on nomme des lettrés capitaines, généraux ou ministres de la guerre, si en voyageant je n'avais appris que nous trouvons souvent bizarres ou curieuses chez les étrangers des choses qui ne nous frappent pas et nous semblent toutes naturelles dans notre propre pays. »

Après s'être fait longuement expliquer ma réponse, ils voulurent avoir quelques exemples, et je leur demandai si le roi ne décernait pas — après leur mort — des honneurs, des titres aux grands mandarins qui l'avaient bien servi. « C'est vrai, me dirent-ils. — Eh bien, cela peut surprendre bien des Européens, qui cependant voient tous les jours sur les places de nos grandes villes s'élever des statues, genre de récompense à peu près pareil. » Et quand je leur expliquai ce qu'étaient ces statues, ils m'avouèrent qu'ils en avaient entendu parler, et en avaient été fort étonnés.

Enfin je n'échappai pas à ces questions : Quel âge avez-vous? êtes-vous marié? etc., questions si invariablement posées par les Annamites, que je finis par — monter la même scie — à tous les indigènes avec qui je fais connaissance.

Le P. H... et nos mandarins sont revenus un peu effrayés de leur visite; ce ne sont pas les caisses à poudre qui causent leur effroi, mais bien l'état des fonds du navire, qu'ils trouvent pourris. A un endroit surtout l'eau pénètre par une ouverture où l'on peut passer la main ! Ils voudraient m'entraîner pour me montrer ce que je sais mieux qu'eux.

« Puisque, en somme, vous reconnaissez le mauvais état du *Scorpion*, vous appuierez sans doute maintenant auprès du ministre les demandes que je lui ai faites pour avoir les fournitures nécessaires à son entretien; mais au fond je crois que toutes mes lettres sont parfaitement inutiles. Puis-je penser autrement, quand je vois que dans ce pays où la chaux abonde, où tout le monde en chique du matin au soir, je n'ai encore pu en obtenir une seule fois! Vous avez ici du bois, de l'huile, des résines, de l'étoupe, etc , et je n'en peux avoir! Je donne des conseils, on n'en suit aucun!

— Combien de temps le *Scorpion* peut-il durer?

— Assurément pas longtemps, si ce régime continue. La saison des pluies lui portera un rude coup; la sécheresse l'achèvera. »

Ouf! quelle patience il faut avoir! Voilà une journée perdue avec cette visite, qui n'aura pas plus de résultat que les autres.

21 *novembre*. — Ces jours derniers, j'ai rencontré deux fois à Kieu digne le mandarin du *Bien-hoa*, gaillard aussi remuant qu'il est petit. A propos de taille, remarquons qu'à Hué les Annamites sont en général plus grands qu'en Basse-Cochinchine, tout aussi gauches, débanchés, et que les plus petits paraissent plus vifs, plus intelligents. Ils ont d'ailleurs le même type de physionomie. On rencontre aussi quelques individus dont le teint, les traits et la chevelure se rapprochent un peu de ceux du nègre; mais ils sont peu nombreux.

Le mandarin du *Bien-hoa* m'a indiqué chaque fois sa case sans m'inviter à y entrer, et je n'ai pas jugé utile d'insister. Celui-ci cause volontiers — même en public — avec moi, et a le talent de comprendre et de se faire mieux comprendre que la plupart de ses collègues. Sa figure, ses gestes, en disent autant que ses lèvres, et dans un pays où tout le monde se ressemble à peu près, il a un cachet bien marqué d'originalité.

Encore un qui voudrait me faire marier à court ou à long terme, au choix. Si j'écoutais ces bons mandarins, j'aurais déjà un harem. La polygamie n'a pas ici pour heureuse conséquence, comme en certains autres pays, la suppression d'une plaie qui, dans nos pays civilisés, est presque devenue une institution sociale; et cela me semble dû principalement à deux causes : d'abord les femmes jouissent de leur liberté, et secondement les riches seuls ont plusieurs femmes et en ont peu, les grandes fortunes étant rares.

Je ne me rappelle pas quel écrivain s'est demandé lequel de l'homme ou de la femme était en Annam le plus débauché, le plus provocateur, et je ne saurais davantage trancher la question. Parmi les nations qui se prétendent civilisées, je n'en connais pas où les mœurs soient plus relâchées.

Si par tempérament les Annamites sont portés à la débauche, la religion des bonzes ou la morale de Confucius se montrent impuissantes à les en détourner; et si la misère y est pour quelque chose, il faut bien voir qu'elle n'est qu'une conséquence de leur paresse, de cette paresse incroyable qui est pour les Annamites la grande cause première de tous leurs vices, la cause de ce qu'ils sont, et comme hommes et comme gouvernement : une société et un état en pleine décadence.

La misère est grande en effet, quoique le pays soit riche par lui-même. Je constate en passant que je ne fais pas la plus petite promenade sans qu'une quantité d'individus viennent me demander l'aumône. Que de gens à peine vêtus! Cependant les Annamites ne sont pas avares, et ils aiment beaucoup la toilette. Ils joueront peut-être leurs effets, mais pour en avoir ils se passeront de manger. S'ils le pouvaient, ils n'iraient donc pas dans un état de nudité quelquefois complet. Nous avons constamment sous les yeux un sampan qui est attaché au service de notre équipage : sur ce sampan vit une famille composée du père, de la mère et de deux enfants, dont l'un est presque à la mamelle et l'autre, qui a de quatre à cinq ans, commence à aider ses parents à ramer; eh bien, l'homme et la femme n'ont qu'un mauvais caleçon pour tout costume. Inutile d'ajouter que les enfants sont complétement nus : ce sont les pauvres de M. V..., qui leur donne chaque jour quelques sapèques, et qui vient de leur faire cadeau de vieux effets pour passer l'hiver.

26 novembre. — A l'époque de notre convocation, le ministre nous avait invités, comme on l'a vu, à lui écrire, et avait ainsi réglé le mode de transmission des lettres.

Quand elles n'avaient trait qu'à des questions personnelles, elles devaient être remises cachetées aux mandarins; si elles étaient relatives à des questions de service, elles devaient leur être présentées tout ouvertes! et dans tous les cas, transmises par eux au ministre.

Or mes dernières lettres, motivées par des faits portant atteinte aux stipulations de mon contrat, me revenaient encore mieux cachetées qu'à leur départ.

Si, selon le désir exprimé par le ministre, je lui avais écrit pour lui dire tout ce qui se passait à bord, je n'en aurais jamais fini!

Le lecteur, parfaitement au courant de la situation, m'excusera, je crois, si je passe sous silence les mille tracasseries que je trouve notées à chaque page de mon journal, et si je me borne à écrire ce qui est absolument nécessaire pour lui permettre de bien apprécier les Annamites.

Nos mandarins et les autres chefs subalternes annamites vivent dans un contact perpétuel; les mêmes vices, les mêmes goûts, les mêmes habitudes les rapprochent : la haine de l'étranger, la crainte de perdre la faveur des grands et leur influence sur les petits en se liant avec nous, leur présomption, leur orgueil, tout enfin porte les mandarins à désirer ardemment le départ des Français.

Sans entrer dans de grands détails, mon *boy* me racontait un jour ce qu'il venait d'entendre de son office. « Des mandarins demandaient au mien s'il ne serait pas bientôt débarrassé de ses brigands de Français, et se montraient désolés d'apprendre que je me portais à merveille et ne voulais pas partir. » Dernièrement, un mandarin me disait à moi-même, d'un air convaincu : « Nous n'avons pas besoin des Français, tout au plus nous faut-il un mécanicien pour nous enseigner quelques réparations. » Cette prétention est peut-être de bonne foi chez des gens qui, ne sachant pas le premier mot d'une science quelconque, croient sans hésiter ce que leur dit le premier ouvrier annamite venu. Celui-ci devine bien l'intention du mandarin qui l'interroge, et, par crainte autant que par vanité, répond qu'il en sait autant que les étrangers; sa vanité ne tombe qu'en notre présence. Nous devons cependant reconnaître aux Annamites une grande facilité d'imitation, qualité qu'ils partagent avec la plupart des peuples ignorants ou sauvages ; ils se figurent savoir faire ce qu'ils ont vu une fois, et réussiraient mieux s'ils avaient un peu de raisonnement et de jugement.

Sont-ce maintenant les mandarins, encore plus ignorants, qui iront discuter une réponse qui les satisfait? Pour eux nous sommes quelque chose de pire que les plus affreux communards, car nous représentons un monde d'idées complétement différentes des leurs, et à la haine contre l'envahisseur s'ajoute encore la crainte des idées nouvelles.

Parmi les voyageurs, les uns accordent, les autres refusent aux Annamites de l'intelligence : les uns et les autres les ont jugés à des points de vue différents. S'il est vrai que les Annamites ne montrent guère de dispositions pour apprendre les sciences, — leur talent d'imitation non raisonné n'étant que l'effet d'une sorte d'instinct ou d'intelligence rudimentaire, — ils montrent au contraire beaucoup de ressources et d'intelligence dans toutes les questions où leur intérêt est en jeu. C'est que l'intelligence se développe par l'étude, et que la grande étude des Annamites est celle des conditions qui régissent leur société. Aussi est-il une science presque innée chez eux ; celle que développent surtout leurs vices et un gouvernement aussi absolu que le leur : c'est la science de la bassesse, de l'intrigue, de la ruse, conditions fondamentales de l'existence et de l'avancement pour un mandarin. Sur ce terrain, ils rendraient des points aux plus adroits courtisans, aux plus rusés diplomates. Leurs dispositions doivent être devenues naturelles par un long usage : elles sont dans le caractère, les mœurs des habitants, comme dans leur gouvernement, gouvernement très-ombrageux parce qu'il sent sa faiblesse vis-à-vis des étrangers, parce que l'histoire, et tout autour de lui est là pour l'instruire de son avenir plus ou moins éloigné.

27 novembre. — Dernièrement, un mandarin me

disait qu'il ne comprenait pas qu'on me laissât faire des plans; — je crois même que ce brave homme était étonné de me voir encore en vie ou en bonne santé.

« Mais, lui répondis-je, je ne me cache pas, et si mon travail paraît inquiétant, que ne me défend-on de le continuer? »

Cela n'a pas tardé : « Les Annamites, me dit aujourd'hui M. R....., ne veulent pas que nos bâtiments de guerre fassent de l'hydrographie; à plus forte raison doivent-ils s'opposer à ce que vous fassiez le plan de l'intérieur du pays. Je vous engage même à ne dessiner ni paysage ni pagode. »

30 *novembre*. — Nous sommes allés hier, mon mandarin et moi, faire une petite promenade aux environs. Nous visitâmes d'abord *Toui-teu*, petit village dont le fortin commande le confluent de la rivière de Ba-truc et du Truong-thièn; puis, traversant le fleuve, nous parcourûmes le marché de *Lang-sin*, où notre cuisinier vient faire ses provisions journalières. La population de ces trois groupes (y compris Tagne-pheuoc) est d'environ deux mille habitants, dont les principales ressources sont la pêche et l'agriculture.

En remontant le sentier qui longe la rive droite du fleuve, on devine sous les bois d'assez nombreuses agglomérations. Les cases voisines du sentier sont principalement habitées par des constructeurs de sampans et de barques de rivière. Les belles dimensions des pièces de bois leur permettent de faire de grandes embarcations avec trois ou quatre planches : pas de quille ni de couples; les planches sont percées de trous et assemblées au moyen de fibres de bambou.

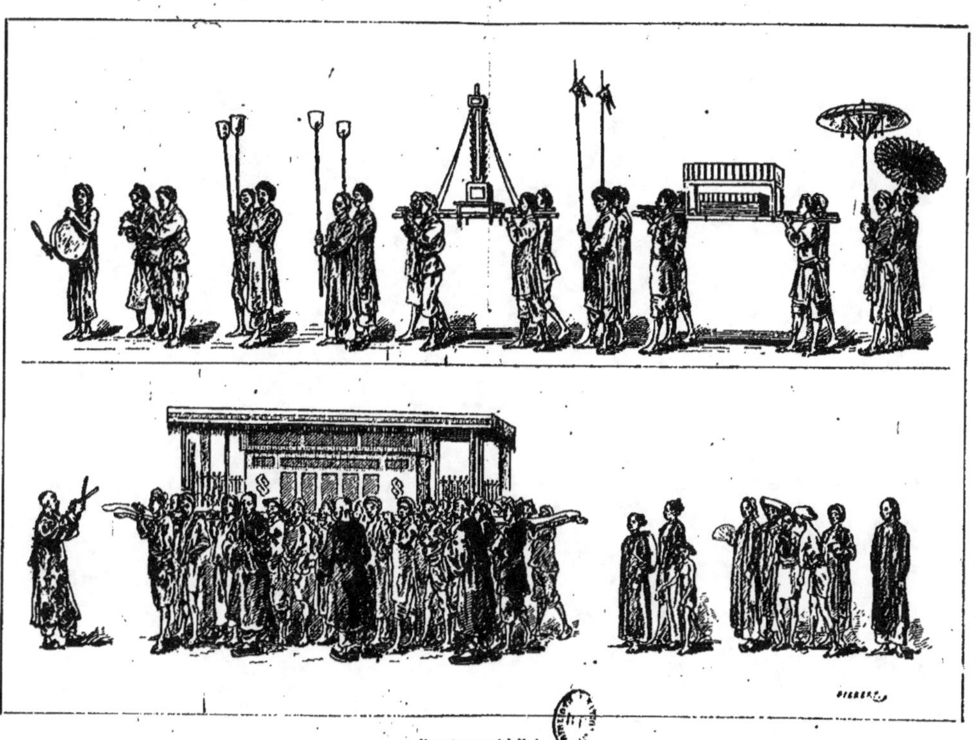

Un enterrement à Hué.

Ce spectacle amusant fort peu mon mandarin, nous passâmes sur la rive gauche et remontâmes jusqu'à Mang-ca. Au pont qui est avant le marché, nous fûmes arrêtés par un enterrement. Il est heureux que les transports se fassent surtout par eau dans ce pays; car, s'il en eût été autrement à l'époque du choléra, les sentiers eussent été impraticables. Pour avancer de dix pas, le cortége met bien dix minutes. A chaque instant il s'arrête au signal donné par le bonze qui dirige la cérémonie, signal répété par deux ou trois aides, au moyen des petits bâtons traditionnels. Les trente ou quarante porteurs déposent alors sur le sol le monument sur lequel repose le cercueil; le bonze chante une prière, et les gongs et les tam-tams couvrent à peine les cris des pleureuses gagées pour la cérémonie. Celles-ci, vêtues de blanc, se tiennent derrière le cercueil et entourent les parents, dont la place est réservée sous le dais. Au nouveau signal du bonze, les porteurs replacent, non sans peine et sans cris, le cercueil sur leurs épaules, et le cortége se remet en marche au son des flûtes. A terre, toutes ces démonstrations ont quelque chose de grotesque et même d'inconvenant; mais lorsque le cortége embarqué sur des sampans défile sur le fleuve, il présente un tableau plus décent.

Mon mandarin, fort ennuyé de se trouver dans la foule, me pria de rentrer; la promenade n'est pas son fort. Non-seulement les Annamites n'aiment pas la promenade, dans le sens que nous attachons à ce mot, — car le *di-kieui* veut plutôt dire s'amuser que se promener, — mais ils n'aiment pas la société; s'ils se réunissent, c'est uniquement pour jouer. Sociables, ils ne le sont pas, car il

12.

leur manque une des premières conditions de la sociabilité : la bienveillance. Ils sont généralement méchants (je parle des mandarins), défiants et jaloux à l'excès les uns des autres. Aussi, quand un mandarin quitte son bureau ou son travail, est-ce pour rentrer dans sa case, où il vit seul avec ses femmes, n'invitant ses connaissances que dans les rares circonstances où les usages l'y obligent : fêtes, repas de noces, repas des morts, etc.

Aujourd'hui il fait trop mauvais temps pour sortir ; j'en profite pour mettre en ordre mes notes météorologiques.

La saison des pluies ne se présente pas ici sous le même aspect qu'en Basse-Cochinchine. Là, on en est quitte pour un orage qui dure de deux à trois heures, puis le ciel redevient pur. A Hué, le ciel reste constamment couvert, ce qui rend le paysage fort triste. Un vrai temps d'hiver en France, moins le froid, car le thermomètre nous a donné ce mois-ci une moyenne diurne de + 24°. Les pluies continuelles dans les montagnes ont élevé d'environ cinquante centimètres le niveau moyen des cours d'eau aux environs de Hué. Dans la plaine, nous avons eu vingt et un jours de pluie sur trente, pluie tantôt fine, tantôt torrentielle. Dans ce dernier cas, les eaux montent rapidement de soixante à quatre-vingts centimètres, les plaines sont inondées et leurs habitants obligés de sortir de chez eux en sampan ; mais dès que la pluie diminue un peu, les eaux baissent.

Les vents viennent quelquefois du nord-est et de l'est ; ceux de l'ouest-nord-ouest prédominent, et sur quatre coups de vent, nous en avons eu deux du nord-ouest, un du nord-est, un de l'est ; en somme, fort mauvais temps. La barre du fleuve n'est praticable que par hasard; les communications par terre sont excessivement diffi- ciles, et les courriers entre Saïgon et Hué ont des retards de huit jours. L'humidité commence à se faire sentir assez désagréablement; le papier, qui était si sec au mois d'août, devient mou comme du linge, et une paire de chaussures se couvre de moisissure dans l'espace d'une nuit. Malgré cela, l'état sanitaire est bien meilleur qu'il y a un mois.

J'apprends ce soir, par une lettre datée du 21 novembre, certains faits qui avaient été dénaturés et colportés par un mauvais gazetier [1].

« . . . . . . Je te rappelle, m'écrit M. Dufourq, que nous vivons, H..... (capitaine du *d'Entrecasteaux*) et moi, sans avoir de relations avec personne. Je laisse les Annamites se débrouiller comme ils l'entendent, leur demandant seulement de ne pas me marcher sur les pieds et d'avoir toujours une baleinière à ma disposition. Personne n'est donc moins gênant que moi, et n'aime plus sa tranquillité. Mais arrivons à la question. Derniè- rement les Annamites ont cherché querelle à mon *boy* chinois, qui eut le tort de se rendre justice lui-même, sachant bien que, s'il avait raison, il trouverait en moi une suffisante protection. Au bruit qu'ils faisaient, j'accours sur le pont. Un des *cai* (caporaux), armé d'un rotin, frappait mon *boy*, qui se défendait de la langue et du poing. N'ayant pas le temps de faire des discours, et très-calme du reste, je mets la main sur la *cadouille* (le

---

[1] Ses services devaient plus tard être payés ce qu'ils valaient par les mandarins eux-mêmes.

rotin). Le *cai*, en proie à une violente colère (tu sais à quels emportements se livrent, quand ils se croient forts, ces gens qu'on dépeint si doux), refuse de me la donner. Tu devines assez que je n'ai pas envoyé chercher le ministre pour mettre le holà, et envoyer mon homme à quatre pas de là sur la culasse d'un canon. L'équipage, les mandarins arrivent, et je donne l'ordre au second mandarin de procéder à l'exécution du *cai*. Ce second mandarin, le comédien que tu connais, m'impatientait en me répétant toujours qu'il fallait écrire à Hué; cependant, après nombre de singeries, il se décide à faire administrer au coupable cinq ou six coups pour rire. Je fis arrêter, en signifiant que si la comédie continuait, j'allais m'en prendre au mandarin lui-même. Celui-ci m'offrit alors gracieusement la cadouille, mais je le regardai de telle façon qu'il préféra se charger de la besogne. A ce moment arrivent H..... et le premier mandarin, à qui son second s'empressa de faire un rapport peu à mon avantage. Décidé à me payer une forte dose d'amusement, je lui coupe la parole : « J'ai assez longtemps « supporté vos mauvais procédés, lui dis-je; désormais je « ne me plaindrai à personne et n'écrirai pas au ministre, « ce qui ne sert à rien; mais je m'en prendrai aux mandarins « eux-mêmes. » Puis brusquement : « As-tu un sabre? » — *Boy!* apporte-moi mon sabre. (J'entendais le boy rire à gorge déployée en cherchant mon grand sabre.) A la vue du fer, mon second mandarin change de couleur. Je lui saisis le bras en lui fourrant la poignée de l'instrument sous le nez, et lui dis : « N'aie pas peur, cher « frère, il t'incommodera davantage tout à l'heure. » Il m'assure qu'il n'a pas de sabre, que mon idée ne lui sourit pas du tout, et qu'à l'avenir il fera donner toutes les corrections qui me seront agréables.

« Comme je suis l'obligeance en personne, et qu'à ce moment je m'amusais tout plein, je lui donnai l'assurance qu'au besoin M. H..... lui prêterait volontiers un sabre tout pareil ; sur quoi mon premier mandarin ajouta que c'était fort inutile, son second n'étant bon qu'à crier dans le porte-voix et à faire le *hat* (comédien).

« Voilà, mon cher, la scène drôlatique dont on a essayé de faire une tragédie, et de quelle façon les mandarins maltraitent les capitaines français. Je regrette de ne pouvoir te rendre les physionomies de tous ces palto-quets, qui calculent parfaitement tout ce qu'ils font. Ils sont méchants ; mais, parbleu ! le « sabre de mon père » est une excellente trouvaille pour mettre toute cette clique à la raison. . . . .

. . . . »

CHAPITRE XII

10 *décembre*. — Un nouveau chargé d'affaires, M. Ph..., est arrivé le 6 par l'aviso *l'Antilope*. Dès le lendemain, mon mandarin m'apprenait qu'on allait charger le *Scorpion* et une des corvettes, et que sous quatre jours nous partirions en la remorquant! A ces derniers mots, je ne pus m'empêcher de lui rire au nez. En quatre mois les Annamites n'ont pu faire un inventaire, et ils veulent armer et charger deux navires en quatre jours et prendre la mer pendant l'hivernage! N'importe; en présence de ces dispositions, j'ai jugé convenable de protester par écrit, et j'allais hier porter ma lettre à la légation, où nos résidents sont fort occupés à se remettre le service. Le moment était donc inopportun pour causer d'affaires.

Aujourd'hui, je reçois une lettre de M. R..., lettre écrite le 7! Les Annamites ont donc mis quatre jours pour faire une course de deux heures!!..... Je me hâte de terminer les préparatifs d'une excursion à faire demain, en compagnie de deux officiers de l'*Antilope*. Quelle charmante partie! je vais y rêver toute la nuit.

14 décembre. — Je rentre ce soir à six heures, passablement fatigué et mourant de faim, après une absence de trois jours. Ce qui me désole, c'est d'apprendre le départ de l'*Antilope* et de M. R..... M. R... emporte nos regrets à tous, et particulièrement les miens. J'éprouvais pour notre résident une respectueuse sympathie, légitimement due à son caractère, à sa courtoisie, à sa conduite à notre égard, et aux efforts qu'il fit toujours pour nous protéger contre la malveillance des Annamites; car chaque fois que nous lui portions une plainte et qu'il pouvait s'en occuper sans sortir des limites — bien étroites sans doute de ses instructions, — nous nous apercevions que la plainte avait eu son effet. Puisse-t-il en être de même avec son remplaçant! On paraît généralement en douter, car M. P..... (ancien successeur de F. Garnier au Tonquin) passe pour un ardent ami des Annamites. Cependant M. P..... est un ancien officier de marine; à ce titre, il comprendra facilement nos embarras, et s'il est si bien avec les Annamites, il aura probablement assez d'influence pour faire améliorer notre position. Tout en regrettant vivement M. R..., j'ai donc quelque confiance en l'avenir, et j'espère que ma première visite m'encouragera à patienter [1].

Avant d'aller plus loin, je consacrerai quelques pages à l'exploration que je viens de faire.

---

[1] Ce livre n'est pas un livre d'histoire, encore moins de polémique : disons donc, pour n'y pas revenir, que ces espérances ne devaient pas se réaliser.

Le 12 décembre au matin, à l'heure convenue, ma baleinière étant prête et mon *boy* embarqué pour nous servir de cuisinier, j'attendis en vain mes deux camarades. Les exigences du service les avaient probablement retenus à leur bord, et j'en fus très-contrarié, car la promenade projetée, qui était avant tout une partie de plaisir, était manquée. Je résolus cependant de tirer parti des dispositions que j'avais prises, en faisant tout seul une plus longue excursion, et en remontant le fleuve aussi haut que possible. En conséquence, je fis embarquer quelques paquets renfermant des instruments plus convenables que ma petite boussole, et je partis en disant que j'attendrais mes camarades à la légation. Là je me procurai un sampan, et perdant tout espoir d'être rejoint, je me décidai à remonter le fleuve.

Rangeant la rive gauche encore plus boisée, et surtout plus habitée que la rive droite, nous passâmes à dix heures devant la petite colline couverte de pins de Long-theu, où les Annamites auraient voulu reléguer notre légation, et nous aperçûmes un peu plus loin, à notre droite, deux grands bâtiments et une tour à plusieurs étages.

Celle-ci fait partie d'un couvent de bonzes, qui est entouré d'un mur percé de plusieurs portes, dont les planches mal jointes laissent apercevoir quelques cases : pagodes et habitations. Dans toute la province de Hué, c'est le seul établissement de ce genre qui ait une tour à étages.

Toutes ces constructions nous rappellent la Chine et le rôle civilisateur qu'elle a joué pendant les dix siècles que l'Annam est resté soumis à ses lois. Depuis cette

époque, quoique les Chinois soient le seul peuple qui
ait entretenu d'assez bons rapports et de nombreuses
relations avec les Annamites, ceux-ci n'ont conservé dans
le caractère, les mœurs, les usages, les institutions politiques et religieuses, que l'ombre de la civilisation que la
Chine leur avait imposée. La religion et les idées philo-
sophiques semblent garder encore l'empreinte originelle,
et cependant qu'en reste-t-il?

La religion de Bouddha est devenue la religion des
bonzes, dont le système est une sorte de métempsycose
d'après laquelle l'âme passe en enfer après la mort de
l'individu (les Annamites se connaissant bien n'admet-
tent pas que les âmes aillent droit au ciel); grâce à
l'intervention, aux prières des bonzes, qui se réservent
ainsi un emploi lucratif, elles peuvent passer dans le
corps d'un être humain ou d'un animal quelconque, et,
de pérégrination en pérégrination, arriver jusqu'au ciel.
Avec Bouddha, ils adorent une quantité innombrable de
divinités et de génies. Chaque famille a les siens, dont la
protection doit la préserver de tous les dangers. Des
doctrines chinoises, les Annamites n'ont donc conservé
qu'un tissu de superstitions grossières, et tout ce qui
pouvait causer une gêne quelconque a disparu; jamais
on ne voit comme en Chine les pagodes pleines de
fidèles; au contraire, celles-ci sont constamment désertes.
Pas de pratiques religieuses, pas de prières, mais des
cérémonies publiques bruyantes, accompagnées de grands
repas, voilà qui est du goût des Annamites. Dans la plupart de ces cérémonies le rôle de la religion est insignifiant ou nul, et même le « culte des ancêtres » est bien
moins inspiré par un sentiment religieux que dicté,

imposé par la coutume et la loi. Ce n'est pas non plus la religion, mais la loi, qui impose aux enfants le respect pour leurs parents et la soumission à toutes leurs volontés; c'est la loi qui force les enfants à prendre l'époux ou l'épouse que leur destine leur famille. Sous le régime de l'autorité despotique par excellence, le souverain tient ainsi dans la main tous les sujets : les enfants par leurs parents, les serviteurs par leurs maîtres, etc... Toute la famille d'un condamné est responsable et punie de la faute d'un de ses membres, et l'on a vu les rigueurs de la justice s'étendre jusqu'aux amis, jusqu'aux serviteurs du coupable. Il m'a paru qu'on avait d'ailleurs singulièrement exagéré cette soumission, ce respect imposés aux enfants, car je n'ai vu que trop souvent des fils injurier, et de la façon la plus grossière, leurs parents. Quant au culte des morts, qui consiste principalement à faire en leur honneur de grands repas et à s'enivrer plus ou moins, il est fort peu digne d'intérêt.

Les lettrés, les mandarins, tout en partageant les croyances superstitieuses du vulgaire, prétendent observer les rites ou les usages, et suivre la doctrine de Confucius; mais on aurait une bien triste idée des principes de morale de ce grand philosophe, si on les jugeait d'après les actes de ses adeptes. Enfin, peuple et mandarins assistent tous avec plaisir aux grandes fêtes, telles que les sacrifices au Ciel, à la Terre, etc., cérémonies empruntées au culte officiel de l'empire chinois, ou plutôt à la plus ancienne et peut-être à la plus belle des religions de la Chine, au culte de Yu-kiao.

Par caractère, par tempérament, je crois que les Annamites ne seront jamais passionnés ou fanatiques en fait de philosophie ou de religion; mais des individus aussi superstitieux ne sont assurément pas des sceptiques, comme certains écrivains l'ont donné à entendre.

De la berge sur laquelle s'élève la tour, en domine les deux autres bâtiments, dont le plus rapproché est le temple de Confucius. composé de plusieurs belles cases laissant entre elles une grande cour divisée en une quantité de petits compartiments par des murs de deux à trois pieds de haut. Le bâtiment le plus éloigné est l'Académie ou collège du gouvernement, où les jeunes gens des collèges provinciaux viennent compléter les études qui, après examen [1], leur ouvriront la porte du mandarinat. Concours, mandarinat, autres institutions chinoises dont l'esprit démocratique a été profondément altéré. Les concours sont la clef du mandarinat; il est vrai que c'est écrit comme beaucoup d'autres bonnes choses sont écrites dans les livres chinois, mais là s'arrête la ressemblance. En Annam, le mandarinat est de fait presque héréditaire, par la façon dont se passent les examens. On n'est pas fils de mandarin pour rien, et l'influence, l'intrigue, pèsent plus sur l'esprit des juges que les capacités et le mérite. Il n'y a à cette règle que de bien rares exceptions, motivées en général par d'importantes considérations politiques. Quand les candidats ont appris jusqu'à vingt ans et plus à lire et à écrire les caractères chinois, les voilà jugés propres à remplir indistinctement tous les emplois du gouvernement. Capa-

---

[1] Il faut assurément avoir la rage de l'assimilation pour trouver dans les « Chigne-hoc » « Keu-gneune » et « Tane-chii » des bacheliers, licenciés et docteurs!

bles, ils le sont tous également, étant tous égaux devant l'ignorance. J'ai vu de grands mandarins lettrés ne pas connaître l'histoire moderne de leur pays, et même ne pas pouvoir déchiffrer leur propre almanach!

Reprenons notre sampan et continuons à remonter le fleuve. Il s'en détache un peu plus loin une branche, qui forme comme un canal entre lui et une autre rivière. Celle-ci, descendant des montagnes, va rejoindre le canal ouest de la citadelle, de sorte que tout le rivage que nous venons de suivre est la partie sud d'une île presque entièrement boisée. Au sommet de la grande courbe que dessine le fleuve vers l'ouest, les premières montagnes, d'un aspect un peu aride et sauvage, envoient dans la plaine quelques ramifications séparées par de charmants vallons cultivés en rizières et sillonnés de gracieux petits ruisseaux.

Le village de Thang-hô disparaît au milieu des bois de bambous et d'aréquiers qui décorent la berge rougeâtre de la rive gauche, tandis que sur l'autre rive un grand banc de sable s'étend assez loin du rivage avant de se couvrir de bois et d'habitations.

A partir de Thang-hô, le fleuve traverse presque en ligne droite un terrain déjà un peu plus relevé et de moins en moins habité : à droite, des berges et des collines couvertes de bois sous lesquels on s'enfonce sans rencontrer autre chose que de petits autels élevés à Bouddha et à quelques génies; à gauche, des broussailles et des collines rougeâtres dépouillées de verdure. Nous arrivons ainsi à un grand escalier en pierre où le roi vient débarquer pour se rendre aux sépultures royales de Van-nêne, puis à une esplanade couverte de très-beaux pins. Des colonnes carrées, élevées de distance en distance sur les rives, indiquent les jardins royaux.

A Ngoc-hô, en face de Van-nêne, vient aboutir un contre-fort de Hon-dun, qui me paraît la voie la plus commode pour entreprendre l'ascension de cette montagne conique de quatre cent quarante mètres de hauteur et couverte de pins.

L'aspect du fleuve est ici très-agréable. Sa rive gauche, boisée, habitée, est bordée par un sentier bien entretenu ; mais bientôt la rive droite devient impraticable, car d'assez hautes collines tombent à pic sur le fleuve. A son confluent avec un petit ruisseau, est un îlot derrière lequel je débarque pour grimper sur la colline voisine, haute d'environ quatre-vingts mètres. Sa pente est telle, que je dois ramper et m'accrocher aux broussailles pour arriver à son sommet. On y jouit d'une fort belle vue sur toute la plaine de Hué ; mais du côté des montagnes, les bois et les accidents de terrain dérobent malheureusement à la vue le cours du fleuve. Je roulai plutôt que je ne descendis de mon observatoire, et j'arrivai bientôt à Kieu-touane, marché situé au confluent des deux branches qui forment le Truong-thiên.

Celle de l'est, paraissant courir parallèlement à la chaîne de montagnes, pouvait avoir un cours fort étendu que je n'avais pas le temps d'explorer ; je préférai donc remonter celle de l'ouest, et m'engager tout de suite dans les montagnes.

Pendant que mon *boy* me cherche un sampan beaucoup plus petit et plus commode, je parcours le marché situé sur la berge de la rive droite. Sur ces entrefaites, arrive un petit mandarin qui s'informe du

but de ma visite et s'étonne que j'aille à la chasse sans
fusil.

« J'ai tous les instruments qu'il me faut, mais je les
enveloppe à cause de la poussière et de l'humidité.

— Allez chasser de ce côté, — et il me montre la
direction du plateau inculte et mamelonné qui sépare
Kieu-touane de Dia-bigne; — plus haut il n'y a rien :
c'est un pays désert, sauvage, et vous ne trouverez pas
de riz.

— Ça m'est égal, j'ai de quoi manger.

— Vous ne pourrez pas avancer, le fleuve est barré
par des rochers.

— Eh bien, j'irai par terre. »

Voyant que mon homme ne cherchait qu'à me démon-
trer l'impossibilité d'aller plus loin, et craignant qu'il ne
me jouât quelque tour ou ne me créât des difficultés, je
l'emmenai en me promenant le long de la branche orientale du fleuve; puis, lorsque je jugeai que le petit sampan
devait être prêt, je m'arrêtai devant une case, et lui
disant adieu, je repris en toute hâte le chemin de Kieu-
touane.

En entrant dans la branche occidentale, mes nouveaux
bateliers abandonnent leurs avirons pour naviguer à la
perche. La solitude paraît régner autour de nous, car les
berges, de deux à trois mètres de hauteur, couvertes de
bois et d'une abondante végétation, nous cachent les
cases qui se trouvent sans doute dans l'angle des deux
cours d'eau. Laissant à notre droite le dernier jardin
royal qui se trouve sur cette branche, et remontant toujours dans la direction du sud, nous apercevons quelques
îlots. Le mandarin aurait-il dit vrai? Heureusement, il

n'en est rien; en approchant, nous trouvons un bon passage sur la rive droite; en face s'élève une petite pagode
que je trouve complétement déserte, et dans un état
d'abandon voisin de la ruine. Les alentours sont cependant loin d'être déserts. Au nord et à l'ouest, des rizières
et des champs cultivés s'étendent jusqu'au pied de Hon-
dun; vers le sud, la rivière fait un grand coude et s'engage dans la gorge formée par les contre-forts de Hon-
dun et de Da-ban, dont les flancs couverts de pins me
paraissent fort escarpés. De ce côté, le pays commence
à prendre un aspect sauvage, mais il gagne en pittoresque.
Hâtons-nous donc de quitter les premiers plateaux et
d'arriver à la gorge. Contre mon attente, la pente de la
rivière me paraît peu sensible encore; sa largeur ne diminue que d'une vingtaine de mètres, et sur les berges
boisées, de nombreuses cases s'alignent jusqu'à un petit
ruisseau qui vient se jeter sur la rive droite. Un kilomètre
plus loin, la rivière n'a plus qu'une quarantaine de mètres
de largeur, le hameau Ya-eucu se montre sur la berge
de droite, puis plus rien que des broussailles.

En avançant avec peine, car le courant augmente,
nous arrivons à un banc de gravier qui barre la rivière,
resserre son lit et l'oblige à changer brusquement de
direction; au bruit que font les eaux, on devine un
rapide, et nos deux bateliers ne veulent plus avancer.
Mais je ne suis pas arrivé jusqu'ici pour me retirer à la
première difficulté; je fais comprendre à mes gaillards
que je ne les paye pas pour suivre leurs fantaisies, et
qu'ils viendront avec moi jusqu'à ce que je juge moi-
même que le sampan ne peut aller plus loin. Nous nous
mettons tous à l'ouvrage : un des bateliers gouverné,

l'autre se met à l'eau et hale le sampan le long du banc, tandis que mon *boy* et moi le poussons avec des perches. Deux fois nous venons trop au large, et notre Annamite n'a que le temps de lâcher la remorque pour n'être pas entraîné et lancé avec nous au milieu du rapide, dont heureusement aucune roche n'embarrasse le lit. Sur une longueur de trente mètres, et sur un terrain incliné dont je n'ai pas apprécié la pente, la rivière présente une nappe d'eau d'environ trente centimètres de profondeur et de vingt mètres de largeur, qui roule bruyamment sur un lit de galets. Quoique nous fussions dans la saison des pluies, le niveau de l'eau était assez bas; l'état de la berge indiquait que ce niveau avait récemment baissé d'un mètre. Enfin, à la troisième tentative et après vingt minutes d'efforts, nous arrivâmes de l'autre côté du banc et remontâmes une espèce de canal de cinq à six cents mètres de longueur, à l'extrémité duquel un autre grand banc divisait la rivière en deux bras. Il était six heures et demie quand j'entrai dans celui du sud pour passer la nuit; mais lorsque je voulus faire planter le came (perche qui remplace le grappin), mes Annamites crièrent que je voulais les faire dévorer par les tigres; mon *boy* joignit ses prières aux leurs, et, malgré l'obscurité, je me décidai à changer de mouillage, tout en refusant de redescendre la rivière.

Après avoir franchi un nouveau rapide, nous trouvâmes à la tête du banc, et sur la rive droite, une petite halte d'une dizaine de cases, devant lesquelles étaient amarrés quelques sampans et deux ou trois trains de bois. Cette nombreuse compagnie rassura mes bateliers, et nous soupâmes tranquillement. Roulé dans ma couverture à l'avant du sampan, j'admirai un moment ce pittoresque paysage doucement éclairé par les rayons de la lune, et bercé par le bruit des cascades qui découpaient les berges, je m'endormis en suivant des yeux l'image de leurs grands arbres réfléchie dans la rivière.

Le lendemain, je fus obligé de tirer l'oreille à mes bateliers pour pouvoir continuer notre excursion; nous ne devions du reste pas aller bien loin. La rivière, encaissée entre des berges de plus en plus élevées et à pic, se rétrécit, et son lit est parsemé d'énormes rochers sur lesquels l'eau vient se briser en formant des remous, des contre-courants et des rapides que nous eûmes beaucoup de peine à franchir. Mes bateliers n'étaient pas de force à faire longtemps ce travail, d'ailleurs fort pénible; car, lorsque je m'y mettais, je restais ensuite quelques minutes sans pouvoir écrire; de plus, ils montraient de la mauvaise volonté, m'aidaient mollement, et revenaient à chaque instant sur leurs histoires de tigres, qui auraient en effet bien pu nous attaquer, les rives n'étant pas à vingt mètres l'une de l'autre. Après deux heures d'exercice, nous atteignîmes un petit banc de sable au pied d'une berge, sur laquelle étaient groupées cinq ou six huttes.

— Il est inutile d'avancer, me disent les bateliers. En effet, au bout de dix minutes, nous nous trouvons devant un torrent étroit, impraticable, où l'eau bondit de rocher en rocher. Embarrassé comme je l'étais, j'essayai en vain d'escalader les flancs taillés à pic du ravin, et je dus revenir débarquer devant les huttes, dernier poste annamite, suivant mes bateliers.

Je m'enfonçai aussitôt dans l'intérieur, par un petit

sentier. Je le perdis sous les hautes herbes qui me dépassaient d'un pied, et me trouvai, au bout de vingt minutes, sur un terrain plus clair-semé de broussailles, d'où, à ma grande satisfaction, je pus reconnaître par-dessus les crêtes accidentées des montagnes voisines les sommets de Hon-dun, de Da-han et de Buong-tam, qui me permirent de rectifier ma position.

Mon but était atteint, et cette branche du fleuve explorée jusqu'au point où, transformée en torrent, elle cesse d'être navigable pour les plus petits sampans. Je revins joyeusement me débarrasser de mes instruments, et j'envoyai mon *boy* aux renseignements.

Lui-même ne put tirer grand'chose des habitants à moitié sauvages de ce misérable trou. Quelques cultures, la coupe des bois, des rotins, du bois de chauffage et des herbes qui servent, une fois séchées, à recouvrir les cases : voilà toutes leurs ressources.

Si je n'avais pas tenu à rentrer à Hué avant le départ de l'*Antilope*, je me serais laissé entraîner volontiers par le vif désir de continuer mes recherches; pour tout concilier, je m'accordai deux heures de promenade. Singulière promenade! Dès que le sentier eut disparu, je piquai droit devant moi à travers les hautes herbes, prenant le pas de course lorsque le terrain était plus dégagé, faisant le tour des massifs que l'enchevêtrement des plantes rendait inabordables sans une hache pour se frayer une route, et, enjambant collines et vallons, j'arrivai au pied de cette chaîne boisée qui semble aller rejoindre la montagne de Buong-tam. L'escalader était mon rêve. Que verrais-je derrière? Encore d'autres chaînes plus ou moins parallèles à celle-ci, séparées par des plateaux montueux et inhabités comme celui que j'avais sous les yeux; en vérité, cette simple curiosité ne valait pas tant de peine; je m'arrêtai.

Jamais les Annamites n'ont porté leurs pas de ce côté, et ces beaux arbres n'ont pas à craindre la hache du bûcheron; ils sont trop loin de la rivière, leur transport coûterait trop de travail aux indigènes, qui, n'installant pas de scieries sur les lieux d'exploitation, s'évitent la peine de transporter de grandes et lourdes pièces, en coupant les arbres à proximité des cours d'eau. Comme, par paresse sans doute, ils n'attendent pas pour les couper qu'ils aient atteint tout leur développement, et que pour les haler ils percent d'assez grands trous à leurs extrémités, ils perdent beaucoup de bois.

Dans la province de Hué, où la consommation est très-grande, — les magasins de bois que j'ai visités autour de la capitale sont bien approvisionnés, — l'exploitation des bois à la façon annamite est difficile, à cause des procédés, du manque de voies de communication, de la nature du terrain, et sous ce dernier rapport, le Kouang-tri, le Kouang-bigne et surtout le Nghe-ane sont, paraît-il, infiniment mieux partagés.

Je vais ici, puisque l'occasion s'en présente, citer les arbres les plus remarquables dont je n'ai pas encore parlé :

Le *lim* ou bois de fer, d'un grain assez fin, facile à travailler, très-solide, très-dur, inaltérable; excellent pour meubles massifs, colonnes de pagodes, barques, ponts, etc. Le roi en a pour ainsi dire le monopole.

Le *gô*, le *ten mât*, le *keuôn*, le *huigne*, le *giao*, le *kien-kien*, sont peut-être les meilleurs bois du pays pour les constructions, la marine, meubles solides, affûts, etc.

Le *rang* e le *shèn* (ne pas confondre avec notre chêne) sont d'excellents bois de construction que les fourmis ne peuvent attaquer. L'écorce du *rang* et celle du *gia* (ce dernier croît en abondance sur le bord des rivières) servent pour teindre en rouge. Pour teindre en noir, on emploie les feuilles du *bang* (badamier).

Le *long* (pin) et le *tung*, qui ressemble beaucoup au cyprès. Le *long*, à cause de sa résine, résiste aux fourmis blanches; le *tung* est estimé pour les jonques, sampans, mâtures, etc.

Tous ces arbres sont de grande dimension; la plupart ont au minimum soixante centimètres de diamètre.

Le *moun* (ébène) et le *trac* sont les deux bois avec lesquels on fait les meubles incrustés de nacre. L'inaltérabilité et la rareté du *trac* sont probablement les seules causes du prix qu'y attachent les riches Annamites, qui se font une gloire d'en avoir quelques planches dans leurs cases. Le *trac* atteint de grandes dimensions et quelque fois soixante-dix centimètres de diamètre. (Le *moun* se trouve surtout dans les provinces du sud de l'Annam.)

Je ne poursuivrai pas plus loin une nomenclature aussi aride; j'ajouterai seulement que les arbres de la famille des lauriers sont excessivement répandus. Leur légèreté relative, leur facilité à travailler sont leurs plus grandes qualités. La plupart des bois durs sont cassants, fendent facilement, ce qui oblige à percer avant de clouer; mais dans un pays où la patience, le temps et la main-d'œuvre ne coûtent rien ou presque rien, ces défauts, rachetés d'ailleurs par tant de qualités remarquables, passent inaperçus.

Je revenais tranquillement, lorsqu'en approchant des huttes, le son du tam-tam arrive à mes oreilles; je vois des piques, des lances s'agiter au-dessus des broussailles, et je reconnais la voix de mon *boy*. Lui et mes deux bateliers, trouvant mon absence bien longue, avaient jeté l'alarme parmi les habitants de ces pauvres huttes, d'autant plus inquiets qu'ils me savaient parti sans fusil. Ils témoignèrent beaucoup de joie en me revoyant, et me reprochèrent de m'exposer ainsi à être chassé par les tigres. Loin de la ville et des mandarins, les gens du peuple sont toujours timides, défiants; mais l'étranger qui les traite convenablement n'est pas mal accueilli. La peine que ces paysans avaient prise méritait une récompense; mon *boy* leur fit donc une distribution de sapèques; puis nous redescendîmes la rivière, accompagnés de leurs souhaits de bon voyage.

Il est fort agréable de se laisser emporter par les rapides; mais, comme tout plaisir en ce monde, celui-ci passe comme un éclair. Je consacrai mon après-midi à étudier la partie de la rivière comprise entre la station de barques où nous avions passé la nuit et la gorge de Da-han, et le lendemain, à neuf heures du matin, je retrouvai à Kieu-touane mon grand sampan et mon petit mandarin.

« Avez-vous tué beaucoup d'oiseaux? me dit-il.

— Je m'en suis bien gardé, pour ne pas attirer les tigres. Quel mauvais pays! je ne reviendrai plus de ce coté. » Et je laissai mon homme très-satisfait de se croire débarrassé pour toujours de ma présence.

Avant de rentrer à Hué, nous nous arrêtâmes sur la rive droite du fleuve, en face de la tour du couvent de bonzes, mon attention ayant été attirée par quelques constructions en pierre : c'étaient des tombeaux. Ceux qui couvrent la plaine tout autour de Dia-bigne ne sont que des mottes de sable amoncelé en forme de coupoles hémisphériques au-dessus desquelles on place une ou plusieurs briques, tandis que ceux-ci, tombeaux de princes ou de grands mandarins, sont de véritables monuments. Un mur de cinq à six pieds de haut entoure la fosse, sur laquelle reposent deux grandes plaques rectangulaires en pierre ou en marbre, celle de dessus portant des inscriptions chinoises, ainsi que les parois intérieures des murs. En face de la porte grillée, et de l'autre côté de la tombe, s'élève une sorte de petit édicule dont l'autel est couvert de vases, de chandeliers et d'amulettes. L'entretien des tombes est confié à des gardiens qui habitent dans le voisinage.

Moins longue que la branche orientale, dont nous parlerons plus tard, la rivière que nous venons de remonter a environ trente-deux kilomètres de longueur, de la ville de Hué à sa source, sur lesquels vingt-sept sont navigables pour des canots à vapeur. Son lit aurait certainement pu être amélioré, du premier rapide au dernier poste annamite; mais il n'en valait guère la peine; l'exploitation des bois est arrivée ici à sa limite, les Annamites redoutant de s'aventurer dans les montagnes. Le pays qu'elle arrose est très-pittoresque, mais il est triste de voir de si grandes étendues de terrain excellent complétement incultes. Dès qu'on sort de la plaine, l'animation disparaît sur le fleuve. Jusqu'à la gorge de Da-han, on voit encore quelques rizières, du maïs, des patates, des cannes à sucre, du coton, du tabac, du bétel, etc.;

mais ensuite, autour des cases de plus en plus rares, on ne trouve qu'un peu de riz de montagne.

Si ces plateaux sont déserts, si tant de trésors restent improductifs quand là-bas, dans la plaine, il y a une population nombreuse dont une grande partie grouille dans la misère, il faut encore en rejeter toute la faute sur la paresse des Annamites. C'est elle, en effet, qui permet à ce peuple de supporter depuis tant de siècles un gouvernement détestable et la tyrannie d'une classe d'hommes qui, au lieu de s'appliquer à assurer son bonheur, ne se servent du pouvoir que pour encourager ses vices, afin de le mieux asservir et de l'exploiter indignement.

CHAPITRE XIII

20 décembre. — Quand je vais à Hué pour mes affaires, le ministre me fait habituellement recevoir par un *tam-bien* de son département, petit homme d'assez bonne mine, qui me paraît encore plus rusé qu'intelligent, quoiqu'il ne réussisse pas toujours à dissimuler sa pensée. L'autre jour, en sortant de l'audience ou du conseil, comme disent nos interprètes, éprouvant je ne sais quel besoin de me distraire, je me dirigeai vers la rivière de Fou-Came et débarquai près du village. A peine venais-je de dépasser le marché que je rencontrai une interminable procession, dont la bruyante gaieté s'évanouit à mon approche. Seul un gros porc, enfermé dans une cage et pour ainsi dire porté en triomphe, continua à pousser des grognements de fureur.

« Le roi envoie-t-il des présents à un de ses grands mandarins? dis-je à Mai, mon patron de baleinière, qui me suit un peu partout.

— *Keuoi;* c'est un mariage, me répondit-il. L'homme

abrité sous un grand parapluie, qui marche le premier, est un ami de la famille du futur époux. (Pour la circonstance, il a droit au parapluie de mandarin.) Il porte un coffret renfermant le contrat de mariage; derrière lui s'avancent des domestiques avec des corbeilles, des vases et des plateaux contenant du riz, de l'arec et du bétel, etc.; puis viennent les parents et les invités du fiancé, timidement caché parmi ces derniers. Tous vont en ce moment porter des présents à la famille de la future. »

Nous laisserons le cortége continuer sa route pour dire ici quelques mots du mariage légitime. (Lorsque les Annamites prennent d'autres femmes ou concubines, les choses se passent à peu près comme pour un marché quelconque.) A part la consécration religieuse, qui manque complétement aux unions les plus légitimes, celles-ci nous paraissent accompagnées de cérémonies presque semblables aux nôtres; mais les formalités ont un caractère plus intime. Tout se passe en famille, et les représentants des pouvoirs publics n'ont qu'à enregistrer une affaire conclue par les parents. Lorsqu'ils se sont entendus pour marier leurs enfants, et que les conditions ont été discutées et arrêtées, la déclaration de mariage est faite au maire de l'endroit; le jeune homme porte des cadeaux à sa fiancée, et les deux familles choisissent chacune la personne la plus considérée de leur société, pour les représenter et rédiger le contrat de mariage Dans ce but, on se réunit chez les parents du jeune homme, et l'acte étant dressé et déposé devant les tablettes des ancêtres, on fait un grand festin.

Quelque temps après, à une date fixée à la réunion précédente, la famille du jeune homme et ses connaissances s'assemblent et se dirigent, comme nous venons de le voir, vers la demeure de la jeune fille où les attend le repas de noce, pendant lequel lecture est faite du contrat [1].

Les jeunes gens sont désormais unis pour la vie, à moins que le divorce ne soit ultérieurement demandé et accordé pour cause d'inexécution du contrat, d'adultère ou de stérilité. Ce dernier cas doit se présenter rarement, si nous en jugeons par le nombre considérable d'enfants qu'on rencontre à chaque pas.

29 *décembre*. — Aujourd'hui le P. H... est venu dîner avec moi; quelques mandarins, entre autres celui du *Bien-hoa*, sont arrivés au dessert, et ont engagé une discussion si animée, que je n'y ai, ma foi, rien compris. Le P. H... a eu raison de ne pas m'en donner une fidèle traduction, et nous a ainsi évité une scène désagréable.

Lorsque le P. H... se fut retiré après avoir complimenté mon *boy* Co-Piou de sa propreté et de sa tenue, j'appelai celui-ci et l'engageai à ne pas s'endormir sur ses lauriers :

« Ah! capitaine! le P. H... n'a pas dit la vérité!

— Bah! en es-tu bien sûr?

— Lorsque vous lui demandiez des explications, il répondait autre chose.

— De quoi parlaient donc les mandarins?

— Excités par le mandarin du *Bien-hoa* contre les

---

[1] En lisant l'histoire du Tonquin du P. Alexandre de Rhodes (1650), je ne sais ce qui me frappe le plus, de la façon si simple, si intéressante dont il dépeint les coutumes des Annamites de son temps, ou du peu de changement que deux siècles y ont apporté.

Français de ce bâtiment [1], ils en ont dit beaucoup de mal ; puis, quand notre mandarin s'est retiré, ils l'ont à son tour fort maltraité, disant qu'il ne savait rien et ne devrait pas être maintenu sur le *Scorpion*. »

Mon silence fut-il pris par les mandarins pour une approbation ? — Dès le lendemain matin l'interprète du *Bien-hoa* venait me voir de la part de son chef et me prier de demander au ministre la permutation de nos mandarins !

« Tous se valent à peu près, lui dis-je ; le vôtre, en maltraitant devant moi des Français, doit s'estimer heureux que je ne l'aie pas compris. Je l'engage à ne pas remettre les pieds sur le *Scorpion*. »

Quant au P. H..., je ne pouvais lui en vouloir de sa conduite ; c'était à moi à ne pas lui demander à l'avenir des explications devant ses compatriotes.

30 décembre. — Enfin ! après bien des réclamations, je viens de toucher mes appointements du mois dernier. En alignant sur ma table les dollars de Sa Majesté, mon mandarin n'a pu s'empêcher de revenir sur son thème favori : « Que de jolies congais seraient heureuses de faire connaissance avec son bon frère !..... » On me remet une lettre de Tourane, datée du 14 décembre (quatorze jours de retard !) ; M. Dufoureq se désole de

[1] Le mandarin, désirant se débarrasser de ses deux français, leur avait suggéré l'idée de se charger des réparations du vieux navire *Tuan-tiep*, ce qu'ils acceptèrent en principe ; mais quand on les invita à se mettre à l'œuvre, ils posèrent certaines conditions. Sur ce, grand émoi au ministère, reproches au mandarin et colère de celui-ci contre les Français. Tout fut rompu, et les Annamites se chargèrent seuls de ces fameuses réparations.

n'avoir pas encore vu s'ouvrir pour lui — la fameuse caisse aux millions gardée par les caïmans, — et m'apprend son prochain départ de Tourane :

« ..... Je suis en partance, me dit-il, pour le golfe de Tonquin, en partance annamite bien entendu, car il y a dix jours qu'on m'a montré un papier ordonnant d'urgence le départ du *d'Estaing*. — A votre disposition, leur ai-je répondu ; seulement, comme il y a trois mois que je réclame une drosse [1] et que je n'en ai pas dans ma poche, nous serons forcés d'attendre qu'on se décide à en envoyer une de Hué. Quand je l'aurai, je partirai, — quel moyen de ne pas le faire? — à moins que n'en trouvant pas, on fasse partir le *d'Entrecasteaux*. Nos mécaniciens ne vivent plus — Vous voulez donc risquer votre vie... et la nôtre? — Nous reverrons-nous en effet?..... »

8 janvier. — Nous avons repris depuis quatre jours notre ancien mouillage à Touane-aue. Cette simple promenade en rivière, qui m'a permis de vérifier rapidement les sondes que j'avais prises antérieurement, n'a pu se faire sans qu'on ait préalablement sacrifié à Bouddha!

Enfin! le fameux règlement royal sur la marine m'a été remis. Laissons de côté les articles contraires à l'esprit et à la lettre de notre contrat, et signalons seulement ce fait que les mandarins commencent à comprendre ce qu'ils valent.

Ainsi l'article. 8 engage les officiers à empêcher les équipages d'aller à terre dans les pays étrangers, « de peur qu'ils ne s'attirent le mépris par leur conduite ».

[1] Sorte de gros cordage servant à manœuvrer le gouvernail.

Le traducteur m'avoue qu'il a cru devoir supprimer plusieurs articles du genre de celui-ci :

« Il est défendu tant à l'équipage qu'aux officiers de se faire la chasse aux parasites devant les Européens. »

Il en existait d'un autre ordre, concernant les rapports de l'équipage avec les mandarins, et de ceux-ci avec nous. On leur recommandait aussi de ne rien faire sans nous consulter, d'apporter tous leurs efforts, toute leur attention à s'instruire de notre manière de commander et de se faire obéir. — Je crois, en effet, que sous ce rapport les mandarins ont joliment à faire, car le savoir et l'esprit de justice leur manquent absolument, et ils n'ont pas l'autorité qu'on pourrait croire sur leurs subordonnés. Malgré la crainte du rotin, qui seule rend ces derniers humbles et rampants, j'ai vu plus d'un exemple de révolte, et mon mandarin tremble encore d'une scène de ce genre qui s'est passée avant-hier. Une discussion s'était élevée entre Than et le fourrier de la machine (cet Annamite qui, pendant notre voyage de Saïgon à Tourane, servait de domestique à Coclès). Il y eut tapage et bataille : le mandarin voulut faire donner la cadouille à Than, qui, défendu par M. V..., échappa à la correction ; mais le fourrier, malgré sa résistance, fut empoigné par l'équipage sur l'ordre du mandarin, qui lui administra lui-même la cadouille avec une fureur telle, qu'au second coup je rentrai chez moi, profondément dégoûté de ce spectacle. Il paraît qu'après avoir reçu son compte, le fourrier refusa de se prosterner plusieurs fois, — comme c'est l'usage, — devant le mandarin, et que, se sentant délivré des bras qui le maintenaient, il alla jusqu'à le menacer. L'effort qu'avait dû faire mon chétif mandarin l'avait sans doute épuisé, car il rentra chez lui sans rien répondre; mais il y fut bientôt rejoint par le fourrier, qui l'assaillit d'invectives les plus grossières.

Hier, je me trouvais à deux heures sur un petit monticule qui domine le fort de la dune de l'est, quand j'aperçus un navire à vapeur se dirigeant vers Tourane. Je crus que c'était le transport français *l'Indre,* et ma pensée se reportant vers la patrie, les souvenirs dont mon âme se remplit firent battre mon cœur; machinalement, j'agitai mon mouchoir, et souhaitai un bon voyage à mes compatriotes dont je ne pouvais être aperçu.

Une barrière infranchissable nous séparait alors; le ciel, qui était resté assez clair dans la matinée, s'était peu à peu couvert; une forte brise d'est-nord-est soulevait les lames, et une longue ligne blanche d'écume dessinait au large de la côte une ceinture ininterrompue où la barre disparaissait complétement. Il me sembla que j'étais exilé, prisonnier sur cette dune, et quand je tournai mes regards vers l'intérieur, son aspect me causa une triste impression. Ce paysage, si agréable quand la verdure des rizières, des bois de bambous et de palmiers brille de tout son éclat sous les joyeux rayons du soleil, enveloppé maintenant du sombre et triste voile de l'hiver, ne présente plus qu'un tableau terne et sans vie. Quelle différence avec l'Océan, qui, lui, n'est jamais si vivant que lorsque le ciel s'assombrit et que souffle la tempête!

Que viens-je d'apprendre! Le navire que nous avons vu passer hier serait perdu! et perdu tout près d'ici! Ce ne serait pas l'*Indre,* mais un des deux avisos annamites : le *d'Estaing* ou le *d'Entrecasteaux!* Les Français sont-ils au moins sains et saufs? On le dit, et l'on ajoute que personne de l'équipage n'a été tué ou blessé. Avec quelle impatience j'attends des renseignements !

10 *janvier.* — Un *tham-bien* est venu m'informer hier matin de la perte du *d'Estaing.* Tout le monde est sauvé ; le navire est échoué sur la dune, à environ dix-huit kilomètres d'ici, et le ministre me fait demander si le *Scorpion* peut partir pour aller en reconnaissance.

L'état du temps et de la mer peut nous obliger à rester au large : je veux donc qu'on embarque des vivres, de l'eau, et qu'on finisse le déchargement. Si les Annamiites veulent s'en donner la peine, ce sera fait ce soir, et nous partirons immédiatement, si la barre est praticable. Cette résolution désespère mes mandarins, qui représentent au *tham-bien* que la mer est mauvaise, que les fonds du navire sont pourris, et que l'eau entre dans le poste de l'équipage par un trou grand comme la main.

« Pourquoi, depuis le temps que vous le savez et que je vous ai dit ce qu'il y avait à faire, ne l'avez-vous bouché ? Vous voudriez que je fisse tout seul la besogne de tout le monde ; eh bien, soit : lorsque le déchargement sera terminé, vu l'urgence de notre sortie, je le boucherai moi-même ; quant à l'état de la mer, c'est mon affaire de juger s'il nous permet de sortir ou non. Nous allons nous mettre à l'œuvre, et si vous ne faites pas exécuter mes ordres, le *tham-bien* vous rendra responsables auprès du ministre. » Sur ce, branle-bas général, et le soir tout était prêt, à l'exception du bois qu'il fallait pour allumer les feux. Nous dûmes l'attendre ce matin jusqu'à huit heures, et à dix heures nous étions en appareillage. Mon speech, appuyé de la vue de mon revolver, terminé, nous franchîmes heureusement la barre, que j'avais relevée la veille[1]. Le temps était couvert, pluvieux; la brise d'ouest-nord-ouest assez faible, ainsi que la houle; mais c'était plus qu'il n'en fallait pour nous faire rouler horriblement. Rien ne tenait plus sur ce pauvre navire! Passerelle, supports d'embarcations, etc., se balançaient au roulis et eussent été emportés au premier coup de mer; les poulies tombaient en morceaux sur le pont... etc., et malgré les menaces, tous nos Annamites malades avaient disparu, à l'exception des *kéda* et du *doi*. M. V..., dont c'était la première sortie avec les Annamites, ne revenait pas de son étonnement, et n'était naturellement pas rassuré. Nous aperçûmes bientôt le *d'Estaing*; n'ayant aucune indication sur les fonds que nous allions rencontrer, nous devions prendre quelques précautions. En conséquence, nous fîmes en sondant un assez grand tour pour nous diriger sur lui, obliquement à la côte, et je donnai l'ordre de mettre les ancres en mouillage.

Le *doi*, probablement effrayé à l'idée que mon intention était de mouiller en pleine côte, refuse d'obéir. En vain je lui explique qu'il est prudent de prendre ces dispositions quand on se trouve si près d'une plage basse; à bout de patience, je le menace, et il finit par se diriger vers l'avant; mais je vois bien qu'il me faut renoncer à être obéi, car d'une part le *doi* n'a pas l'énergie voulue pour faire monter nos paysans sur le pont, et de l'autre,

---

[1] Sa position était à peu près la même que quatre mois auparavant. Le courant et le volume plus considérable du fleuve annulent sans doute l'action des courants de la mousson nord-est et nord-ouest qui dans cet intervalle tendent à reporter la barre dans la direction de l'est.

je ne puis abandonner la passerelle en ce moment. Triste navigation! Arrivés à cinq cents mètres de terre, la sonde accuse brusquement huit mètres, et non loin de nous la mer commence à dérouler ses dangereuses volutes; nous ne saurions donc sans imprudence approcher davantage du *d'Estaing*, qui, incliné sur le flanc droit, a conservé sa mâture et ses agrès. A bord et sur la plage, solitude complète : les Français et l'équipage seraient-ils partis pour Hué? J'appelle les mandarins pour prendre une décision; pas un ne bouge : que faire? Ne tirant d'eux que lamentations et gémissements, je me résous à retourner à Touane-ane, car avec ces gens-là toute reconnaissance par mer est impossible, et d'ailleurs il sera bien plus rationnel, bien plus commode de la faire par terre.

Nous avions mis une heure trois quarts pour venir de la barre jusqu'ici; le retour contre vent et marée exige une heure de plus. Pendant ce temps-là, la brise fraîchit, et la mer lève de plus d'un mètre sur la barre, qui se confond avec la ligne des brisants. Entre le danger de rester au large et d'être surpris par le mauvais temps, ce qui serait notre perte certaine, et la chance de passer en talonnant, il n'y avait pas à hésiter. Une fois bien placés dans l'alignement voulu, nous nous lançons à toute vitesse au milieu de la nappe écumante; mais tombant dans le creux de la lame, nous touchons! Le navire tremble sous le poids de l'eau qui embarque de chaque côté, et je me sens soulevé sur la passerelle; plus vite, si c'est possible! et une seconde lame nous reprend et nous jette sains et saufs de l'autre côté de la terrible barrière. Ah! certes, mes Annamites furent alors moins joyeux que je ne l'aurais été si la perte du *d'Estaing* ne m'eût rappelé le malheur qui venait de frapper mon collègue.

20 janvier. — Revenons un moment en arrière et cédons la plume à M. Dufourcq. Pour éviter des répétitions, nous avons dû toutefois supprimer quelques pages de son récit [1].

« ..... Après avoir protesté contre le voyage qu'on m'imposait, il fallait rompre avec les Annamites — et alors quelle perspective d'ennuis pour obtenir justice! — ou partir au risque de nous perdre. Je cédai, et, favorisé par le beau temps, j'eus la chance d'atteindre Bienc-cheune (côte du Tonquin).

« Bienè-cheune est une île peu importante dont la végétation est tout à fait misérable, surtout sur la côtée orientale. Au nord, un repli de la côte forme une petite baie, bon mouillage dans la saison des vents du sud-ouest, exécrable en ce moment. On y trouve un village avec des cases assez confortables, séparées par des haies de plantes grasses d'un heureux effet. La pagode, dont les ornements sont toujours coulés dans le même moule de dragons et d'animaux fantastiques, disparaît sous l'épais feuillage des figuiers sacrés, et le fort, sous un fouillis de verdure luxuriante, mais peu productive. On me laissa visiter ce fort, armé de canons invraisemblables comme on en voit dans les musées, de ces pièces dont l'origine se perd dans la nuit des temps, et qu'on découvre après plusieurs siècles au fond de la mer, corrodées et cou-

---

[1] M. Dufourcq ayant perdu toutes ses notes dans son naufrage, cette relation a été écrite de mémoire quelques jours plus tard.

verles d'incrustations. Les miliciens ne parurent ni satisfaits dé mon inspection ni très-fiers de leur artillerie. Ce
fort est cependant destiné à préserver le commerce de la
côte des entreprises des pirates; mais je suppose que
jamais une jonque chinoise n'a hésité à venir mouiller à
une encablure de ses redoutables remparts. D'ailleurs,
les indigènes sont habitués à la visite des écumeurs de
mer, et la rançon entre toujours dans le compte de leur
budget.

« Leur grande industrie est l'exportation du poisson
séché, et quoiqu'en ce moment il y ait peu de barques au
mouillage, je crois le commerce assez actif. Leur type
et leur costume diffèrent un peu de ceux des Annamites
du Kouang-Name : la figure est plus allongée, les pommettes moins saillantes, et la physionomie des femmes
n'est pas désagréable. Ils portaient un vêtement de coton
couleur foncée, serré à la taille par une ceinture, et leur
coiffure, semblable à une ombelle de champignon, n'avait
pas de pointe.

« A peu près au milieu du chenal encombré de bancs,
qui sépare l'île de la côte, vient déboucher une rivière
peu profonde, et navigable pour de petites jonques. Malgré mes demandes, le chargement n'étant pas prêt, le
second mandarin remonta cette rivière pour se rendre au
fou (préfecture) le plus voisin, et s'aboucher avec les
autorités; tandis que le premier mandarin se livra à
l'occupation chère à tout fonctionnaire annamite de se
faire rend e hommage par les habitants, et d'accepter
leurs cadeaux.

« Cependant, petit à petit, des bateaux apportaient les
marchandises destinées à compléter le chargement de la

Mayenne : cornes et cuirs de buffles, nattes, jarres d'eau-de-vie de riz, du riz, de l'huile, des ballots de drogues ou plantes médicinales, de l'ivoire, de la cannelle, de la soie, enfin des tas de vieux chiffons, vêtements usés des braves gens que le roi habille une fois par an, et qui rendent leurs guenilles après avoir fait peau neuve. Tout cela fut entassé pêle-mêle, sans ordre, sans tenir compte de mes ordres et de mes protestations.

« Depuis deux jours, le temps se chargeait dans le nord-est; le vendredi 5 janvier, la mer avait grossi, et les lames déferlaient à plaisir dans cette rade ouverte. Je pris mes précautions en prévision d'un coup de vent : les fourneaux furent chargés; mon mécanicien, qui avait fait quelques réparations à notre vieille machine toujours détraquée, se tint prêt à allumer les feux, et je veillai toute la nuit, car la tenue était fort incertaine. J'étais décidé à partir le 6, au point du jour; mais au moment de *mettre en route,* une avarie de machine, causée par l'ignorance de nos paysans, nous fit perdre quatre heures, retard qui devait avoir sur notre voyage les plus fâcheuses conséquences.

« Ayant failli me casser la jambe en allant dans la machine, et cloué sur la passerelle par l'incapacité de mon équipage, je souffrais physiquement et moralement, en proie à une rage impuissante : les Annamites m'abandonnaient, les mandarins me suppliaient de les laisser tranquilles, et mes ordres n'étaient pas exécutés, malgré les menaces et les coups.

« Tranquillement assis dans leur cabinet, bien des gens qui n'ont pas comme nous vu de près toutes ces choses, et qui ne tiendraient pas compte que rien ne marche ici sans accompagnement de rotin, blâmeraient sans doute ces voies de fait; mais ne serait-il pas singulier qu'animés de si nobles sentiments philanthropiques, ils ne fussent touchés que du malheureux sort des Annamites?

« Le dimanche, à six heures, nous étions devant la baie de Choumay, où la nuit nous surprit; nuit épaisse, sans lune. Trois heures après, pensant me trouver devant Tourane, mais ne distinguant absolument rien, je me décidai à passer la nuit au large. Quelle nuit! Vers quatre heures et demie, j'aperçois tout à coup devant nous une ligne blanche comme des brisants; je m'élance au gouvernail, je change toute la barre. Trop tard! En un instant, de grosses lames embarquent, le navire talonne. C'est un désordre, une panique impossible à dépeindre. Personne n'écoutait plus mes ordres : les hommes de la machine avaient aussitôt abandonné leur poste, mandarins et soldats se précipitaient en criant sur le pont. Le navire était à la côte! Où? — Je l'ignorais, car on ne distinguait de tous côtés qu'une mer blanche d'écume [1]. Comme après les premières secousses, je vis que le navire échoué sur un fond de sable résistait bien, j'essayai de faire mouiller les ancres, et personne ne m'obéissant, je fis moi-même cette opération.

« Au jour, la brume ne nous laissa entrevoir qu'une dune de sable peu élevée; les Annamites, mandarins en tête, effectuèrent leur sauvetage, et j'eus beau leur faire

---

[1] Au moment où le *d'Estaing* se perdait, on s'occupait à Hué de le rebaptiser, ainsi que les quatre autres navires donnés par la France.

Le *Scorpion* reçut le nom de *Lœui-gioum,* ou cadeau utile.

observer que le navire n'était pas démoli, qu'on devait le béquiller pour le maintenir droit, je ne pus rien obtenir d'eux. A sept heures, le dernier des Annamites était parti; mon mécanicien et moi restions seuls sur le *d'Estaing*, dont l'arrière était balayé par les lames. Nous ne pûmes alors reconnaître le lieu où nous étions, et encore aujourd'hui, je ne m'explique pas comment nous nous trouvions échoués à vingt-neuf milles d'un point auquel nous avions tourné le dos toute la nuit, si ce n'est pendant les deux heures qui avaient précédé notre naufrage [1].

« Reconnaissant l'inutilité de notre présence sur cette épave, et n'ayant rien à manger, mon mécanicien partit dans l'après-midi, et je descendis moi-même quelque temps après à la plage.

« Je n'avais pas dormi depuis trois jours, je n'avais mangé depuis vingt-quatre heures qu'un peu de biscuit; j'étais mouillé, sans abri, et je ne savais trop que devenir. Enfin je cédai aux sollicitations de l'interprète, qui me pressait d'aller me reposer dans la case du *kouan-bô*

---

[1] En supposant même de très-forts courants contraires à ceux qui règnent ordinairement en mousson de nord-est, le *d'Estaing* devait en effet se trouver à neuf heures du soir devant la baie de Tourane. Son naufrage près de Ha-tan paraît inexplicable, étant donné les routes faites. Tout s'explique cependant, si, comme je le crois, les *ké-da* n'ont pas suivi les routes indiquées par le capitaine, dont la surveillance ne pouvait être que celle d'un homme qui veille depuis plus de cinquante heures! Ces hommes ont dû gouverner constamment à terre, suivant leur habitude, en se hâtant de revenir en route dès qu'ils voyaient approcher leur capitaine. Dans de telles conditions d'armement, la responsabilité de ce naufrage revient tout entière au gouvernement annamite.

au village de Ha-tan, où je devais, disait-il, retrouver mon mécanicien.

« Guidés par deux indigènes, nous arrivâmes après avoir fait de grands détours et une fort longue course au milieu des sables a une case isolée; n'y trouvant pas mon mécanicien, j'en serais aussitôt reparti, si j'eusse été moins fatigué. Je m'étendis sur un lit, plaçant mes deux carabines à mon côté et gardant mon revolver sous ma couverture, mon *boy* se coucha dans un coin de la salle, et mon cuisinier repartit à la plage. Je commençais à m'endormir quand un bruit de voix me réveilla. Entendant parler de moi, je prêtai attentivement l'oreille et reconnus la voix d'un de mes *kouan*.

« — Il dort, disait-il, et rien ne sera plus facile que de nous venger de ses mauvais traitements. .   .   .   .

« Quelques *Cais*, *Keda*, et plusieurs autres individus à qui il s'adressait, hésitaient cependant, car le *kouan* continuait à les exciter.

« Il est fatigué, loin de tout secours; ses armes sont mouillées, etc. . . . .

« Enfin ils se décident à entrer. J'étais prêt à leur répondre le revolver à la main, et pour leur montrer que l'eau n'avait pas gâté mes cartouches, j'envoie une balle dans une des colonnes de la salle. Cela les fit réfléchir, sans toutefois leur faire abandonner leur projet, car pendant la nuit ils tentèrent encore de s'approcher de moi; mais je les tins à distance en tirant à côté d'eux quand ils avançaient. Jamais je ne vis poindre le jour avec plus de joie : c'était la délivrance!

« Je finis par retrouver mon mécanicien, et nous partîmes pour Hué, où nous arrivâmes le mardi soir. Je comparus ensuite devant un conseil de ministres et de mandarins, tous plus incompétents, plus incapables et plus haineux les uns que les autres, qui s'égarèrent avec intention sur la question de la responsabilité du naufrage et ne prirent aucune résolution. . . . .

. . . . »

Pensant qu'après une telle affaire, mon collègue n'avait pas à redouter de nouvelle attaque, je l'engageai à demander la direction du sauvetage de son bâ.iment, ce qui en tout cas était pour les deux Français naufragés un moyen de ne pas perdre tout à fait leur temps jusqu'à l'arrivée d'un navire qui les ramenât à Saïgon. Les Annamites y consentirent, et un assez grand nombre de soldats furent envoyés à Ha-tan; mais on y expédia aussi des mandarins, qui, au lieu de seconder M. Dufourcq et de faire exécuter ses ordres pour dégréer et redresser le navire, passèrent leurs journées sous les huttes élevées à la hâte sur la plage, et n'en sortirent que pour entraver toutes les mesures ordonnées par lui. Deux fois j'allai le voir, et deux fois j'assistai à un véritable dépeçage de sauvages! Le *d'Estaing* n'était pas cassé; avec des hommes, — et il y en avait, — on eût pu tenter bien des choses; mais avec des mandarins, il n'y avait rien à faire, rien à espérer.

Fatigués à l'avance d'une existence si contraire à leurs habitudes, les mandarins réussirent par leurs manœuvres à faire abandonner le *d'Estaing*, et M. Dufourcq dut revenir à Hué, sans avoir rien pu sauver de ce qui lui avait appartenu, à lui ou à son mécanicien.

26 janvier. — Novembre et décembre passés, il semble qu'on en ait fini avec l'hivernage. Vers le milieu de janvier cessent les coups de vent et les grandes pluies, le ciel est moins chargé d'épais nuages, mais les brumes naissantes conservent encore au paysage des teintes sombres et tristes à faire mourir d'ennui.

Les Annamites reconstruisent sur les lagunes leurs nombreuses pêcheries que la hauteur et le courant du fleuve auraient pu emporter pendant l'hiver, et se livrent surtout en ce moment à la p che à l'épervier. Ils sont admirablement secondés par d'assez gros cétacés, sorte de dauphins de couleur rose clair qu'on croirait dressés à cet exercice. C'est plaisir de voir les pêcheurs courir le long du rivage, en suivant des yeux l'animal qui rabat vers eux tout le poisson sur lequel ils jettent leur lourd filet avec beaucoup d'adresse.

Le 23, au point du jour, un branle-bas infernal à coups de cloche et de tam-tam nous a réveillés. C'est le premier départ de la flottille marchande et militaire chinoise; les seize jonques (d'un tonnage moyen de quatre-vingt-dix tonneaux) qui la composent, armées de pièces en meilleur état que celles des corvettes annamites, et de vingt-cinq à trente hommes qui auraient vite raison des équipages de ces dernières, ont appareillé successivement. Ces jonques, dont l'armateur habite Hong-kong, sont au service du roi, qui les emploie, concurremment avec ses jonques et ses corvettes, à al'er chercher les tributs en nature et en espèces de diverses provinces.

En comptant un voyage pour les sept corvettes à cent cinquante tonneaux, trois voyages pour les cent cinquante jonques annamites (d'une moyenne de vingt tonneaux) qui fréquentent ce port, et quatre voyages pour les seize jonques chinoises, on arrive à un total d'environ quinze mille tonneaux de riz, qui entrent chaque année dans le port de Hué; sur lesquels dix mille viennent des ports du nord, et principalement du Name-digne (Tonquin).

Les exportations doivent être peu considérables, mais les autres marchandises d'importation, sur lesquelles je n'ai pu avoir de chiffres assez approchés pour être cités, sont nombreuses et très-riches. Ce sont surtout les beaux bois de construction et d'ébénisterie, la soie, le coton, le tabac, le thé, les épices, les drogues, l'ivoire, et tous les produits étrangers que nous avons vus figurer dans les boutiques ou sur les marchés, auxquels il faut ajouter l'opium, qui entre en contrebande.

Faisant abstraction de l'argent (lingots et sapèques), j'estime à environ trois millions la valeur des importations et exportations.

Les mandarins apportant un soin extrême à tenir secrets les renseignements les plus insignifiants, ce chiffre est loin d'être exact, mais je le crois plutôt au-dessous qu'au-dessus de la vérité.

J'ai toujours remarqué que les mandarins, loin de vanter la richesse de leur pays, s'efforçaient de le faire paraître pauvre, tant ils craignent sans doute d'attirer sur lui l'attention des étrangers, et particulièrement la nôtre. C'est qu'aussi, malgré le traité de 1874, pas un d'eux ne croit sérieusement à la paix.

26 janvier. — Les caïmans, gardiens du trésor royal, auraient-ils dévoré le trésorier-payeur général, ou mon mandarin a-t-il joué mes appointements? Voilà deux mois que je ne puis toucher un centime!

Tandis que les Annamites tiennent si bien leurs engagements sur ce chef, comme sur les autres, ils reviennent, ce qui est plus grave, à leur ancien projet de charger de poids lourds le *Scorpion*, et de lui faire en même temps remorquer une grosse corvette. Or, si nous trouvons dehors le moindre vent et tant soit peu de mer, nous sommes perdus. Pourrai-je tout seul gouverner, manœuvrer, couper les remorques, et par des roulis effrayants *dessaisir*[1] ce chargement de projectiles, d'affûts, de canons, etc.? pourrai-je enfin le jeter tout seul à la mer? Cette entreprise n'est pas matériellement impossible, c'est une affaire de chance; ce n'est pas de la navigation, mais un véritable tour de force, et j'en ai assez fait comme cela. Aussi ai-je, déjà deux fois, prévenu par écrit le ministre que, si cet ordre de perdition était maintenu, je débarquerais en considérant mon contrat comme rompu du fait du gouvernement annamite.

30 janvier. — Existe-t-il à Hué un pouvoir occulte plus puissant que le roi et son premier ministre, ou bien leur revirement d'opinion est-il dû à l'influence des mandarins qui, apprenant que je me retirerais plutôt que de subir des exigences insensées, ont agi en conséquence? Il y a trois jours, tout était heureusement arrangé : l'interprète officiel du gouvernement annamite m'assurait que, le roi et le ministre m'ayant donné raison, l'ordre ne serait pas maintenu, et cependant, le 28 au soir, mon mandarin m'informait que nous devions partir le 29 à minuit avec la corvette à la remorque!

Le moment était venu de bien peser les conséquences de la détermination que j'allais prendre.

[1] Enlever les cordes qui servent à retenir les colis, etc.

En rompant avec les Annamites, je ne craignais pas seulement de voir mes intérêts sacrifiés, mais il me fallait surtout abandonner mes études commencées, et toutes les personnes qui se sont laissé entraîner dans la voie de travaux si intéressants doivent comprendre ce qu'il m'en coûtait!

Partir! mais si nous trouvions du mauvais temps, si au milieu du danger et pour forcer mes paysans à monter sur le pont et à manœuvrer, j'étais obligé de me servir de mes armes, si quelque malheur arrivait, qui donc prendrait ici ma défense contre le gouvernement annamite?

Mon débarquement fut décidé.

Hier matin j'ai appris ma détermination à M. Dufoureq qui a passé la nuit à bord, et à mon mécanicien qui n'a pas voulu rester sur un bâtiment annamite sans capitaine français. La journée a été consacrée à faire nos préparatifs du départ, et à minuit nous avons quitté le *Scorpion* avec nos domestiques chinois, accompagnés des protestations hypocrites d'amitié et de regret de l'équipage et des mandarins qui, dans le désordre d'un déménagement de nuit, essayaient un instant auparavant de nous dérober quelques provisions!

Tristes gens! que je ne veux cependant pas tous envelopper sous cette accusation, car sur ces soixante individus tous ne sont pas aussi foncièrement vicieux, tous n'ont pas subi au même degré la funeste influence de leurs supérieurs, et je crois même que, délivrés de ce milieu, un grand nombre auraient mieux répondu à ce que nous avons fait pour eux. Compter sur la patience pour obtenir quelque chose du gouvernement des mandarins, dont les sentiments à notre égard ne se modifieront jamais, c'est perdre son temps; leur faire des concessions, c'est se perdre dans leur esprit. Mais le pauvre et ignorant Annamite est trop léger pour que cette haine, si bien dissimulée par les mandarins, le pénètre et résiste au temps; il a aussi moins de véritable patience que de force d'inertie qu'il applique seulement à ne rien faire, et avec de la persévérance on peut avoir raison, dans une certaine mesure, de sa paresse et de ses autres défauts.

Les résultats obtenus par les missionnaires en sont une preuve que tout observateur impartial ne saurait nier

CHAPITRE XIV

Installation provisoire à Hué. — Excursion à Ha-tan. — Les fêtes du *Têt* (premier jour de l'an). — Excursion à Ba-truc. — Réception chez un annamite catholique. — La ferme de la Mission. — Cultures. — Tigres et bœufs sauvages. — Visite de Moïs ou sauvages. — Retour à Hué. — Installation dans un séchoir à briques. — Nouvelles de Tourane. — Honnêteté des fonctionnaires annamites. — La nouvelle légation française. — Nos occupations. — L'armée annamite. — Les théâtres. — État sanitaire. — Nouvelle apparition du choléra. — Déménagement, installation dans un magasin de fer. — Chasseurs du roi.

12 *février*. — En arrivant à la légation le 30 janvier au matin, mon premier soin fut d'informer par écrit les autorités françaises et annamites de ce qui venait de se passer; puis nous essayâmes, M. Dufourcq et moi, de louer une case. Impossible! Les Annamites, craignant de se compromettre, étaient épouvantés à la pensée de nous loger. Enfin, devant la gracieuse insistance de M. S..., qui pensait que l'*Antilope* arriverait prochainement, nous nous décidâmes à accepter l'hospitalité qu'il nous offrait.

Je consacrai ces quelques jours à mes affaires privées, totalement négligées jusqu'alors. Cependant M. Dufourcq désirant une dernière fois s'assurer de l'état du *d'Estaing* et essayer de sauver quelques débris de sa fortune, nous fîmes dans l'intervalle une course à Ha-tan. Ce jour-là le temps était splendide, et sur la dune le soleil dardait des rayons si brûlants, qu'en arrivant à la plage nous restâmes une heure étendus sous la hutte des gardiens, qu'on avait laissés là après avoir abandonné les travaux de sauvetage.

Depuis que M. Dufourcq avait été rappelé à Hué, rien n'était changé, si ce n'est qu'un banc de sable s'était formé entre la terre et l'av.. t du navire, qui paraissait avoir peu souffert; mais en supposant que la tempête ne le brisât pas, en quatre ou cinq mois le *d'Estaing* devait être ensablé. Pour le moment, nous n'attrapâmes que des coups de mer à vouloir nous approcher des chambres. Des menus débris du navire, et moyennant une piastre, les gardiens nous fabriquèrent deux palanquins assez originaux et nous ramenère t à Ha-tan, où nous attendait notre sampan. Le *d'Estaing* avait une dernière fois porté son capitaine !

En revenant, nous fûmes frappés de l'animation qui régnait aux environs de la capitale : de tous côtés on tirait des pétards, on plaçait devant les cases des perches avec des lanternes ou de petites caisses remplies de papiers dorés et argentés, monnaie qui suffit, paraît-il, aux parents décédés pour payer leurs dettes dans l'autre monde. Les boutiques de Kieu-deuoc étaient assiégées d'acheteurs faisant provision d'étoffes chinoises et anglaises, de joujoux, d'objets de religion, et surtout de pétards et de feux d'artifice. Le premier jour de l'année annamite (le *têt*) tombait le 13 février, et les indigènes, estimant que le sort qui les attend pendant toute l'année dépend de la façon dont ils l'ont commencée, allaient se livrer à de longues réjouissances.

Avant de quitter l'Annam, nous aurions été heureux d'assister à ces fêtes.

« Bah ! nous dit M. S..., elles commencent quelques jours auparavant, pour finir une dizaine de jours après le premier de l'an, et vous n'en verrez pas plus ce jour-là que les autres.

« Les Annamites vont se mettre à neuf pour toute l'année ; ils s'enverront des présents, mangeront force cochons et riz blanc et feront ripaille chez eux, iront au théâtre, joueront et feront un bruit assourdissant avec leurs pétards ; nous pouvons voir mieux que ça. Je pense employer les loisirs du Têt à aller visiter la ferme de Ba-truc, à environ trente kilomètres d'ici, et j'emmène toute la maison, *boys* et cuisiniers, car il faudra nous nourrir pendant cette absence de cinq à six jours. Venez donc avec nous.

— Volontiers, mais encore faut-il que nous puissions nous absenter aussi longtemps sans inconvénient. »

En conséquence M. Dufourcq alla ce matin rendre visite à l'interprète officiel du gouvernement annamite, seule personne à qui nous puissions nous adresser.

« Le ministre, lui dit-il, ne veut donc pas tenir compte de nos réclamations réitérées ? Attend-il qu'on lui envoie de l'argent de Saïgon pour nous régler ?

— Vous régler en ce moment ! Vous n'y pensez pas.

— Cependant, si l'*Antilope* arrivait, il faudrait bien s'y résoudre pour que nous puissions partir.

— N'y comptez pas. Pendant les fêtes du Têt, toutes les affaires de l'État sont suspendues ; roi, ministres et mandarins ne songent qu'à s'amuser comme le peuple.

— Nous avons une idée de ce carnaval et serions fort curieux d'y assister ; mais votre généreux gouvernement nous privant d'un abri, nous voilà forcés de suivre nos hôtes. Ils ont l'intention d'aller à la ferme de la mission, et je viens vous demander si nous pouvons nous absenter pendant cinq ou six jours.

— Évidemment; car, si l'on vous règle, ce ne sera pas avant la fin des fêtes. »

Après cette réponse, nous n'avions plus qu'à faire nos préparatifs et à essayer aussi de nous distraire.

20 *février*. — Le 13 février, notre petite caravane, composée d'une quinzaine de personnes, fut assez longue à se préparer et ne put quitter la légation que vers deux heures de l'après-midi. Après avoir traversé le fleuve, nous fîmes par le sud le tour de la citadelle, et vînmes prendre à son angle nord-ouest la grande route du Ton-quin, que nous quittâmes à cinq kilomètres, pour suivre au milieu des rizières le sentier de Ba-truc. Le temps était pluvieux, assez froid, et il faisait bon marcher. La nuit tombant, nous nous arrêtâmes au village de Cheune-cong, chez un Annamite catholique qui nous accueillit parfaitement et mit à notre disposition sa plus belle salle et sa cuisine; puis il alla chercher toute sa famille et ses serviteurs pour nous faire les honneurs de l'hospitalité à la mode annamite. Les hommes se présentèrent d'abord, et, rangés sur une seule ligne, firent des *lay,* ou se pro-sternèrent trois fois en joignant les mains au-dessus de leur tête; ensuite ce fut le tour des femmes, qui, au lieu de se mettre à deux genoux par terre, s'accroupirent les jambes pliées du même côté. Les Annamites catholiques étant les seuls qui donnent aux étrangers les mêmes marques de considération qu'à leurs mandarins, on reconnaît l'influence des missionnaires dans le maintien de ces usages, qui auront de l'importance dans le pays

tant que les démonstrations extérieures y seront à peu près tout, ou tant qu'existera la classe des mandarins.

Après une assez mauvaise nuit passée sur des planches, nous nous réveillâmes tout engourdis, et repartîmes aussi peu favorisés par le temps que la veille. Le sentier était si mauvais, que nous nous perdîmes deux fois au milieu des rizières avant d'atteindre le gracieux village de Cou-bi, et la rivière qui sort des montagnes à moins de deux kilomètres d'ici. Nous passâmes en bac sur l'autre rive, éloignée d'une centaine de mètres [1], et pendant qu'on préparait notre déjeuner sous une sorte de hangar en plein vent, je m'égarai à la poursuite d'un coq sauvage qui, profitant des distractions que me causait l'aspect à la fois gracieux et pittoresque des environs, réussit à s'échapper sous les bois.

A partir de Cou-bi, nous nous rapprochâmes encore plus des montagnes; le sentier était passable, le terrain moins argileux, plus résistant, mais partout inculte, si ce n'est aux alentours du hameau de Cheune-koua, dont nous visitâmes la petite chapelle. Quelques plantations de thé et d'arbres à huile rompent seules la monotonie du paysage jusqu'à Étane-tane, nouveau hameau catholique bâti sur les bords d'une petite rivière, à un kilomètre des montagnes. Très-bien accueillis par les prêtres indigènes, nous nous reposâmes dans la grande salle qui leur sert d'école, en goûtant d'excellents gâteaux de riz et des fruits confits délicieux. Le moment de repartir venu, chacun enleva son pantalon pour passer la petite rivière qui coule devant la case de la mission; je trouvai

[1] Un peu au-dessus de ce point, la rivière est partagée en deux bras par un grand banc de sable, sur lequel on voit une poudrière.

plus vite fait de passer sur les épaules d'un de nos domestiques ; mais celui-ci, moins habitué que mes baleiniers à ce genre d'exercice, eut peur, se déroba au moment où je m'élançai, et je pris un bain, aux grands éclats de rire des Annamites. Moi, je ne riais pas, au fond, car après les chaleurs de 40° de cet été, si je ne grelottais pas comme eux, je commençais à trouver que 14° n'est pas une température bien douce, surtout avec de l'humidité et un vent frais de nord-ouest. Je laissai donc mes compagnons prendre les devants, et ne repartis qu'après m'être changé et réconforté de quelques tasses de thé et d'excellents gâteaux. Une nouvelle chute, et j'étais en bonne voie de devenir gourmand. Je m'en gardai heureusement, et au bout d'une grande heure de marche accélérée sur une assez bonne route, à travers des terrains incultes, traversés çà et là par d'énormes blocs de marbre noir, j'arrivai aux premières cases du hameau, ou plutôt de la ferme de Ba-truc, dirigée par le P. R...., de la mission de Hué.

A la ferme de Ba-truc, on fait surtout du riz et du maïs, et le P. R... ne se plaint pas trop de la récolte, quand l'année a été moins sèche que la précédente. Sur les premières collines qui se dressent devant nous à moins de huit cents mètres, nous apercevons un sentier qu'il a fait ouvrir à travers bois et broussailles, pour faciliter le transport des bois, dont l'exploitation est aussi pénible que dangereuse, car d'une part il n'y a ici que de petits ruisseaux impropres aux transports, et de l'autre, les éléphants, les tigres et les bœufs sauvages qui abondent sur ces montagnes viennent souvent pendant la nuit ravager les cultures et rôder autour des cases.

La ferme proprement dite se compose de plusieurs bâtiments entourés d'une forte palissade. Au milieu s'élève la petite chapelle, pouvant tout juste contenir les cent cinquante Annamites qui vivent sur la concession; à droite et à gauche sont la salle d'étude et le grenier à riz, et sur les côtés, de grandes cases divisées en chambres par des nattes et des cloisons en bois; en fait de meubles, des planches ou des hamacs. Tout cela est parfait — en été, — mais en ce moment la première case annamite venue est plus confortable que ces chambres dout la toiture et les cloisons sont traversées par la bise.

Pendant les trois jours que nous passâmes à Ba-truc, le temps fut exécrable; coups de vent d'ouest-nord-ouest et pluie continuelle.

Nos compagnons de voyage purent cependant faire des massacres de canards sur les marais voisins, et nous fûmes assez heureux, M. Dufourcq et moi, pour aller un matin à la chasse aux bœufs sauvages. Ces animaux sont presque une demi-fois plus gros que nos taureaux; leur tête relativement petite est armée d'une paire de cornes gigantesques qui atteignent près de trois mètres d'envergure. Ils n'attaquent l'homme que lorsqu'ils sont traqués par lui, et sont alors d'autant plus dangereux qu'ils vont par troupes; mais le plus grand danger que court le chasseur de bœufs sauvages est d'être en même temps chassé et surpris par les tigres. Tuer un bœuf sauvage est très-difficile; on en a vu échapper, qui avaient reçu dix balles explosibles de fort calibre.

Guidés par un Annamite, nous avançâmes avec mille précautions, car ces animaux ont un flair excellent, et nous avions le désavantage d'être placés au vent. Arrivés aux deux tiers de la colline la plus rapprochée de nous, notre guide nous montre un bœuf à environ deux cents mètres près de la lisière d'un bois : les autres sont sans doute non loin de lui. Un coup de fusil, et toute la bande disparaîtrait avant que M. Dufourcq ait eu le temps et le plaisir d'en ajuster un. Mon ami veut bien faire le tour du bois, et je lui promets d'attendre qu'il paraisse pour tirer moi-même. Pendant ce temps, je rampe sous les hautes herbes, et parviens ainsi à gagner une centaine de mètres sans avoir éveillé l'attention de l'animal. Là, le terrain se trouvant dépouillé de toute végétation, je m'arrête, couché sur le sol, visant la tête du bœuf, seule partie de son corps que j'aperçoive, et jetant par moments un regard sur la lisière du bois, où je m'attends à voir paraître M. Dufourcq. L'impatience me gagnait, et peut-être allais-je faire feu, quand tout à coup la tête de mon bœuf disparaît, le sol tremble sous un bruit formidable, un nuage de poussière passe comme un éclair à une cinquantaine de mètres de moi, et tout rentre dans le silence le plus profond avant que j'aie eu le temps de me relever. J'étais désolé de n'avoir pas tiré, car aller chercher les bœufs sous des bois impénétrables, dont ils ne sortiraient probablement pas de la journée, était peine perdue, et devant partir de Ba-truc le lendemain, il ne nous restait même pas la consolation de penser à prendre notre revanche. Après avoir fouillé, au pied de la montagne, un petit bois traversé par un ruisseau, vrai repaire de tigres, suivant le P. R..., mais où à cette heure nous ne vîmes que de magnifiques paons, nous revînmes à la ferme.

Si le mauvais temps contraria fort nos projets d'excursion pendant notre séjour à Ba-truc, nous recueillîmes au moins quelques notes intéressantes, et nous eûmes le plaisir d'y faire connaissance avec des *Moïs,* ou sauvages.

Ces *Moïs,* qui, avons-nous dit, sont probablement les descendants des populations primitives, diffèrent passablement des Annamites. Leurs yeux ne sont pas bridés, le regard est timide, mais point faux; les pommettes des joues ne sont pas saillantes, leurs traits sont bien moins anguleux que ceux des Annamites, leurs membres gros, arrondis, et leur teint très-foncé. Ils ont pour vêtement une ceinture et une sorte de manteau de couleur sombre; comme ornements, des plumes d'oiseaux dans les cheveux, des bracelets et des colliers de cuivre, plomb, porcelaine ou coquillages. Tous avaient de longues pipes et des flèches empoisonnées; quelques-uns, un instrument de musique formé de dix tuyaux de bois juxtaposés, dont ils tiraient des airs fort monotones. Leur village est situé à deux journées de marche, dans la chaîne de montagnes qui sépare l'Annam du Laos, chaîne qui décrit au-dessus de Ba-truc une courbe concave vers la mer, et paraît bien moins élevée ici que par le travers de Hué. Ces *Moïs* cultivent le riz de montagne, et vivent surtout des produits de la chasse. Ils sont complétement indépendants des Annamites, à qui ils ne payent aucun tribut, mais seulement une sortede droits de douane quand ils viennent aux derniers postes échanger des plumes d'oiseaux, des plantes médicinales, de l'ivoire, de la cire, etc..., contre le sel et les autres produits annamites qui leur font défaut. Leurs relations avec les Annamites sont du reste fort rares, car une crainte et une haine réciproques les tiennent éloignés les uns des

Moï, ou sauvage des environs de Batruc (province de Hué).   Mandarin.   Bourgeois.

autres, et les missionnaires ont eu beaucoup de peine à attirer quelques-uns d'entre eux à la ferme.

Que les journées nous ont paru courtes! Nous revenions le soir ayant à peine la force de changer nos vêtements, collés sur le corps par la pluie et le vent; nous mangions chacun comme quatre, puis, rassemblés sous la galer'o autour d'un feu de bois, grillés par devant, gelés par derrière, nous fumions notre cigarette en écoutant religieusement notre aimable amphitryon, dont les anecdotes et les histoires de chasse nous trottaient toute la nuit par la tête. Il a fallu cependant nous arracher aux délices de Ba-truc. Le 18, à neuf heures du matin, nous traversâmes la plaine et vînmes prendre, près du hameau de Ben-cut, un bon *sampan,* qui par la rivière de Ba-truc et le fleuve Truong-thiên nous conduisit à la légation, où nous arrivâmes à dix heures du soir. Nous apprîmes que l'aviso *l'Antilope* était retenu à Tourane par le mauvais temps, et qu'une heure avant notre arrivée le mécanicien du *d'Estaing* y avait été expédié. Quoique nos affaires ne fussent pas réglées, — et elles ne devaient pas l'être, — avec quel plaisir serions-nous partis, si l'on eût bien voulu nous en donner les moyens! Notre départ étant reculé, peut-être d'un mois ou deux, nous ne pouvions abuser pendant si longtemps de l'hospitalité de nos hôtes, qui s'attendaient d'ailleurs à recevoir un malade. Mais qui coudrait bien nous louer une case? Deux capitaines français allaient-ils se trouver sans asile dans une ville dont le séjour est interdit aux Européens, et au milieu d'une population hostile? Enfin on se décida à mettre à notre disposition une case construite récemment pour servir de séchoir à briques.

Cette case, construite en bambou et en paille, s'élevait au milieu d'un champ de riz, à une cinquantaine de mètres de l'enceinte de la légation, mais sur un terrain lui appartenant. Nous nous y installâmes ce matin, et grâce à quelques planches, à un lit et même à un canapé que M. S... a bien voulu nous prêter, le petit coin que nous occupons ne fait pas trop mauvaise mine.

25 mars. — A Hué, — à la cour, comme on dit ici, — ce ne sont que sacrifices pour obtenir de Bouddha que le *d'Entrecasteaux* et la *Mayenne* ne se perdent pas à leur premier voyage. Nous savons depuis quatre mois que ce dernier bateau doit partir de Tourane avec un chargement de riz. Pour cette opération, il a fallu vider les magasins de la province et faire rentrer impitoyablement les impôts. Des écrivains enregistraient les quantités embarquées, ce qui n'empêchait pas de vendre publiquement du riz à tout venant, et naturellement le prix n'en allait pas dans le trésor royal. C'est le procédé habituel des mandarins, de faire sortir des magasins le plus de marchandises possible, puis la concussion, le vol éhonté marchent sur toute la ligne. Enfin, comme le riz embarqué n'était pas sec, et qu'on avait aussi laissé tomber de l'eau dessus dans les cales, il s'y est produit une telle fermentation, qu'on a dû débarquer à la hâte ce qui restait. On recommencera bientôt l'opération.

Les Annamites, gens fort pointilleux, comme nous le savons, sur les distinctions sociales, finissent par s'étonner de nous voir logés dans cette case, que nous trouvons très-vaste, dont nous nous accommodons parfaitement, mais qu'ils trouvent peu convenable pour des capi-

Installation dans un séchoir à briques.

taines français. Il ne nous manquait plus que de voir les Annamites soucieux de la considération due à des Français! Aussi défendons-nous à nos *boys* de laisser désormais les indigènes s'approcher de notre case.

Il est certain que cette habitation n'est pas une case de mandarins ni de bourgeois, que les insectes et les serpents s'y donnent rendez-vous, que l'herbe pousse sur le sol humide, que la moustiquaire de notre lit ne cache qu'un tas de paille; mais on ne peut tout avoir : autour de nous les champs de riz, dont les gerbes vertes sont courbées par le vent, forment un tapis de verdure plus riant à l'œil que la cour pavée de la case des ambassadeurs; d'un côté, nous jouissons d'une vue splendide sur le grand fleuve; de l'autre, nous voyons s'élever la nouvelle légation française, palais de briques et de fer qui a environ trente-cinq mètres de façade, un rez-de-chaussée et un étage, et qui, terminé, reviendra à un million.

Depuis notre retour de Ba-truc, nous sommes presque toujours en course; c'est pour moi une véritable bonne fortune que de rencontrer chez M. Dufourcq les mêmes goûts de travail et une variété de connaissances qui donne un nouveau charme à nos excursions [1]. Entre chacune d'elles, nous passons un jour ou deux, dans

[1] Nous ne raconterons que les principales; mais cela suffira pour donner une idée du pays. Peut-être même trouvera-t-on un peu longues nos descriptions géographiques; nous avons tenu à suppléer ainsi aux dessins qui n'ont pu trouver place dans ce volume. Nos excursions étaient assez mal vues des Annamites. Il nous arriva même une fois d'être attaqués à coups de pierres. (Il est vrai que cela se passait aux environs de Hué; loin de la capitale, nous n'eûmes jamais de désagréments.)

notre case, à mettre nos notes en ordre, à écrire ou à dessiner.

Les pauvres diables qui d'abord consentaient à poser un quart d'heure pour une cinquantaine de sapèques, en exigent maintenant six cents ou un franc, et un laideron, que je me suis efforcé d'embellir, ose me demander cent sous! Ces Annamites sont insatiables : un soldat, que nous avons pris pour aider notre *boy* chinois, se contentait, au début, de la nourriture et de deux piastres par mois; maintenant il en veut quatre, trouve que nos habits sont trop vieux, et voudrait bien les avoir pour les aller jouer.

Les affaires, interrompues par le *têt*, ayant repris leur cours, les Annamites nous donnent maintenant d'amusantes représentations : l'instruction des recrues, les exercices militaires doivent durer deux mois, et nous sommes ici aux premières loges pour les suivre. L'armée est, comme la marine, en pleine décadence; il est impossible de prendre au sérieux ces exercices, qui ont la prétention pour les soldats de rappeler la charge en douze temps et l'école de peloton. Les marins apprennent à ramer dans les grandes pirogues qui jusqu'à présent étaient restées halées sur les cales[1]; quant aux canonniers, on les embarque dans de longs bateaux plats ayant chacun à l'avant un canon semblable à nos pièces de 4, et on les expédie à Touane-ane, où ils tirent le moins possible, de peur d'effaroucher les canards. Étant donné l'instruction et la valeur de ces troupes, est-il bien important d'en connaître au juste le nombre? D'après M. Chai-

---

[1] On se contente chaque hiver d'en peindre la coque à la chaux.

gneau, sous le règne de Minh-mang, — vers 1820, —
le roi avait autour de sa personne une garde de trente
mille hommes et quarante régiments de six cents hommes,
soit en tout cinquante-quatre mille hommes; l'armée
comprenait en outre une garde de treize mille hommes,
et avec les régiments provinciaux et les marins, pouvait
facilement dépasser deux cent mille hommes! Nous pen-
sons que s'il ne s'agit que de rassembler des saltimbanques, le roi Tu-Duc pourrait encore en réunir autant;
mais des soldats, des marins, où irait-il les prendre?
D'après nos renseignements, il n'y a pas à Hué plus de
six mille hommes de garnison, et plus de deux mille dans
les différents postes de la province; en admettant que
toutes les autres provinces du royaume aient chacune
une garnison plus faible de moitié, nous arriverions à un
total de quatre-vingt-huit mille hommes, auquel il faudrait ajouter seize mille marins, si tous les navires et
jonques de l'État étaient armés. Réduisons hardiment ce
chiffre de moitié, et nous ne serons pas loin de la vérité
en disant qu'il n'y a jamais en temps ordinaire plus de
cinquante mille hommes sous les armes dans tout le
royaume d'Annam, y en eût-il trois cent mille sur le
papier. L'armement, le matériel des forces de terre et de
mer, est digne du personnel, et tout ce que nous avons
dit de l'administration de la marine s'applique exactement à celle de l'armée.

Les mandarins annamites sont... des malins, — nous
le savons depuis longtemps; ils nous en donnent une
preuve nouvelle par ce temps d'exercices. Ah! pensent-
ils, nous allons fort nous ennuyer, ainsi que nos soldats,
qui vont bien vite se décourager, se lasser; en avant les

grands moyens. Et chaque matin il y a *chine-chine*, ou sacrifice à Bouddha, chaque soir *hat*, ou théâtre, tantôt devant une caserne, tantôt devant une autre. Ces théâtres, que les soldats construisent eux-mêmes, sont de simples hangars décorés d'étoffes de coton; l'intérieur en est habituellement divisé en trois compartiments par des cloisons qui ne s'élèvent qu'à deux ou trois pieds du sol. Les musiciens se tiennent accroupis sur les côtés de la scène, qui occupe le fond du hangar; à l'entrée est le compartiment du public — qui reste debout, — et par côté s'élève une sorte d'estrade avec des bancs réservés pour les mandarins et — les gens comme il faut. L'entrée est gratuite, mais les acteurs reçoivent toujours avec plaisir les sapèques que leur jettent les spectateurs satisfaits. Nous y allâmes quelquefois passer un moment, et payant largement les tasses de thé microscopiques que nous y prenions, nous n'eûmes jamais d'autre désagrément que celui d'entendre l'affreux concert des grosses caisses, des gongs, des flûtes et des instruments à cordes. Les acteurs, barbouillés de couleur et revêtus de costumes semblables à ceux des acteurs chinois, faisaient chacun de longs discours avec accompagnement de contorsions et de cabrioles. Leur débit était aussi vif, aussi emporté que leurs mouvements, et non contents d'exagérer les intonations musicales particulières à la langue annamite, ils poussaient parfois des cris épouvantables. Malgré toute notre bonne volonté et le talent mimique des acteurs, nous ne pûmes comprendre la moindre de ces histoires, qui semblaient beaucoup divertir le public. Hommes et femmes étaient là pêle-mêle, s'agaçant, se pressant et formant un tableau plus piquant encore à

Un théâtre à Hué.

observer que la scène, sur laquelle, à notre grand désappointement, ne parut jamais une seule danseuse; peut-être nous pressions-nous trop de partir, quoique les soirées nous parussent bien longues, car il fallait économiser la bougie et se priver de travailler le soir. Aussi nous levons-nous le matin avant le coup de canon qui annonce l'ouverture des portes de la citadelle, et pouvons-nous prendre notre bain dans le fleuve avant que le tam-tam ait appelé à l'ouvrage les ouvriers de la légation.

Prendre déjà des bains froids est un plaisir, mais c'est peut-être aussi une imprudence. Depuis le coup de vent de février, la température a rapidement monté, et la moyenne de ce mois est de 26°, quoique le temps soit assez souvent pluvieux, et surtout brumeux; l'air est chaud et humide, par conséquent malsain. On signale de nouveau quelques cas de choléra; il nous est impossible de ne pas remarquer que son apparition coïncide avec les changements de saison. En hiver, l'air est humide, mais relativement froid; en été, il est chaud, mais très-sec; conditions moins favorables à l'exhalation et à l'absorption des miasmes pestilentiels. Jusqu'à présent, nous nous sommes bien portés, et les courbatures que nous avons attrapées aujourd'hui auront disparu demain. Comment d'ailleurs ne pas être un peu brisé quand on passe toute une journée à sonder sous la pluie, courbé en deux sur le bord d'un petit sampan faisant eau comme un panier, qu'il faut vider avec son chapeau tous les quarts d'heure!

5 avril. — Des nouvelles! Sera-ce donc toujours pour nous de mauvaises nouvelles! L'aviso *l'Antilope*, arrivé à Touane-ane le 26 mars, en est reparti trois jours après pour le Tonquin, et ne pourra nous porter à Saïgon qu'à son retour, c'est-à-dire dans un mois!

Par l'*Antilope* sont arrivés quelques briquetiers chinois, à qui nous devons céder la place. Les missionnaires nous offrent gracieusement l'hospitalité, mais en acceptant ne les compromettrions-nous pas? Enfin, après de nouvelles difficultés, on nous abandonne un magasin de fer. Pourvu que le coin soit nettoyé, un peu propre, pour loger le peu qui nous reste, séchoir à briques ou magasin de fer nous importent peu, à nous qui vivons si rarement à la case!

Hier soir, M. Dufourcq, en sa qualité de chef de gamelle, a renvoyé notre *boy* chinois. Malgré le regret de me séparer d'un domestique qui m'a rendu de réels services, il valait mieux prendre cette détermination que d'en venir avec lui aux moyens de rigueur, car exhortations, reproches, devenaient impuissants. Depuis que nous étions à terre, Co-piou fréquentait les autres Chinois et les Annamites de la légation, y passait tout son temps à jouer et à perdre son argent, et laissait à notre soldat annamite, avec qui il dédaignait de travailler, le soin de garder notre case et de faire la cuisine.

La cuisine très-épicée de notre Annamite n'est pas mauvaise, et nous donne une idée des repas que S. M. Tu-Duc fait quelquefois l'honneur d'envoyer à ses amis. Nous rencontrâmes il y a quelques jours un soldat de sa compagnie de chasseurs, et lui proposâmes en vain de lui acheter un lièvre. La chasse n'avait pas été abondante, et il s'attendait à recevoir du rotin.

« Pourquoi ne vous contentiez-vous pas de faire votre métier de soldat? Vous gagnez sans doute davantage, maintenant? — Non; on m'oblige à chasser, parce que je tire très-bien; je ne suis pas mieux payé, mais plus souvent battu. »

Ce gaillard-là aurait volontiers changé de position avec notre soldat, qui gagne douze fois plus de sapèques que lui sans recevoir la cadouille; mais dès le lendemain il aurait réclamé plus d'argent et moins de travail. C'est là une considération qui prime tout pour ces bons Annamites.

CHAPITRE XV

20 avril. — Quelle bonne moisson de documents à mettre en ordre avant de repartir! — Deux cent soixante kilomètres parcourus, soit en sampan, soit à pied; environ mille kilomètres carrés de terrain étudié, dont une bonne partie pour la deuxième et la troisième fois; en un mot, l'achèvement du plan de la partie orientale de la province de Hué : tel est, grâce au précieux concours de mon cher camarade, le résultat des explorations que nous venons de faire.

En donner une rapide esquisse sera pour nous l'occasion de jeter un coup d'œil général sur cette province, la moins étendue, mais la plus importante du royaume au point de vue politique.

A peine quittions-nous la légation, le 6 avril, à dix heures du matin, qu'une discussion s'engageait entre nos bateliers et nous.

« Les grandes pirogues qui croisent sur le fleuve vont nous obliger à retourner à la légation, nous disent-ils; le roi va passer.

— Eh bien, nous ne l'attendrons pas. Allons au canal ouest de la citadelle; là, nous remonterons la petite rivière qui communique avec le fleuve au-dessus de la tour du couvent de bonzes.

— On ne nous laissera pas aller au canal; il faut retourner.

— Non; allons d'abord vers ces sampans, nous nous renseignerons. »

Sur la rive gauche, par le travers du bastion central de la citadelle, une vingtaine de bateaux de mandarins, encombrés de soldats et de domestiques, formaient un groupe assez original. Ces barques, plus grandes, plus confortables que les sampans, sont décorées de sculptures peintes et dorées; sur le toit de leurs cabanes sont étendus des palanquins; à l'avant et à l'arrière se dressent des parapluies fermés, des lances, des piques ornées de queues de cheval, des mâts avec des banderoles et des lanternes. A notre arrivée, quelques mandarins quittent précipitamment leurs nattes; l'un d'eux, peut-être un des amiraux inconnus de l'Annam, nous dépêche un secrétaire, et après de longs pourparlers, nous obtenons de rester là, à condition de ne pas nous montrer. Les promenades du roi causent des dérangements, des embarras de tout genre. Ainsi, lorsque Sa Majesté doit se rendre par terre d'un point à un autre, il faut faire la veille ses provisions de viande, car le lendemain on n'en trouverait pas dans les villages qu'il doit traverser.

Nous perdîmes une heure à attendre le roi, qui revenaît des sépultures de Van-nêne; le fleuve était trop large pour que nous puissions bien distinguer la physionomie de gens qui, à nos yeux, se ressemblent à peu près tous, et nos efforts pour découvrir les perles du harem royal furent complétement perdus. Le bateau du roi était remorqué par de grandes pirogues, montées chacune par une quarantaine d'hommes et un mandarin qui, au moyen de deux morceaux de bois frappés l'un contre l'autre, les faisait nager avec ensemble, à la façon des *caidjis* de Constantinople, c'est-à-dire en se levant et se baissant alternativement pour manœuvrer leurs avirons. De nombreux bateaux de mandarins, de beaux sampans et deux grandes pirogues suivaient le bateau du roi.

Dès que le cortége nous eut dépassés, nos voisins sortirent de leurs barques, où ils s'étaient tenus cachés comme nous, et nous continuâmes à remonter rapidement le fleuve jusqu'à Kieu-touane, ne nous arrêtant qu'un instant à Van-nêne.

Au-dessus du débarcadère, une belle et large route sablée, ombragée par de beaux arbres, s'élève en pente douce sur les flancs d'une colline dont le sommet est entouré de hautes murailles en pierre, qui forment un carré d'environ trois cents mètres de côté. En dix minutes nous arrivâmes au pied des murs, par-dessus lesquels se montraient les toits dorés de plusieurs pagodes et cases princières habitées par les parentes, les femmes de Thieu-tri, qui vivent cloîtrées à côté du tombeau du prédécesseur de Tu-Duc.

« Pressons-nous, me dit Dufourcq; l'individu qui nous suivait depuis le débarcadère nous coupe la route et va sans doute donner l'éveil.

Bateaux de plaisance du roi. — Barques diverses. — Exercice des pirogues.
(Rivière de Hué, confluent de la rivière de Fou-came.)

— Bien deviné, mais trop tard ! »

Les gardiens fermaient la porte monumentale qui décore le côté sud, quand nous y arrivions, et il ne nous resta plus qu'à examiner un instant les travaux de quelques artistes qui dans le voisinage taillaient et sculptaient de belles tombes de granit et de marbre.

Nous nous gardâmes d'aborder à Kieu-touane, et remontant pendant environ cinq kilomètres la branche orientale du fleuve, nous vînmes planter le came, pour passer la nuit, près du jardin royal le plus éloigné de Hué (23 kilomètres).

Le lendemain, de bonne heure, nous passons devant Buong-tam, village en partie catholique. Da-han et Buong-tam sont, sur les deux branches du fleuve, les points extrêmes connus des missionnaires. — Un peu plus loin, le lit de la rivière est brusquement rétréci par un banc de sable et des rochers qui ne laissent entre eux qu'un étroit passage.

« Déjà les rapides ! me dit M. Dufourcq ; serions-nous sitôt arrêtés ! »

— Mais non ; derrière ce rapide, facilement franchi, la rivière coule aussi large, aussi profonde qu'auparavant. Voi une station de barques, et à côté le village de Kim Ngoc ; le plateau assez élevé que nous traversons ensuite ne présente à la vue qu'un terrain couvert de broussailles, d'un aspect de plus en plus sauvage. Après avoir franchi encore un rapide, nous arrivons devant trois ou quatre misérables cases, dernier poste annamite sur cette branche du fleuve. Les ressources de leurs pauvres habitants sont les mêmes que celles de leurs frères de la branche occidentale.

Ils nous montrèrent quelques roches qui embarrassaient le lit de la rivière à environ quatre cents mètres plus haut, et nous dirent que nous ne pourrions plus avancer. Cependant, entraînant nos bateliers, nous essayons de franchir ce nouveau rapide. De tous ceux que nous rencontrâmes sur cette rivière, rapides dus à des bancs de roches ou de gravier, à des coudes, au dénivellement du sol et au brusque rapprochement des rives, celui-ci est le plus long, le plus difficile à passer. Malgré nos efforts, joints à ceux de nos bateliers, nous ne pûmes réussir, les eaux étant trop basses.

J'essayai alors, mais en vain, d'escalader la berge de la rive gauche; il eût fallu avec le fer et le feu se frayer un chemin à travers un inextricable fouillis de lianes et de grandes herbes dont je rapportai un fort mauvais souvenir. A peine étais-je revenu au sampan, que j'éprouvai de singulières sensations : une quantité de sangsues, grâce à leurs proportions microscopiques (un centimètre de long et un millimètre de diamètre), s'étaient glissées entre mes vêtements et n'avaient respecté aucune partie de mon corps. Pour les arracher, je dus me déshabiller complétement, et suivant les conseils de nos bateliers, me couvrir de cendres et de chaux pour arrêter le sang.

« Te voilà en tenue pour te présenter chez les *Moïs*, me dit M. Dufourcq, une fois l'opération terminée; mais si elle est de rigueur pour aller les voir, j'y renonce.

— Une autre fois, nous tâcherons d'éviter ces maudites herbes; pour le moment, débarquons sur le banc de gravier de la rive droite. »

Après avoir traversé le banc et un terrain couvert de broussailles et de bois, nous arrivâmes sur le bord de la rivière, devant un second rapide que les coudes nous avaient caché. Au-dessus de celui-ci, la rivière dessinait un grand fer à cheval, et s'engageait dans une région montueuse et d'un aspect aussi sauvage que pittoresque. Pour un rapide dont en dix jours de travail on débarrasserait la rivière, c'eût été folie de considérer notre exploration comme terminée, surtout quand cette rivière conservait encore plus de soixante mètres de largeur, et une profondeur de deux à trois mètres. D'ailleurs, voyant descendre un train de bois et de légères pirogues, nous résolûmes d'en avoir une, coûte que coûte, et de repartir le lendemain matin, après avoir passé la nuit devant le poste annamite.

Ce ne fut pas sans difficulté que nous pûmes mettre notre projet à exécution. Les pirogues que nous avions vues et qui n'allaient pas plus bas que le poste annamite, étaient montées par de pauvres diables dont le costume se composait d'une ceinture. Ils étaient assez grands, maigres, fort laids, passablement noirs et sales; deux d'entre eux avaient de la barbe. Ils parlaient une sorte de patois qui n'était pas de l'annamite, et nos bateliers les appelaient « habitants des montagnes ».

Ces pauvres gens venaient faire quelques achats au poste; par l'intermédiaire des indigènes, faisant briller aux yeux des uns et des autres des chapelets de sapèques, — qu'ils préféraient aux piastres, — nous obtînmes ce que nous désirions.

La pirogue de nos sauvages était formée tout simplement de trois longues et magnifiques planches légèrement courbées à l'avant et à l'arrière, et assemblées à la mode annamite, qui n'est peut-être qu'une copie du système de construction des populations primitives. Quelques branches d'arbres formaient au milieu de la pirogue une sorte de plancher au-dessus duquel était tendue, au moyen de quatre piquets, une natte dont le mauvais état permettait à la pluie de tomber dans une informe marmite de fer, seul ustensile de cuisine de nos nouveaux compagnons de voyage.

« Si tu n'as pas l'intention de manger des racines bouillies et de boire des infusions de feuilles inconnues, me dit M. Dufourcq, nous emporterons un peu de riz, une boîte de sardines et du thé, car nous ne savons pas si nous arriverons demain à la source.

— Emportons, mon cher, mais tâchons de bien déjeuner avant le jour, pour ne perdre ni une minute ni un coup de dent. »

La simplicité de notre installation ne nous fit pas trouver moins d'agrément à notre excursion du lendemain. Nous passâmes difficilement le grand rapide, et arrivés au sud du fer à cheval, nous fûmes agréablement surpris à l'aspect enchanteur que nous présentèrent pendant deux kilomètres les rives couvertes de bois odoriférants. Au delà, le paysage reprend un caractère sauvage; nous franchissons de nouveaux rapides, la rivière se rétrécit, de gros rochers émergent de loin en loin de son lit, qui n'a pas trente mètres de largeur au confluent du dernier cours d'eau qui vient se jeter sur sa rive gauche. Nos bateliers s'étonnent fort de nous voir écrire, dessiner, nous arrêter de temps en temps; mais ils sont fort doux, et obéissent au moindre signe.

Ici, ils nous font comprendre que nous allons être arrêtés; bientôt, en effet, nous entrons dans une sorte d'entonnoir formé par des collines boisées. Entre elles, une cascade, un ravin d'une cinquantaine de mètres de longueur, fortement incliné, parsemé d'énormes rochers sur lesquels un torrent furieux, écumant, se brise, rebondit en mille jets et va se précipiter une dernière fois d'une hauteur de deux à trois mètres dans un bassin : telle est la source de la branche orientale de la rivière de Hué.

Cette branche a environ vingt-quatre kilomètres de longueur de Kieu-touane jusqu'ici, et il serait facile et peu coûteux de la rendre entièrement navigable pour des embarcations à vapeur; mais, de même que pour la branche occidentale, l'importance actuelle des relations commerciales, qui se borne au transport des bois, n'en fait pas une nécessité.

Le but que nous nous étions proposé était atteint.

En redescendant la rivière, nous nous arrêtons à quelques centaines de mètres au-dessous de son confluent avec un petit ruisseau parsemé de roches et de rapides; puis, escaladant une colline d'une centaine de mètres de hauteur dont les deux tiers sont à pic, nous nous laissons tomber haletants sur son sommet couvert de broussailles. Quelle profonde solitude! Aucun bruit, pas le moindre chant d'oiseau n'arrivait jusqu'à nous.

Je songeais qu'environ deux ans auparavant, du haut du mont *Bougourlou*, à l'extrémité opposée de l'Asie, j'admirais l'incomparable panorama de Constantinople et de la Corne-d'Or, et reportant mes regards vers l'Orient, je ne sais quel pressentiment me disait, — à moi qui pensais alors ne plus voyager, — que je verrais ces pays inconnus, que mon imagination cherchait à entrevoir au delà de l'horizon. Quelle folie n'y aurait-il pas à faire encore des projets, quand notre destinée semble écrite d'avance!... Mais déjà la lumière du soir jette des reflets moins gais sur le paysage ; dans le sud-est, les montagnes entassées les unes sur les autres forment un tableau d'une sombre majesté, tandis qu'à l'opposé, les nuages nous dérobent la vue des plateaux sur lesquels gronde l'orage. Laissons-nous rouler jusqu'à notre pirogue, et emportés par la rapidité du courant, arrivons bien vite au poste annamite, où nous retrouvons notre bon sampan et pouvons changer nos vêtements trempés par la pluie.

La nuit était venue quand nous passâmes à Buong-tam, où nous ne fîmes qu'échanger quelques mots avec les prêtres indigènes, et le 9, à cinq heures du matin, nous arrivions à notre magasin. Nous ne prîmes que le après temps de faire de nouvelles provisions, et quatre heures nous étions de nouveau en route.

Transportons-nous tout de suite au hameau de Chou-may[1]. Est-ce bien même un hameau que ce petit groupe de cases parmi lesquelles l'une, entourée d'un talus en terre, représente le fort ou le poste gardé par une vingtaine d'hommes; l'autre, surmontée d'une croix, est la mission catholique, dirigée par un prêtre indigène? Cette dernière case est divisée en plusieurs compartiments. Voici la modeste chapelle, la salle d'étude, la salle à manger..... N'allons pas plus loin; tombant de fatigue, mourant de faim, étendons-nous sur ces bancs, et abrégeons le plus possible la cérémonie des *lay,* pour faire,

---

[1] C'est à cette époque que nous étudiâmes les lagunes de Troui et de Cao-hai.

coram populo, un excellent repas, repas annamite, bien entendu, composé principalement de riz et de poisson, le tout fort épicé.

Après une journée passée aux environs, nous revînmes prendre congé de nos hôtes, qui s'étaient montrés aussi obligeants, aussi hospitaliers que possible, et auraient voulu nous retenir encore.

« La nuit, disaient-ils, nous surprendrait en route, et nous risquions d'être dévalisés par les voleurs ou dévorés par les tigres. » Mais connaissant suffisamment le pays pour ne pas perdre un temps précieux, nous reprîmes en toute hâte le chemin de Cao-haï. Il faisait nuit quand nous atteignîmes le pied du col de Choumay, que nous passâmes ayant, l'un un revolver, l'autre un couteau à la main, sans faire heureusement d'autre rencontre que celle d'une bande de paysans peu rassurés de nous entendre répondre à leurs « Qui vive? » par des éclats de rire.

Nous avons déjà parlé de Cao-haï; envoyons donc notre sampan nous attendre à Troui et quittons cette petite et pittoresque vallée par le col de Cao-haï. Ce col, qui traverse la dernière ramification de la splendide chaîne des Aai-vane vers les lagunes, est bien moins élevé que le précédent; sa pente est aussi plus douce, son aspect moins sauvage. Nous laissons à notre gauche le petit autel élevé au génie du col, et redescendant sur la lagune de Troui, nous en suivons les gracieux contours au pied même des collines, dont quelques énormes blocs se sont détachés et barrent parfois la route, ombragée çà et là par de beaux bouquets de bois. Là, il faut nous déchausser pour traverser un petit ruisseau; ici, quelques îlots

verdoyants émergent du lac à environ cinq cents mètres
du rivage, puis les collines s'en écartent, la plaine s'étend
à notre gauche. Encore une heure de marche, et nous
arrivons au pied d'un monticule qui limite au sud la
plaine de Troui. Tandis que le rivage du lac s'éloigne en
se recourbant vers le nord, nous avançons sur une belle
route, au milieu des rizières et des champs cultivés. C'est
un tableau moins pittoresque, mais plus animé par la
présence de l'homme.

Hommes, femmes, enfants sont en ce moment occupés à repiquer le riz, et nous suivons avec plaisir des
travaux qui intéressent particulièrement mon cher compagnon de voyage.

Plus de la moitié du sol cultivable de la province de
Hué [1] est encore inculte, ce qui tient aux différentes
causes dont nous avons déjà parlé, principalement à la
paresse des Annamites et à leur pitoyable gouvernement.
L'Annamite abruti par la servitude s'est fait à sa misère;
pourvu qu'il ait un peu de riz à manger, de l'eau-de-vie,
de riz, du tabac, de l'arec et du bétel qu'il récolte dans
son jardin; pourvu qu'il ait le loisir de ne rien faire, de
tenir les conversations les plus grivoises et les plus licen-
cieuses, de jouer et de s'amuser, il se montre satisfait
de son sort, et préfère certainement cette indolente pau-
vreté à la vie de travail qui lui donnerait le bien-être.
L'Annamite, à qui le commerce extérieur est interdit,
n'a aucun intérêt à faire des cultures riches qui d'ailleurs lui coûteraient trop de fatigues, et il n'est pas encou-

[1] Pour nous, la province de Hué ne dépasse pas vers l'ouest et
le sud la ligne passant par les montagnes de Hon-dun, Buong-tam,
Troui, Cao-hai et Choumay.

ragé à produire des céréales au delà des besoins de sa consommation, car les mandarins, aussi lâches et rampants avec leurs supérieurs que durs et rapaces avec leurs inférieurs, le dépouilleraient bien vite de son superflu.

Ainsi végète l'agriculture dans ce pays, doué d'un climat excessivement favorable, d'un sol admirablement fertile, et propre, suivant son niveau, aux cultures riches ou à celles du maïs et du riz. Quelle richesse, si tout cela était mis en valeur! Les cultures sont généralement bien entendues, l'irrigation bien comprise, mais les procédés sont tout à fait primitifs. Dans la plaine, on rencontre à chaque instant des canaux qui relient les rivières et les ruisseaux, et sur les pentes des terrains plus relevés et des collines s'étagent de petites digues qui de loin font l'effet de petites fortifications. Deux hommes remplissent successivement ces canaux au moyen d'un seau en écorce de palmier retenu par des cordes. Le seau, plongé dans l'eau, en est retiré avec force et vidé dans le canal supérieur, d'où l'eau se répand ensuite dans la direction voulue, au moyen de rigoles. Souvent même, quand la différence de niveau est très-faible, un seul homme remplit cette besogne à l'aide d'un appareil fort simple, composé de trois perches réunies à leur sommet, auquel est suspendu par une corde le manche d'une sorte de longue cuiller d'écorce qui fait l'office de seau.

En fait d'instruments, les Annamites ont la bêche, une petite charrue très-légère, sans roues, et une herse sur laquelle ils se tiennent debout en dirigeant leurs buffles.

Leur façon de cultiver les rizières n'a probablement jamais varié depuis des siècles. Suivant le niveau de la rizière, on laboure à la charrue, en retournant approximativement la terre, à cause de l'imperfection de l'instrument, ou bien on fait entrer l'eau dans les levées, et l'on ameublit le sol avec la herse. Pour se procurer le plant, on prépare d'abord un petit champ, où l'on sème à la volée, très-épais, le riz qui germe rapidement, et qui, au bout d'une vingtaine de jours ou un mois, est bon à être replanté. Pendant ce temps, les rizières ont été préparées convenablement ; la boue argileuse, bien détrempée, doit offrir assez de consistance pour qu'en y plantant les pieds de riz, — en quinconce, à environ douze centimètres les uns des autres, — ils puissent se tenir debout une fois abandonnés à eux-mêmes. Pour cette opération, les Annamites sont toujours nombreux, et les voisins se prêtent assistance, à charge de revanche. Le sarclage est rarement pratiqué, et d'ordinaire les Annamites abandonnent la récolte sans autres soins. Celle-ci se fait à la faucille, et le dépiquage au moyen des buffles, qui piétinent sur les gerbes disposées sur une aire.

Quoique généralement bien arrosée, la plaine présente cependant quelques parties moins propres à ce genre de culture. L'Annamite, pour qui le riz est un besoin absolu, s'entête ; mais l'eau manque, la terre, très-argileuse, durcit comme de la brique, les racines meurent, ou bien le riz ne peut former son épi, où il n'y a pas de grain. Il est d'autres terrains qui semblent stériles, improductifs au premier chef, tels que ceux des dunes qui bordent le rivage de l'Océan sur de si grandes étendues. Eh bien, derrière les premières crêtes de sable, on trouve de nombreuses cultures, car l'Annamite sait parfaitement utiliser ce sol sablonneux, imprégné de sel. Il entoure son champ de petites levées pour régler l'irrigation, le fume avec des algues marines, et se livre là à un véritable jardinage.

Tout en causant riz, maïs, patates, légumes, etc...., nous arrivons à la lisière d'un bois. *Qui dit bois* dit habitations, hameau, village. Celui-ci est le bourg de Troui, le plus peuplé, avec Cao-haï, de tous ceux qu'on rencontre entre Tourane et Hué, dont trente kilomètres nous séparent.

Nous passâmes une journée à reconnaître les environs et le cours de la rivière jusqu'à son embouchure, que les Annamites ont obstruée, comme ils ont fait pour celle de Fou-came.

Nous étions décidés à remonter le lendemain la rivière jusqu'à sa source, en employant notre sampan, qui depuis notre exploration des lagunes ne nous servait que de dépôt de provisions ; nous songions à faire l'ascension de la montagne de Troui, et nous discutions déjà sur le choix de la pente la plus douce (à l'est ou à l'ouest), lorsque notre *boy* nous donna une nouvelle qui nous força à abandonner un si beau projet : « Nos bateliers voulaient absolument retourner à Hué ; il fallait donc en prendre d'autres, et nos fonds étaient épuisés ! » Emprunter n'était pas possible, et malgré nos regrets, le lendemain, à la pointe du jour, notre sampan descendait la rivière, tandis qu'avec nos derniers sapèques, nous nous acheminions d'assez mauvaise humeur vers la capitale. Il était temps, du reste, car notre bourse n'était pas seule en mauvais état. Dès le départ, nous nous aperçûmes qu'à force de courir de côté et d'autre, nous commencions à être excessivement fatigués, et que nos chaussures étaient en lambeaux. Nous fîmes cependant avec plaisir le premier tiers de la route, à travers une plaine en partie boisée, en partie cultivée, et coupée de cinq rivières, dont nous traversâmes en bac les deux dernières. A notre gauche, la limite des cultures était assez rapprochée de la route, et le terrain, s'élevant en pente douce, n'était plus ensuite couvert que de broussailles. Les villages groupés sur les bords des rivières étaient peu considérables, et nous ne remarquâmes qu'un *tram* secondaire à huit kilomètres de Troui; c'est peut-être ici que vient aboutir le sentier qui relie la branche orientale de la rivière de Hué à la route de Tourane [1].

Le second tiers de la route ne répond malheureusement pas au premier. Une immense plaine de sable blanc se déroule uniformément devant nous, et la route, route en ligne droite, n'y est indiquée que par la trace des pas des indigènes. Nous avançons avec lenteur, enfonçant péniblement dans le sable fin, brûlant, dont l'éclat nous éblouit. Nos jambes se roidissent, nos pieds enflent, et nos chaussures vont nous dire adieu. Mon mouchoir a déjà servi à retenir sous mes pieds une de mes semelles, et mon compagnon compatissant veut bien me prêter la corde à laquelle est attaché son revolver pour retenir l'autre. Au dix-septième kilomètre, nous trouvâmes une petite oasis : deux cases bien pauvres, mais bien malpropres, et pleines de paysans. Ce que nous mangeâmes

----

[1] Sachant par expérience le cas qu'il faut faire des renseignements fournis par les Annamites, nous ne disons rien que nous n'ayons vu ou contrôlé nous-mêmes. Nous violons ici cette règle à cause de l'intérêt que peut avoir ce détail.

là dedans, je ne l'ai jamais su, et certainement je n'aurais pas l'opinion passable que j'ai de la cuisine annamite, si je ne l'avais goûtée qu'ici, ou dans quelques autres haltes du même genre. Nous avalâmes deux bols d'une matière gélatineuse et sans goût en buvant force *trahué,* et fîmes une heure de sieste troublée de temps à autre par l'arrivée à grand fracas de quelques petits mandarins, à qui la valetaille faisait faire place à coups de rotin. Nous continuâmes ensuite notre chemin, sans que la vue d'un pays que nous reconnaissions nous donnât beaucoup de consolation. Entre la route et les collines, dont nous nous rapprochions toujours, le sol était jonché de tombes, derniers vestiges peut-être d'une ville inconnue. Enfin nous arrivâmes au pied même des collines [1], qui s'inclinent brusquement à l'ouest pour aller rejoindre Dia-bigne; nous étions dans la plaine de Hué; nous retrouvions une bonne route, des rizières, des bois, des villages, mais il nous restait encore dix kilomètres à faire pour aller à notre magasin, et jamais si petit trajet ne nous coûta plus d'efforts.

Ces reconnaissances nous passionnent, nous font supporter, oublier même ce qu'il y a de pénible dans notre situation. Le temps nous a manqué pour bien étudier le pays compris entre la plaine de Choumay et le col de

---

[1] C'est là que se trouve le dernier *tram* secondaire avant d'arriver à Hué. On compte ainsi — entre Hué et Tourane — huit *tram,* dont cinq principaux et trois secondaires. De Tourane à Hué, il y a quatre-vingt-dix-sept kilomètres par la route royale. Nous avons vu qu'un piéton mettrait environ seize heures pour aller de Tourane à Cao-hai (un peu plus de trois kilomètres à l'heure). Il en faut onze pour aller de Cao-hai à Hué, à quatre kilomètres à l'heure, soit vingt-sept heures pour le trajet complet.

Tourane [1], et diverses causes nous ont empêchés de relever la partie nord-ouest de la province, que nous avons partout ailleurs parcourue en tous sens. Est-il possible de nous ennuyer lorsqu'il nous reste tant à faire! Quant à nous abattre, jamais! Qu'on nous enlève notre dernier asile, et nous mettrons notre projet à exécution : confiant le peu de bagages qui nous restent à la mission, quelques piastres dans une main, une arme dans l'autre, nous irons chez les Moïs et saurons bien nous frayer une route jusqu'au Mékong. Ne nous traite-t-on pas ici en frères de la côte! Eh bien, nous deviendrons tels par nécessité...

« Pardon si je t'interromps, me dit M. Dufourcq; mais puisque nous devons repartir dès que tu en auras fini avec tes paperasses, tu ferais peut-être mieux de ne pas poursuivre ces digressions et de vite résumer tes impressions sur la province de Hué.

— Allons, qu'il soit fait, mon cher camarade, selon ton désir. »

La province de Hué s'étend sur une longueur de quatre-vingt-quinze kilomètres, et sa plus grande largeur est de vingt-cinq kilomètres à vol d'oiseau; mais je ne pense pas que la superficie des lieux fréquentés par les Annamites dépasse quatorze cents kilomètres carrés (trois fois le département de la Seine), avec une population de cent soixante mille habitants.

Les crêtes les plus éloignées de la chaîne de séparation de l'Annam et du Laos sont à environ quarante kilomètres de la mer; quelques-unes peuvent atteindre deux

---

[1] Notre carte le représente d'après notre itinéraire du mois d'octobre.

mille mètres ; mais la plupart sont certainement moins élevées que les contre-forts les plus rapprochés de nous, tels que les puissants massifs des Aai-viane et ceux qui s'élèvent dans le sud de Cao-haï.

A partir de ces derniers on se trouve dans une région élevée, boisée, très-accidentée, fréquentée par les *Moïs* ou sauvages, qui vivent indépendants des Annamites [1]. Ceux-ci n'ont franchi cette limite que sur certains points où les gorges, les cours d'eau leur offraient une grande facilité, et encore se sont-ils bien peu avancés, comme nous l'avons vu. Depuis cinq siècles que les Annamites se sont établis dans cette province, ils se sont acclimatés dans la plaine, et si par ailleurs nous n'en avions la certitude, il suffirait de les avoir vus grelotter sous leurs vêtements de soie ou de coton et sous leurs manteaux de feuilles, pour être persuadé qu'ils ne tiendraient pas sur les hauts plateaux, où par le seul fait de l'élévation la température doit diminuer de 5 à 10°, et paraître bien plus insupportable, à cause des vents et des pluies continuelles.

Au pied de cette première chaîne s'étend une étroite bande de collines, plateaux inférieurs presque complétement déboisés, incultes, qui servent d'intermédiaire entre la montagne et la plaine que nous connaissons.

Les montagnes renferment des minerais de zinc, de

---

[1] Cette opinion est fondée sur ce que nous avons vu « dans la province de Hué ». Il n'en est pas de même dans les provinces dont les montagnes sont moins élevées et plus accessibles aux Annamites ; et sans aller bien loin, nous pouvons citer la province de Kouang-tri que les cartes annamites représentent comme s'étendant jusqu'au Mékong. (En 1877, le Dr Harmand — reconnu qu'aujourd'hui les Annamites n'occupent plus que la moitié de ce territoire.)

fer, de cuivre, d'argent, etc., et une quantité de bois remarquables; la plaine et les parties plus relevées offrent partout d'excellents terrains, propres, les uns à la culture du riz, qui donne deux récoltes par an, les autres à toutes les cultures riches : canne à sucre, café, tabac, coton, mûrier, cannelle, poivre, etc. Le climat de cette province est infiniment plus sain que celui de la Basse-Cochinchine ou des plaines basses du Tonquin, et lorsque je songe à la vie que j'y mène depuis neuf mois, je n'hésite pas à croire que les Européens pourraient s'y acclimater, y diriger des établissements industriels et agricoles, et y faire vraiment œuvre de colonisation. Si toutes les provinces du centre de l'Annam ressemblent à celles-ci, — et d'après les récits des missionnaires je ne serais pas éloigné de le croire, — la partie centrale de l'Annam est un pays qui n'a rien à envier, comme richesses et salubrité, à nos meilleures colonies. Quelques points de la côte sont malsains, et l'Européen qui y serait confiné sans distraction ou sans occupations attrayantes mourrait déjà rien que d'ennui; mais à part l'anémie, qui ne vient que très à la longue, et le choléra, que nous trouvons aujourd'hui répandu dans le monde entier, les autres maladies (fièvre, dyssenterie, etc.) sont assez rares, et l'Européen qui ne les a pas contractées ailleurs se porte bien ici.

La province de Hué comprend un *fou* (préfecture) et trois *ou-yène* (sous-préfectures) [1]. La capitale seule jouit

---

[1] *Kouang-diene*, au nord et à l'ouest de la rivière de Ba-truc; *Houong-tra*, bassin de la rivière de Hué; *Houong-toui*, partie orientale. Chaque ou-yène est divisé en tong (canton), chaque tong en sa (commune ou village), les sa en thône (hameau).

d'une administration spéciale ayant à sa tête un conseil composé de plusieurs grands mandarins, mais l'organisation des *ou-yêne* est la même ici que dans les autres provinces.

L'administration annamite a, comme on le sait, quelque analogie avec la nôtre, analogie tout à la surface, car elle ne se rapporte qu'à la manière dont les attributions sont partagées entre la plupart des fonctionnaires. Dans chaque province tous les services publics sont centralisés par un gouverneur assisté des grands mandarins : inspecteur de l'université, chef de la justice et de l'administration civile, percepteur général, commandant en chef des troupes, etc. Les *ou* et *fou-yêne* ont la même organisation que celle de la province, sauf que les divers services ont à leur tête des personnages d'un grade inférieur qui doivent en référer, pour toutes les affaires importantes, à leurs supérieurs hiérarchiques de l'administration centrale de la province. Ainsi les *kouan-fou* (préfets) reçoivent les ordres du gouverneur, les *kouan-ou-yêne* (sous-préfets) dépendent des *kouan-fou*, etc. De même le tribunal du *ou-yêne* relève du tribunal du *fou*, et celui-ci des premiers tribunaux de la province, dont les jugements peuvent encore être renvoyés devant la cour supérieure de Hué.

Cette organisation, de même que la lecture du code et d'autres traductions d'ouvrages annamites, plus ou moins calqués sur les livres chinois, donne la plus fausse idée des Annamites; car nulle part peut-être plus qu'ici, on ne trouve de telles différences entre la théorie et la pratique. De tout ce que j'avais appris dans ces livres, avant de quitter la France, je n'ai retrouvé que la bastonnade. La loi, escamotée par les fonctionnaires, n'est que le régime du bon plaisir. La propriété est fort mal divisée; une grande partie de la population est sans feu ni lieu; les taxes personnelles, les corvées, l'impôt foncier, en un mot toutes les charges, tous les impôts dont la répartition est parfaitement réglée sur le papier, ne sont qu'une source d'effroyables exactions et de concussions. L'Annam est un pays organisé, non civilisé. Son apparente civilisation est la négation la plus absolue de la civilisation, car elle se résume uniquement dans l'exploitation féroce de la grande majorité du pays par une minorité corrompue et dépourvue de la moindre qualité qui puisse la rendre intéressante.

Si nous n'étions au siècle où le commerce et le besoin d'expansion, favorisés par l'électricité et la vapeur, poussent si rapidement les peuples civilisés à la conquête de nouveaux débouchés pour leurs produits, de nouveaux établissements, nous donnerions encore de longues années à ce triste royaume d'Annam; mais aujourd'hui les défauts de ses adversaires, défauts qui lui sont malheureusement tro connus, constituent sa seule force. Sous la réserve d'une parfaite connaissance du pays et des Annamites, leur histoire ancienne et moderne nous confirme dans cette opinion qu'on peut tout oser avec eux, et que l'audace même est prudence. La faiblesse de l'Annam est telle qu'il ne faudrait pas six mille hommes pour en faire en peu de temps la conquête et pour la garder.

Ceci soit dit à titre de renseignement et non pour exciter prématurément des désirs d'extension. La conquête de l'Annam est une question de temps dont la solution est aujourd'hui en Europe et pas ailleurs. En attendant le moment opportun, il serait à désirer que notre gouvernement de Cochinchine se souciât uniquement d'attirer le plus grand nombre possible de nos nationaux dans le pays, d'y opérer toutes les réformes, d'y introduire toutes les améliorations nécessaires pour rendre profitable notre conquête. C'est le seul moyen à employer pour convaincre nos compatriotes de l'utilité qu'il y aurait à la garder ou à l'étendre; car si nous leur présentons de bons résultats, nous réveillerons en eux le goût de la colonisation, de laquelle dépend en grande partie le sort de notre marine; nous stimulerons ainsi leur intérêt autant que leur patriotisme, et ils n'attendront pas d'être à la merci des marines étrangères, d'être appauvris matériellement et moralement et battus dans le « *struggle for life* », pour s'occuper enfin de leurs colonies et de leur marine marchande.

25 *avril.* — Nous apprenons la présence à Tourane de quelques navires montés par des Allemands. Les mandarins ne les aiment pas plus que tous les autres étrangers; toutefois ils leur font toutes les cajoleries possibles; ce sont des noces et festins, pendant lesquels on arrange, paraît-il, de la bonne façon ces « arrogants Français ».

Nos visites d'adieu sont faites, car l'*Antilope* ne va pas tarder à arriver. De Touane-ane et de Dia-bigne que nous ne dépassons pas maintenant, nous guettons le navire qui doit nous délivrer, et je me soucie moins de mon journal. Disons cependant quelques mots des bains du roi, qui attirent le plus l'attention en ce moment. De tous côtés on construit pour Sa Majesté des établissements de ce genre. Les soldats étant employés comme travailleurs, la main-d'œuvre ne coûte rien, et quant aux matériaux — bois et briques, — ce sont les mêmes qui servent pendant longtemps. Ces bâtiments sont établis sur pilotis, et divisés en plusieurs cases, reliées par des galeries et des ponts; le tout en bois, dont les diverses pièces numérotées sont ramassées chaque année dans les magasins, et délivrées en temps et lieu. Lorsque les constructions sont terminées, on les entoure de palissades recouvertes de nattes, afin de mettre Sa Majesté et son harem à l'abri des indiscrétions de ses curieux sujets.

27 avril. — L'aviso *l'Antilope* est arrivé! Nous partons demain pour Saïgon, — sans avoir pu obtenir que le gouvernement annamite fît droit à nos réclamations!

30 avril. — Du pain! du vin! une table proprement servie! un véritable lit avec des draps! que de choses dont nous nous sommes souvent privés ou que nous avions oubliées depuis trois mois, et que nous retrouvons sur *l'Antilope!* et cependant nous nous étions si bien habitués à nous en passer, que ce confortable n'est rien à côté du plaisir que nous éprouvons au milieu d'anciens camarades. A peine avions-nous eu le temps de goûter ce bonheur, que nous relâchions à Quin-hone, dont nous parlerons tout à l'heure. Pour le moment, finissons-en avec nos aventures.

Le 2 mai, M. Dufourcq et moi arrivions à Saïgon, où nous passâmes plus d'un mois avant de partir pour la France. Quelque temps après, nos collègues, obligés de prendre la mer, abandonnaient successivement une

situation impossible. Pour éviter des réclamations collectives, les Annamites firent alors ce que nous leur
avions si vainement réclamé, et embarquèrent quelques
Chinois et quelques hommes plus expérimentés que leurs
paysans sur le *d'Entrecasteaux*, dont le capitaine, grâce
à cette mesure, restera sans doute dans le pays jusqu'à
la fin de son engagement,

CHAPITRE XVI

Le cadre restreint de ce volume nous a obligés de passer rapidement sur les nombreuses questions qui ont fait l'objet de nos études ; il en est trois surtout, concernant : les relations du petit nombre de Français, égarés en Indo-Chine, avec les autorités françaises et annamites — notre administration coloniale — et notre politique — que, malgré leur vif intérêt, nous avons dû tout à fait sacrifier dans cet extrait de notre journal de voyage. D'aussi graves questions, pour être traitées comme il convient, exigeaient de longs développements, et, touchant à la question complexe et générale de notre organisation maritime et coloniale, elles nous auraient entraînés trop loin, et n'étaient pas absolument indispensables à une simple esquisse des hommes et des choses de l'Annam.

La vie de cette nation est cependant aujourd'hui tellement liée à notre colonie, que, voulant compléter notre récit par le résumé aussi succinct que possible de son état commercial, il nous faut d'abord présenter celui de la Basse Cochinchine.

Ce pays, dont les rois d'Annam ne tiraient pas un million par an, a maintenant un budget d'environ 14 millions [1], se décomposant ainsi :

Les contributions directes, comprenant l'impôt foncier

[1] Les chiffres indiqués sont ceux du budget officiel de 1877.

des villes, villages et salines, l'impôt personnel (Annamites) et celui de capitation (autres Asiatiques), les impôts
des barques et les patentes, s'élèvent à 7,875,800 fr.; les
domaines et les forêts rapportent environ 124,000 fr.;
les postes et les télégraphes, 140,000 fr.

Les revenus indirects, provenant des droits d'enre-
gistrement, de timbre, d'ancrage, d'entrepôts, de loca-
tions de bacs, pêcheries, marchés, abattoirs, etc...,
donnent 1,052,500 fr.; la ferme de l'opium et de l'alcool
rapporte 4,103,880 fr.

Les amendes, frais de justice, passe-ports et livrets
de barques, l'imprimerie et les parts contributives de la
ville de Saïgon et du roi de Cambodge dans la subven-
tion accordée à la Compagnie des Messageries fluviales
de Cochinchine se montent à 557,000 fr.; enfin, diverses
autres recettes représentent plus de 200,000 fr.

Sur ces 14 millions, le personnel et le matériel admi-
nistratif et militaire absorbent 9,500,000 fr. [1]; les travaux publics 3,400,000 fr., dont la plus grande partie
revient aux indigènes, car tous les ouvriers employés
sont Annamites ou Chinois; enfin, sur le million restant,
sont accordées quelques indemnités et subventions au
commerce, à l'agriculture et à l'industrie.

Nous n'avons pas vu figurer dans ce budget les droits
de douane. Il n'en existe pas, et une des meilleures
mesures [2] qui aient été prises en Cochinchine a été de

[1] Les dépenses particulières de la métropole, résultant de l'occupation de la Basse-Cochinchine et de l'entretien de nos établissements en Annam, sont d'environ 12 millions par an.

[2] Autre administration, autre système; mais cette mesure doit
être ainsi appréciée quand on se place au point de vue d'une

déclarer Saïgon port franc. Toutes les marchandises, à l'exception des armes et de l'alcool, entrent ou sortent sans être soumises à aucun droit.

Les navires sur lest sont affranchis des droits d'ancrage; les autres payent 1 fr. par tonneau de marchandises existant à bord, soit à l'entrée, soit à la sortie.

Les chiffres suivants donneront une idée du commerce actuel de notre possession :

Pendant le premier semestre de 1877, sur les 236 navires de long cours, jaugeant 215,000 tonneaux, qui ont fréquenté le port de Saïgon, on comptait 176 vapeurs et 60 voiliers, dont : 150 anglais, 44 français, 19 allemands, 9 hollandais, 6 danois, 4 espagnols, etc. Parmi les français, 26 navires portaient le pavillon des Messageries, pour lesquelles Saïgon n'est encore qu'une escale assez insignifiante sur la grande route de Chine.

Les barques chinoises, d'un équipage moyen de 26 hommes, au nombre de 96, portaient à l'entrée et à la sortie 7,500 tonneaux; les 1,640 barques annamites ont porté 68,500 tonneaux. Ces dernières ont en moyenne 6 ou 7 hommes d'équipage; quelques-unes fréquentent les ports de la côte, la plupart font le commerce de l'intérieur par les rivières et les canaux.

Les principales marchandises importées en Cochinchine sont : les métaux, le thé, les tissus (surtout les cotons anglais), les vins et spiritueux, les sucres raffinés, l'opium, les porcelaines, faïences et poteries d'Europe et de Chine, les huiles, les farines, le charbon, les

administration locale dont les tendances, les procédés ne sont pas favorables à — la colonisation française — et justifient malheureusement bien mal ses désirs d'extension.

médecines chinoises, les conserves et salaisons (de Chine et d'Europe), le tabac et la plupart des choses employées par les Européens : parfumerie, lingerie, vêtements, librairie, articles de Paris, etc.

Les exportations comprennent : le riz, les poissons secs et salés, le sel, les légumes secs, le coton, le sucre brut, les peaux, les soies grèges et frisons, le poivre, les huiles, la graisse de porc, les noix d'arec, les cocos, le tabac, l'indigo, les plumes d'oiseaux, la cire et le miel, le cardamome, l'ivoire, les écailles de tortue [1], etc.

Le riz, dont on fait deux récoltes par an, est la principale branche de commerce de la Basse-Cochichine, qui en a exporté environ 350,000 tonneaux en 1876. Cette exportation se répartit principalement entre Hong-kong, les colonies hollandaises, les ports de la Chine, Singapoore, Maurice, Marseille et Rio-Janeiro; Hong-kong en absorbe vingt fois plus que tous les autres ports réunis.

En résumé, les importations et exportations se balancent à peu près comme tonnage, mais la valeur des premières est légèrement plus forte que celle des secondes. On peut estimer leur valeur totale à 160 millions, chiffre supérieur à celui du commerce de la plupart de nos colonies. Les affaires avec le Tonquin ne dépassent pas 600,000 francs, et 10 millions seulement représentent le commerce spécial avec la métropole.

Ces résultats ne sont donc pas brillants pour nos nationaux, mais nous devons reconnaître qu'il en serait

---

[1] Les bois de construction, d'ébénisterie et autres, abondent, mais jusqu'à présent n'ont donné lieu à aucun commerce d'exportation.

tout autrement le jour où, considérée comme une véritable colonie, la Basse Cochinchine attirerait dans son sein une partie des trente mille Français qui s'expatrient chaque année.

Si de notre possession nous passons au royaume d'Annam, nous trouvons dans la Moyenne et la Haute-Cochinchine un pays dont les richesses naturelles ne sont malheureusement pas exploitées. Sans doute il n'exportera jamais autant de riz, de céréales que son voisin, mais c'est par excellence le pays des cultures riches, des mines, des essences forestières les plus variées, les plus précieuses; et son avenir, dépendant surtout des facultés industrielles de sa population, pour exiger plus de temps et d'efforts, n'en sera pas moins brillant.

Après ce que nous avons dit de chacune de ses provinces, constatons seulement, une fois de plus, que le gouvernement annamite s'applique par tous les moyens à les faire paraître pauvres, et à en interdire l'accès aux Européens. Par le traité politique du 15 mars 1874, auquel vint s'ajouter le traité de commerce du 31 août, il a cependant été obligé d'ouvrir au commerce étranger : Quin-hone, Hai-phong et la ville de Ha-noi (capitale du Tonquin, à 200 kilomètres de la mer) sur le fleuve Rouge [1], et d'accorder le libre passage sur ce fleuve entre la mer et Ha-noi, et entre cette ville et la province chinoise de Yun-nan.

C'est en vertu de ces traités que nous nous sommes établis à Quin-hone, dans d'assez mauvaises conditions hygiéniques, sur une langue de sable brûlée par le

---

[1] Dans chacun des trois établissements précités, notre consul a une garde de cent hommes.

soleil et dominée, — ce qui est à la vérité peu important, — par un fort annamite. Quand nous passions à Quin-hone, le 29 avril 1877, notre établissement ne se composait encore que de quelques jolies maisons et casernes de bois, entourées de soupçons de jardins, habitées les unes et les autres par le consul, les officiers et les cent hommes de garnison qui se protégeaient mutuellement. Depuis, on y a élevé des palais, et le commerce s'est un peu développé. Dans le courant de 1877, on y a vu 14 navires de construction européenne (6 allemands, 4 anglais, 3 français, 1 siamois), et les recettes des douanes franco-annamites ont atteint le dixième des dépenses du personnel. Quin-hone n'en est qu'à ses débuts, mais offre des ressources qui permettront de couvrir plus tard les frais de notre premier établissement.

Transportons-nous maintenant au nord du royaume d'Annam, à Hai-phong, principal port du Tonquin, relié par une rivière et un canal navigables au fleuve Rouge, cette grande artère commerciale dont la première exploration est due à un de nos vaillants compatriotes, M. Dupuis.

De 1875 à 1876, ce port a été fréquenté par environ 30 navires européens et 140 jonques chinoises, apportant ou emportant 20,000 tonneaux de marchandises, dont la valeur était estimée à 10 millions, les exportations balançant à peu près les importations. Sur les 30 navires européens, on ne comptait, il est vrai, que 3 français, dont l'un, arrivé chargé par le gouvernement, est reparti sur lest, et l'autre, arrivé sur lest, est reparti de même. Les principales marchandises d'exportation étaient : le riz, la soie grége et tissée, le thé, l'étain, les drogues, des boîtes laquées, des meubles avec incrustations de nacre, diverses essences, des plumes d'oiseaux, de la gomme laque, du *cou-nao* (plante tinctoriale de la famille des cinchonacées), etc...

Les importations, que nous diviserons en anglaise, chinoise et cochinchinoise, se composaient surtout, pour les deux premières, de fils et tissus de coton, lainages et opium, thé, drogues, tissus de soie et porcelaines communes de Chine; celles de la Basse-Cochinchine : liquides, conserves, confections, quincaillerie, etc., représentaient environ 300,000 francs, tandis que chacune des deux autres se montait à plus de 2 millions et demi.

Tous les voyageurs s'accordent à reconnaître que les mandarins tiennent sous le joug le plus tyrannique ce malheureux pays, et ne cherchent qu'à y entraver le développement de l'agriculture, du commerce et de l'industrie : les digues, les canaux sont laissés sans entretien; les inondations dévastent la plaine cultivée en rizières; les impôts en nature sont une source de vexations pour le paysan, de pillage de la part des mandarins et agents de perception; une partie des récoltes est ainsi gaspillée, et une grande quantité de ce qui en est exporté se perd dans les naufrages ou est enlevée par les pirates; enfin le gouvernement annamite, loin d'assurer la navigation du fleuve Rouge, entretient sur son territoire des bandes de rebelles et de pirates chinois, qui, en violation des traités de 1874, imposent des droits de douane, de province à province, sur tout le parcours du fleuve.

Malgré tant d'entraves, l'année suivante (1877) la recette des douanes franco-annamites de Haï-phong faisait

plus que doubler, et s'élevait déjà à 900,000 francs!
Mais il est à craindre que le commerce, un moment
attiré par la déclaration *platonique* de l'ouverture du
fleuve, ne se ralentisse si ce régime continue.

Ce simple relevé de douane nous donne à peine une
idée de l'importance que pourrait acquérir Haï-phong,
sans nous fixer sur le commerce général du pays. Si
nous consultons les relations de différentes personnes
qui connaissent et habitent le Tonquin, nous verrons que
ses quinze provinces peuvent donner trois fois plus de
riz que notre colonie, que le café vient admirablement
sur ses plateaux, que la production de la soie peut y
être triplée, celle du sucre, du coton, de l'indigo, etc.,
considérablement augmentée; que les essences forestières
y abondent, ainsi que les mines de toute espèce; mais
cela n'est encore rien à côté du transit par le fleuve Rouge
des marchandises à destination ou en provenance des
pays de l'intérieur : Laos, Thibet, Yun-nan, Kouang-si,
peuplés d'environ cinquante millions d'habitants! Le
Yun-nan, à lui seul d'une superficie de 300,000 kilomètres carrés, n'est que mines d'étain, de cuivre, de
mercure, de plomb, de zinc, de houille, etc... Le fleuve
Rouge, le second des fleuves de l'Indo-Chine orientale
par sa longueur, le premier par son importance comme
voie fluviale navigable, est la seule voie de communication
facile et rapide entre ces différents pays, les provinces
côtières de la Chine, la Cochinchine et l'Europe; et le
jour où la navigation en sera assurée, les relations commerciales, suivant cette voie naturelle, se développeront
au point de donner lieu en peu de temps à un mouvement d'affaires estimé à plus de 600 millions !

En somme, la partie orientale de l'Indo-Chine, comprenant : 1° une partie du bassin du Mëi-kong et le Cambodge, actuellement sous notre protectorat; 2° notre colonie de Cochinchine ; 3° le royaume d'Annam [1], présente une superficie un peu plus grande que celle de la France; et sa population, très-faible pour la première région, s'élève à peine en tout à 17 ou 18 millions d'habitants, les uns libres, indépendants, les autres courbés sous le joug du despotisme, mais tous misérables dans un pays admirablement situé sur les ro. es de la Chine, et dont le mouvement commercial atteindrait facilement 1 milliard!

Tandis que tant de richesses restent improductives sous l'administration annamite, celle-ci, semblable à un mourant, repousse les remèdes qui pourraient peut-être prolonger un peu son existence. Jamais les mandarins ne voudront entreprendre de réformes chez eux, parce que la première à faire toucherait trop à leurs intérêts, mettrait fin à leurs priviléges, etc... Que si on les leur signale, il me semble les entendre paraphraser le fameux *timeo Danaos et dona ferentes*, et les voir chercher dans l'arsenal de la ruse les seules armes à leur taille pour éluder les traités. Résistance aveugle, insensée! Le temps vole, et l'homme malade de l'extrême Orient n'est déjà plus qu'un homme à l'agonie!

[1] Ce pays est infiniment plus sain que notre colonie, et nous n'en voulons pour preuve que ce fait, choisi parmi les moins favorables à cette opinion, que, malgré leur vie de fatigue et de privations, les Français autrefois au service de l'Annam, et nos missionnaires, ont généralement bien résisté sous ce climat.

Le tableau suivant, extrait d'un mémoire déposé aux archives du Dépôt des cartes de la marine, résume les observations météorologiques que j'ai prises chaque jour pendant mon séjour en Annam. Les personnes qui voudraient avoir plus de détails sur certaines questions techniques pourront consulter la *Revue maritime et coloniale* de février 1878 (observations météorologiques) et les bulletins de la Société de géographie de Paris de février et d'octobre 1878, où elles trouveront une carte spéciale du bassin de la rivière de Hué.

MOIS	ÉTAT DU CIEL	Baromètre	Thermomètre	VENTS (dans l'ordre où ils prédominent)	Mauvais temps	Calmes	Pluies	Orages	Brumes
Janvier.	1re moitié : Ciel nuageux, couvert. Temps pluvieux, humide. 2e moitié : Beau temps, brumeux. En général, calme et fraîcheurs du S. au S.O. dans la matinée, puis N.E., E.N.E. assez frais.	757,0	+23°,1	E.N.E., O.N.O., S.S.O.	3 m. 1. d'E.N.E. (1re moitié du mois).	Rares.	Très-pluvieux (1re moitié du mois).	0²	Légères.
Février.	Temps couvert, pluvieux, brumeux. Le matin, brises variables et faibles de l'E. à l'O. par le S. L'après-midi, jolie brise de N.E., N.O.	751,8	22°,8	E.N., N.N.O. N.O.O. S.S.E.	1 c. de vent N., N.O. très-long; pluie et basse température.	Id.	Petites pluies.	0	Fortes.
Mars.	Temps couvert, pluvieux, brumeux. Le matin, brises légères d'E., S.E. et calmes. L'après-midi, N.E. en général assez frais. Quelques orages à la fin du mois.	761,3	26°,6	E.N.N.E. N.N.O. S. S.E.	3 m. 1. de N.E.	Id.	Id.	Commencent à la fin du mois.	Épaisses.
Avril.	Temps assez beau, couvert, un peu brumeux; brises faibles; orages presque journaliers.	761,4	25°,8	E.N.E. N.N.O.	0²	Le matin.	Rares.	Fréquents de l'O. avec pluie.	Rares.
Mai.	Assez beau temps, nuageux. Le matin, petites brises E., N.E. Orages.	760,6	29°,6	Brises du matin variables de S. vers l'E. et l'E.N.E., S.E. et N. rares.	0	Fréquents.	Id.	O., N.O. et S.O. avec et sans pluie.	0
Juin.	Même temps.	756,9	31°,8	Id. N.E., S.E. O., S.O., N.N.O. N.N.O.	1 typhon	Id.	Id.	O. et S.E. sans pluie en général.	0
Juillet.	Beau temps.	757,0	31°,0	Id. N.E., S.O. Fraîcheurs de N.O. et S.	0	Id.	Id.	S.E. et S. sans pluie.	0
(1876) Août.	Beau temps; quelquefois couvert et pluvieux le soir, et pendant la nuit brises faibles et très-variables.	756,6	29°,3	Rares O.N.O., N.N.O. S. O.O. N.N.E.	0	Id.	Petites pluies.	S. et S.O., fin des orages.	0

¹ N'étant resté que neuf mois à Hué, j'ai complété ce tableau (pour les trois mois : mai, juin et juillet) à l'aide de renseignements qui m'ont été donnés par le P. R..., de la mission de Hué.

² Le caractère O dans les colonnes d'observations indique que le fait inscrit en tête de la colonne ne s'est pas produit.

1876	MOIS	ÉTAT DU CIEL	MOYENNES MENSUELLES DIURNES — Baromètre	Thermomètre	VENTS (dans l'ordre où ils prédominent)	OBSERVATIONS GÉNÉRALES — Mauvais temps	Calmes	Pluies	Orages	Brumes
	Septembre	Assez beau temps. Les brises de S. O. ont disparu. Le vent souffle ordinairement de l'O. N. O. au N. O. La brise prend dans la matinée, force entre 2 et 3 heures, tombe à la nuit. Quelques grains de pluie pendant les nuits........................	759,0 [1]	+28°,0	O.N.O.,N. E.,S.E. E.,N.E. S.,O.S.O. Époque des brises S. O.	1 typhon (N.N.O.S.S.E.) 1 c. de vent N. O.	Plus rares.	Quelques grains le soir et la nuit.	0	0
	Octobre.	Exceptionnellement beau cette année (1876). Calmes et brises variables. Ciel nuageux à la fin du mois.........	763,0	27°,0	O.,N.O., O.,S.O., N.,N.E., E.S.E.	0 en 1876 (par exception,.	Fréquents.	Rares.	0	0
						Pendant l'année 1876, ce mois a été exceptionnellement beau.				
	Novembre.	Mauvais temps, sombre, couvert, pluvieux, un peu humide à la fin de mois................. (Temps humides.)	763,1	26°,5	O.N.O.,N.O., E.,N.E. (Époque des vents d'O. N. O. et N. O. Hivernage.)	4 c. de vent : 2 de N O., 1 d'E., 1 de N. E.	Rares.	Grandes pluies continuelles.	0	0
	Décembre.	Mauvais temps, couvert, nuageux, très-pluvieux et humide, mois mauvais à la fin de mois.,..... (Temps humides.)	763,5	22°,7	N.N.O.,O.N.O., E.N.E.,N.N.E.	3 m. temps de plus courte durée : 2 d'O. N. O., N. O., 1 d'E.N.E.	Id.	Id.	0	0
	Moyennes diurnes de l'année........		761,4	+27°,0	Proportion dans laquelle soufflent les vents répartis par cadran : S.E. S.O. N.O. N.E. 1 3 5 5,5					

[1] Le moyenne barométrique de septembre a été calculée en ne tenant pas compte de la baisse anormale produite par le passage du typhon.

TABLE DES MATIÈRES

CHAPITRE IV

CHAPITRE V

CHAPITRE VI

CHAPITRE VII

CHAPITRE VIII

CHAPITRE IX

CHAPITRE X

CHAPITRE XI

TABLE DES GRAVURES

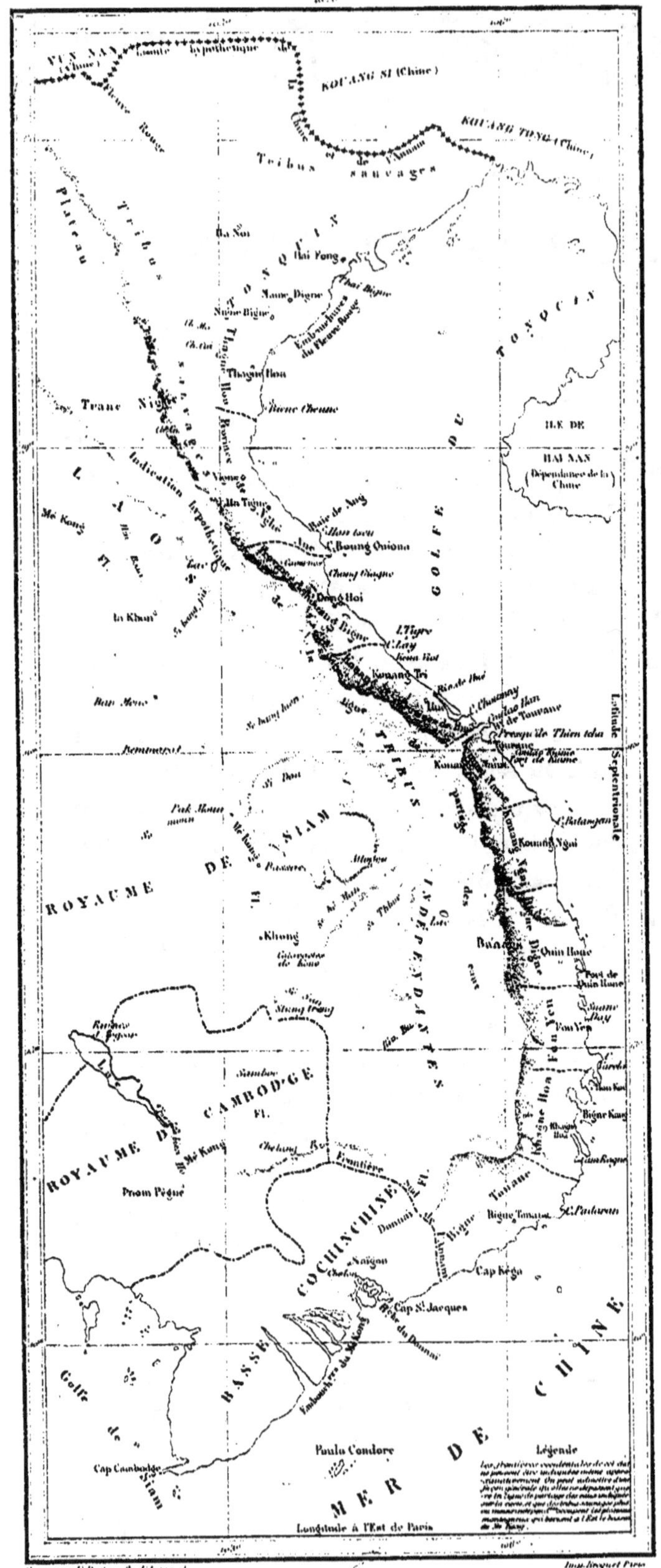

CONFIGURATION GÉNÉRALE DU ROYAUME D'ANNAM
par
J. L. DUTREUIL DE RHINS
1878

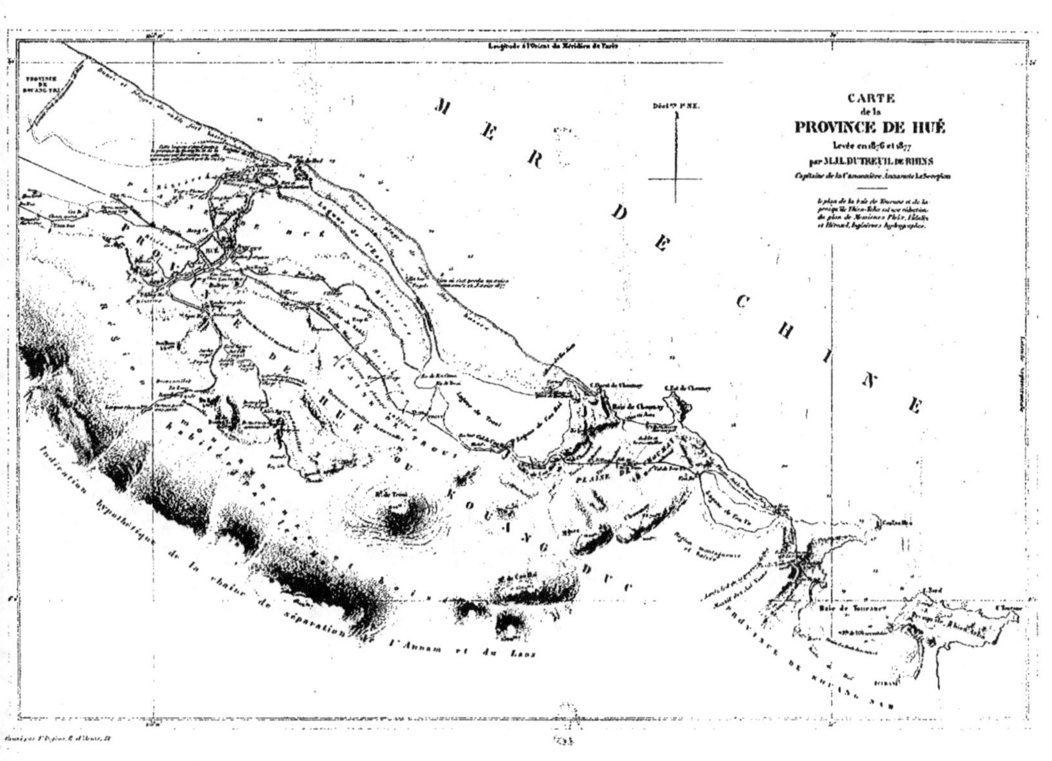

CARTE
de la
PROVINCE DE HUÉ
Levée en 1876 et 1877
par M.M. DUTREUIL DE RHINS
Capitaine de la Cannonière Annamite Le Scorpion
MER DE CHINE
PROVINCE DE QUANG TRI
Baie de Tourane
Baie de Chanay